영적 언어의 아름다움

-방언의 신비를 벗기다-

잭 헤이포드 지음
김 의 종 옮김

THE BEAUTY OF SPIRITUAL LANGUAGE

1998
Elman Press
Seoul, Korea

하나님의 모든 선물과 은총을 받아들이기로 결심하여
확고한 봉사 정신을 가지고 두려움이나 후회없이,
항상 아름다운 사랑과 겸손으로 살아가는
많은 성도들에게
이 책을 바칩니다.

머 리 말

나는 정당한 위험에 직면하여 용기가 부족하다는 비난을 들어본 적이 없다. 아마도 나는 30미터 높이에서 다이빙을 하지 않을 것이다. 나는 번지 점프도 하지 않을 것이며, 풍선기구나 헹글라이더도 타고 싶지 않다. 또한 틈이 갈라진 얼음 위에서 스키를 타고 싶지도 않다.

그러나 정당한 위험에 항상 부딪치고 싶다. 정당한 위험이란 "사람들을 이롭게 할 가능성이 너무 많아 그 잠재적인 대가를 거부할 수 없는 위험"을 말한다. 이 책은 나의 저술 생활에서 지금까지 가장 큰 위험일 것이다.

실제로 이 책에는 이중적인 위험이 존재한다. 첫 번째 위험은, 내가 지금까지 오순절적/카리스마적 분야 밖에서 발견한 수천명의 친구중 일부가 나를 지나치게 '적극적'이라고 생각할 수 있다는 점이다. 두 번째 위험은 내가 지금까지 오순절적/카리스마적 분야 안에서 발견한 수많은 친구들중 일부가 나를 지나치게 '소극적'이라고 생각할 수 있다는 점이다.

사실 나는 그 둘중 어느 것도 아니다. 그보다는 내가 20년 이상 영적인 언어에 관해 말하고 행해온 것을 단지 정리한 것 뿐이다. 지난 20년 동안 나는 우리 모두에게 예수님이 하신 간단하고 바람직한 약속에 초점을 두었다.

오늘날, 영적 언어에 대한 관심은 얄팍한 새로움의 추구에 의해 환기되는 것은 아니다. 여러분은 영적인 언어가 하나님의 완전한 자원에 대한 바람과 기도 속에서 그 분의 마음 가까이에 다가갈 수 있고, 개인적인 찬송에서 그 분을 보다 드높여주는 성경적인 것에 대한 열정을 함축한다는 것을 알게 될 것이다.(한 비평가는 이러한 추구가 그리스도 그 분 자신 또는 하나님의 말씀이 영혼을 충만하게 하기에는 불충분함을 시사한다고 비난하면서 실질적인 질문을 요청한 적이 있는데 나는 그가 이상하다고 생각한다. 이 얼마나 야비한 비난인가?)

우리가 다윗의 부르짖음을 우리 자신의 것으로 여기는 것은 매우 중요하다. 그는 이미 하나님을 사랑하나 하나님에게 더 많은 것을 갈망하는 모든 영혼을 위해 다음과 같이 말했다.

"하나님이여 사슴이 시냇물을 찾기에 갈급함 같이 내 영혼이 주를 찾기에 갈급하나이다"(시 42 : 1).

내가 이 주제를 다루고자 하는 데에는 2가지 이유가 있다.

첫째, 사람들은 열린 마음으로, 영적 언어의 성경적 경험을 듣고 싶어하기 때문이다.

둘째, 현재나 과거의 논란, 그리고 공허한 전통에 의존함이 없이도 이러한 축복의 아름다움을 경험할 수 있기 때문이다.

이 책을 쓰는 과정에서 나는 대화를 보다 쉽게 설명할 수 있다는 단순한 이유 때문에 보다 현대적인 용어인 '영적 언어'를 사용했다. '방언'이 성경적 표현이지만, 이 용어에 대해 사람들은 이상한 선입견을 가지고 있기 때문이다.

예를 들어 절제되지 않은 대화 또는 일관성이 없는 황홀한 이미지, 입가에 약간 거품을 내면서 중얼거리는 알듯말듯한 소리, 그리고 최면에 사로잡힌 듯한 경직된 몸에서 나오는 알쏭달쏭한 말이라고 생각한다.

내가 독자 여러분에게 바라는 것은 내가 말하도록 요청받은 증언을 들어달라는 것이다. 나는 '요청받았다'는 대목을 강조하고 싶다. 나는 오순절적이며 카리스마적 주제에 치우치지 않은 한 출판자로부터 요청받았다. 이 출판자가 이러한 요청을 할 수 있었던 용기는 교파적인 것으로 간주되었던 어떤 주제가 많은 기독교인들 사이에서 폭넓은 주목과 솔직한 관심의 대상이 되었음을 입증한다. 더 나아가, 이러한 따뜻한 격려 이외에도, 나를 확신시켜 주시고 도와주시는 성령의 현대적인 확신이 나의 결정과 그 후의 노력에 핵심적인 역할을 하였다.

따라서 내가 이책에서 솔직하게 영혼에 호소하는 이야기로부터 여러분이 무엇을 생각하든 간에, 여러분은 나의 깊은 뜻을 헤아려 주기 바란다. 나는 여러분의 가슴이 따뜻해지길 원하며, 하나님의 마음을 향한 나의 여행에 관한 설명을 들으면서 여러분의 여행이 풍족해지고 확대되기를 바란다.

어떤 점에서는 이 증언이 다른 사람들에게는 매우 험난한 세계의 다리가 될 것이다. 이것도 나의 바람이다. 여기에는 막다른 길은 없고 오히려 이해가 확대된 넓은 길이 있을 것이다. 모든 교회에서 우리가 영적으로 도움이 되고 충만하게 됨을 알게 된 주님의 훌륭하신 역사 속에서 서로 파트너가 되기를 기도하는 바이다.

교회 안에서 주님께 영광을 바치나이다!

잭 헤이포드
처치 온 더 웨이
밴 누이즈, 캘리포니아

차 례

1장. 영적 언어의 아름다움

"주께서 구설의 다툼에서 면하게 하시리이다"(시 31 : 20).

요란스런 전화벨 소리가 내가 있는 서재의 정적을 깨뜨렸다. 나는 나의 피난처에서 혼자만의 시간을 즐기고 있던 참이었다. 나는 이러한 방해에 약간 짜증을 내면서 일어나 전화를 받았다. 그러나 그 후 대화가 완전히 새로운 우정과 의사소통의 계기가 될 줄은 전혀 예측하지 못했다.

"여보세요." 나는 짜증을 감추기 위해 약간 낮은 목소리로 말했다. "잭." 상대방의 목소리는 상당히 흥분되어 있었다. "집에 전화를 걸어 죄송합니다. 당신의 휴식을 방해하지 않았는지 모르겠군요." 그러면서 즉시 전화를 건 이유를 설명하기 시작했는데, 그는 미국에서 가장 널리 알려지고 인정을 받고 있던 복음주의의 지도자중 한 사람이었다. 그는 그 전날밤 나를 텔레비전 인터뷰에서 보았고, 그의 친구인 사회자에게 전화를 걸었다고 했다. 그의 성실함을 잘 알고 있는 사회자는 나와 연락하기를 원하는 그에게 우리 집 전화번호를 가르쳐 주었다고 한다.

그는, "당신이 언짢게 생각하지 않았으면 합니다. 나는 당신에게 전화를 걸어 당신을 초청하고 싶었습니다."라고 말했다. 나는 약간 놀랐다. 인터뷰의 주제는 때때로 종잡을 수 없는 주제인 '방언'이 었다. 이 주제는 한편으로는 호기심의 원천이며 또 한편으로는 적개심의 원천이다. 이 양극 사이에 다양한 견해가 존재하며, 양극은 적극적인 참여자와 비방자이다.

그는 계속하여 다음과 같이 말했다.

"앞으로 몇 달 후 내가 주관하는 한 성경회의에서 당신이 말씀을 해주시면 좋겠습니다. 만 명 정도의 사람들이 모일 예정인데, 대부분 방언에 관해 소극적이거나 부정적인 생각을 가진 사람들입니다. 사실, 우리들중 일부는 이러한 현상이 사탄의 영향 때문이라고 배웠습니다."

나는 그가 그러한 비난을 긍정하고 있지 않은 것을 알고 있었지만 속으로 찔끔하였다. 그러나 이러한 비난을 거의 일생동안 받으면 면역이 생기는 법이다. "잭, 우리의 모임에 와주시지 않겠습니까? 나는 방언에 관해 당신처럼 오순절적이고 카리스마적인 얘기를 들어본 적이 없습니다. 나는 이 주제의 양극단에 존재하는 일부 광신적인 생각을 중화시키고 이해의 폭을 넓히기 위해 당신이 이 주제에 관해 말씀해 주시기를 원합니다."

나는 나의 놀라움을 감추기 위해 몇 마디 머뭇거렸다. 그토록 널리 존경을 받는 지도자가 나에게 연락을 했다는 사실에 대해 황송한 생각을 떨치지 못했을 뿐만 아니라, 그가 나에게 제시한 가능성에 대해 가슴 뿌듯한 생각이 들었다. 나는 지난 10년 동안 하나님의 성령의 역사에 마음을 열고 하나님의 말씀의 진리에 복종하는 사람들과 합류하려고 노력해왔다. 그러나 내가 방언에 관해 다른 사람들과 나눈 경험이 사려깊지 못하다거나 감정적이라고 자주 매도당해온 것에 대해 항상 마음이 아팠다. 방언을 하는 사람들은 하나님의 말씀에 대한 굳건한 믿음과 하나님의 아들의 건전한 역사에 무관심한—이를 모르는 것은 아니지만—출랑대는 사람으로 종종 투영된다.

실제로, 방언에 관한 나의 경험은 결코 그 자체만으로는 의미가 없었다. 이 경험은 내가 간단한 결정을 내린 후 수년 동안 점진적으로 겪은 경험의 총체적인 결과일 뿐이다. 간단한 결정이란 하나님의 마음을 알고 싶다는 것이었다.

'하나님의 마음을 안다는 말'은 어떤 신비한 의식을 추구한다거나, 인간성의 바탕에 자리잡은 어떤 '다른 측면'을 내적으로 추구한다는 의미는 아니다. 또한 '저편'에 있는 누군가를 찾기 위해 추구하는 신비스럽고 우주적인 것을 의미하는 것도 아니다. '하나님'은 자신의 아들 예수를 우리를 구원하시기 위해 이 땅에 내려보내신 우리의 창조주 아버지 하나님, 즉 유일하시고 진실하신 살아있는 하나님을 의미한다. 그리고 '마음'은 우리가 일상적으로 생각하는 것을 의미한다.

마음이 우리의 사랑의 근원이며 우리의 가장 높은 열망과 깊은 약속을 설명하기 위해 시적으로 표현되는 것과 마찬가지로, 나는 우리의 창조주를 마음으로 (즉 온 정성을 다해) 알고 싶다. 하나님이 어떤 분명한 것을 창조하셨다면 그분은 이러한 차원에서 전지하실 뿐만 아니라, 자신을 개인적으로 가깝게 알 수 있는 경로를 나타낸 분명한 지침을 우리들에게 가르쳐 오셨다. 널리 알려진 믿음과 일부 신학적인 이론과는 반대로, 하나님은 감추어진 분이 아니시다. 크고 강한 팔을 펼치시고, 우리가 닿을 수 없는 아주 먼 곳에서 우리를 바라보고 계신다. 나는 그분과의 관계에서 심오하고도 신실한 그분의 구원의 역사를 알았기 때문에 그분과 오랫동안 교제해 왔다.

바로 이러한 상황에서 나는 처음 들을 때는 탐색하기가 두려웠던 차원의 기도로 인도되었다. 어린 시절부터 나는 '방언하는 사람들'에 관한 무시무시한 이야기를 들어왔다. 환영받지 못하는 광적인 상황에서 무시무시한 경험을 몇 번만 해보면 내 말을 충분히 이해할 것이다.

그러나 다음 두 가지 이유 때문에 조용한 지혜의 음성이 나의 두려움을 압도하였다.

첫째, 훨씬 더 많은 경우에 나는 건전하고 분별력있는 방언을 보아 왔다. 둘째, 나는 이 주제에 관해 성경을 세심히, 냉정하게 검토할 기회가 있었다. 결국 나는 이러한 성경의 구절과 가치를 알게 되었다. 그래서 질문을 받을 때마다 시비가 아닌 한, 그 주제에 관해 기꺼이 얘기하였다. 그래서 나는 그 지도자의 모임 초청을 기꺼이 수락하였던 것이다. 아마도, 이러한 상황에 참여해보면 다른 진지한 영혼들이 두려움을 떨쳐버리고 고정관념을 버리며, 내가 절대적으로 아름답다고 생각한 어떤 것의 이점을 설득하는 데 도움이 될 것으로 생각하였다.

하나님과의 대화에서 '이 절대적으로 아름다운' 측면을, 나는 그날 저녁 나의 메시지의 주제로 삼았다. 그로부터 몇 달 후 내가 큰 강당의 연단에 서서 '방언'이라는 주제에 관해 연설을 할 사람으로 수천명의 청중들에게 소개되었을 때, 나는 나의 주제를 '영적 언어의 아름다움'이라고 선언하였다.

나의 생각을 설명하기 위해 이러한 표현을 선택한 이유는 많은 사람들이 '방언'에 대해 가지고 있는 이미지를 다시 투영하기 위한 것은 아니었다. 고정관념에 사로잡힌 사람은 방언을 하는 습관이 소박한 텐트 속의 만남으로부터 탈피하는 것이라고 말한다. 여러분은 마술사들이 이상한 말을 되뇌이면서 뱀을 목걸이처럼 목에 두르고 있는 것을 텔레비전 다큐멘터리에서 보았을 것이다. 그러나 그것은 분명히 내가 사랑하는 하나님 앞에서 개인적으로 영적으로 교류하면서 발견한 아름다움이나 질서와는 거리가 먼 이미지이다.

나는 오랫동안 살아오면서, 방언이 종종 어떤 자기암시, 즉 자기최면적인 흥분상태나 비현실로의 도피로 간주되는 것을 많이 보았다. 어떤 측면에서도 기독교 설교자들은 잘 속는 사람들만 경청하는 방언을 흥얼거리는 것은 아니다. 그들은 분명히 방언하는 사람을 사소한 제안만 받아도 어떤 최면상태, 즉 보통 말보다 더 침이 흐르는 혀꼬부라진 음절이 발성되고 머리가 특이하게 뒤로 젖혀지고 눈동자가 구르는 상태로 빠지는 사람들로 보는 것 같다. 이러한 상태는 결코 아름답지 않다.

그러나 어떤 것이 수천명의 마음 속에서 움직이기 시작하는 것 같았다. 나는 청중들의 반응이 있을 거라는 기대에서 '영적 언어의 아름다움'이라는 단어를 선택하였는데 그것은 효과가 있었다. 그것을 통해 방언에 대해 사람들이 말하는 고정화된 이미지를 개선할 수 있다는 것을 알 수 있었다. 기도에서 이러한 의사소통의 특징을 허심탄회하게 조사해 보면 그러한 아름다운 이미지의 의미를 파악할 수 있을 것이다. 이 '아름다움'은 사도 바울의 관점에 의해 완전히 지지된 개념이다.

높은 교육을 받았을 뿐만 아니라 역사상 가장 존경을 받는 사상가중 한 사람이기도 한 사도 바울이 방언을 바람직한 것으로 보았을 뿐만 아니라 헌신적인 사역에서 존중될 가치가 있는 것으로 보았다는 것은 분명하다. 전세계적인 기독교 영역을 수립함에 있어 예수님 다음으로 공헌을 한 것으로 알려진 바울은 그 자신의 생활에서 이러한 기도의 연속성과 분명한 의미에 대해 개인적인 감사함을 표명했다. 뿐만 아니라 다른 사람이 방언을 억제하는 것을 명백히 부인한다. "내가 너희 모든 사람보다 방언을 더 말하므로 하나님께 감사하노라…(다른 사람들의) 방언 말하기를 금하지 말라"(고전 14 : 18, 39).

나는 수천명의 군중들에게 우리의 언어에서 가장 사랑스러운 말로부터 시작하여 나의 연설 원고를 읽어나갔다. 그 원고는 방언이라는 주제에 관해 오래 전에 강의를 들을 필요가 있었던 진지한 다른 기독교인들, 즉 고린도교회 교인들의 생각을 고쳐주기 위해 작성된 것이었다. 그 초기의 세련된 성도들의 그룹은 고대 고린도의 희랍 생활 스타일이라는 고전적인 문화 속에서 살았던 그룹이었으며 '영적인 언어', 즉 방언에 대한 왜곡된 견해에 사로잡혀 있었다. 그들은 오늘날 종종 볼 수 있는 방언에 대한 수동적이거나 거부적인 태도는 보이지 않고 방언을 인정하였다. 그러나 그들의 문제는 그들의 관행에 있다기 보다는 그들의 생각에 있었다. 그들은 이 영적인 언어의 아름다움과 축복을 상실하지 않았지만 그것을 받아들이는 방법을 몰랐다. 바울은 다음과 같은 놀랍고도 영원한 그의 사랑의 송가로 방언에 대한 사람들의 잘못된 생각을 고쳐주기 시작하였다.

"내가 사람의 방언과 천사의 말을 할지라도 사랑이 없으면 소리나는 구리와 울리는 꽹과리가 되고"(고전 13 : 1).

방언은 역사상 문학에 가장 훌륭하게 기여한 언어중 하나이다. 그러나 대부분 바울이 부정적인 측면에서 방언을 보지 않을 수 없었던 상황은 간과되고 있다. 그가 방언의 남용을 지적하였기 때문에 많은 사람들은 방언에 대한 부정적인 생각만 갖게 되었다. 사도 바울이 방언을 비난하여 금지한 것이 아니라 시정을 통해 방언의 관행을 보존하려고 했다는 사실에 비추어 볼 때 이러한 부정적인 생각은 불행한 결론이다.

바울은 특이한 사도적인 대담성으로, 방언이 부적절하게 사용될 때, 그리고 사랑이 상실될 때 즉 방언 속에 든 성령의 의도가 방언을 말하는 방법에 의해 존중되었더라면 나타날 수 있었던 아름다움이 상실될 때, 방언의 추한 측면을 지적한다. 따라서 방언의 추한 남용을 엄격히 꾸짖은 한 사람에 의해 이 주제는 성경에서 여러 장 논의 되었다. 그리고 바울이 교회의 덕을 세우는 데 있어 방언의 아름다운 의도의 훼손을 참을 수 없을 만큼 방언의 위치를 그가 높이 평가한 점이 포함되어 있는데, 이 사실이 일반적으로 간과된다. 우리는 앞서 인용한 방언에 대한 바울의 말을 다음과 같이 해석할 수 있다.

"만약 내가 완전히 자기 중심적이고 사랑이 없는 방언을 함으로써 방언의 모든 민감한 의미를 훼손한다면, 방언은 요란스러운 소리, 즉 종과 꽹과리 소리가 뒤섞인 비화음적이고 날카로운 취악기의 불협화음이 될 것이다."

이러한 이미지는 재능있는 지휘자의 여러 기술이 혼합된 조화로운 심포니 오케스트라와는 정반대로서 아주 극적이다.

그러나 나는 종종 바울의 불가피한 방언의 시정이 방언을 한 번도 경험한 적이 없는 사람들에 의해 왜 아전인수격으로 이용되는지에 대해 생각을 하게 되었다. 바울과 그의 독자들은 이러한 경험을 공유하였다. 그리고 바울은 자신의 즐거운 방언 사용을 설명한다. 만약 그의 뜻을 우리가 정확히 해석할 수 있다면, "내가 너희 모든 사람보다 방언을 더 말하므로 하나님께 감사하노라"라고 말한 그의 의도는 '신랄한' 지적이었을까 아니면 '애정어린' 지적이었을까? 나는 편견이 없는 관점에서, 고린도교회 교인들의 불미스러운 방언 사용에 대한 바울의 태도는 결코 방언 사용을 금지한 것이 아니고, 오히려 방언의 훼손에 대한 지적이라고 생각한다. 왜 방언과 관련 하여 '추하다'라는 이미지가 일반적으로 떠오르는가? 모든 교회가 방언을 경험하지 못한 것이 아니라, 사랑이 충만된 감정으로 방언을 경험하지 못했기 때문이 아닐까?

바울이 방언에 대해 궁금하게 생각하고 올바르고 사려깊게, 그리고 우아하게 방언을 사용한 사람들에게 설교하고 있다고 가정해보자. 그랬다면 아마도 다음과 같은 말로써 그가 설교를 시작하지 않았을까?

"만약 내가 사람의 방언과 천사의 말로 얘기하고 또 하나님의 무한한 사랑의 정신으로 얘기한다면 나의 말은 은나팔이나 유리 종의 소리처럼 들릴 것이니라."

'사랑이 없는 것'과 '사랑이 있는 것'은 분명히 차이가 있다. 방언을 사용하는 기도와 예배에 대한 관행을 개인적으로 긍정한 말에 잘 나타난 바울의 질서 요구는 방언에 대한 긍정적인 생각이 완전한 신학적 기초에 근거함을 함축한다.

나는 '은나팔'이 불협화음이 없는 명료한 소리를 상징하며, '유리 종'은 부드럽고 우아하게 표현되는 반짝이는 무지개같은 맑은 소리를 상징한다고 생각한다. 결국 사도 바울이 혼동을 피할 수 있는 방법으로 방언을 사용하여 설교할 때 나팔이라는 비유는 다시 사용된다(고전 14 : 8). '유리 종'은 '소리를 내는' 관행이 함축적으로 권장되는 고전 14장 40절에 사용된 희랍어인 '에우세메노스'(eus-chemenos)와 동일한 말이다. '유리 종'은 높은 품격의 우아함, 즐거움 등 훌륭하고 장식적인 이미지를 상징한다. 실제로, 방언을 사용하게 되는 관행은 매우 매력적인 말이라는 의미를 함축한다. 성령의 도움을 받아 영적인 언어를 예배에서 사용해본 나의 경험은 부정적인 문맥 속에 자리잡은 소란스러운 종보다는 이러한 유리 종의 이미지에 더 가깝다. 그런데도 방언에 대해 잘못 알고 있는 비난자의 편견과 지나치게 시기적이고 열정적인 사람들에 의해 방언의 부정적인 측면이 강조되어 왔다.

나는 방언의 관행을 비판하는 많은 진지한 기독교인들의 입장을 너무나도 잘 이해하고 있다. 그들은 당신이 방언으로 얘기하지 않을 경우 그리스도에 대한 당신의 믿음이 부족하다는 의심을 받거나 열등 또는 저급하다는 의심을 받게 될 것이라고 말한다. 이러한 어리석은 비난은 방언을 얘기하는 사람들에 대한 우리들의 생각을 부정적인 고정관념으로 고착시킨다.

그들은 여러분이 명상적인 예배나 찬양의 즐거움이 딱딱하고 기관총 같은 방언의 메시지에 의해 사라져 버리는 공공 예배에 한 번쯤은 참석해 보아야 한다고 말한다. 여러분은 이러한 경험을 결코 잊어서는 안된다고 말한다. 또 그들은, 이러한 방해적이고 볼상사납고 무미건조한 방언을 경험하면 여러분의 마음 속에 지워지지 않는 기억이 될 것이라고 말한다. 여기서 방언은 소중한 분위기보다는 공포의 분위기와 결부된다.

그들은 다른 사람이 여러분의 어깨를 잡고 여러분의 눈을 똑바로 쳐다보며, "당신은 방언이 필요합니다"라고 말하는 것을 한 번쯤은 겪어 보아야 한다고 말한다. 그러면 갑자기, 여러분이 전에 느껴 보았을 방언에 대한 생각이 거부감으로 굳어질 것이라고 말한다. 그러나 이러한 거부감이 마음 속에 일단 자리잡으면 어떤 것, 즉 하나님이 주신 어떤 것과 진정으로 관련되지 않은 어떤 것에 대한 실제의 행동과 종종 구분되지 않는다. 이 어떤 것은 인간의 이성에 의해 무시되기 보다는 받아들여지는 어떤 것을 의미한다. 이러한 어리석은 무감각에 수반되는 '추함'은 하나님의 잘못이 아니다. 물론 이러한 상황이 방언의 진정한 특징도 아니다.

요컨대, 방언의 이름으로 자행되는 '추함'에 관한 많은 예가 있다. 그리고 많은 기독교인들을 방언에 대한 부정적인 생각으로 유도하는 많은 예도 있다. 이러한 모든 것들이 방언이라는 주제가 대두될 때 반대하는 적절한 예가 되지 못한다 해도 방언에 관한 논의나 토론의 촉진에 분명히 기여할 것이다.

불행히도, 영적 언어의 '아름다움'보다는 '추함'이라는 용어의 어감이 방언에 더 영향을 미치는 것 같다. 우리의 혀는 신체에 매우 필요하고 유용한 부분일 수는 있으나 전적으로 필요하고 유용하지는 않다. 우리는 어린 시절부터 우리의 혀를 고정시킴으로써 거부감이나 뻔뻔스러움을 나타내왔다. 혀를 차는 것은 대부분의 경우, 자녀의 잘못을 지적하는 부모의 훈계적인 표현이거나, 나쁜 학교 성적에 대한 경멸의 표시, 아니면 전체 학생들 앞에서 어떤 학생이 틀린 답을 말했을 때 교사가 나타내는 수치스러운 반응이다. 오래 전부터 혀는 영적인 경험이나 신학적인 대상이었다기 보다는, 나쁜 행동과 자연스럽게 결부되어 왔다. 그리고 아무리 맛이 있더라도 소의 혀 부분이 저녁 식탁에 올라오면 거의 모든 사람들이 얼굴을 찡그릴 것이다.

로스앤젤레스 앤젤스의 메이저리그 외야수였던 앨비의 아내 헬렌 피어슨은 그녀의 꿈 내용을 얘기한 적이 있는데, 그것은 기도중 방언에 대한 사람들의 태도에 관한 것이었다. 꿈 속에서 그녀는 장엄한 연회장에 있었는데 그녀는 뷔페식으로 차려진 산해진미 사이를 걸었다. 다양한 손님들이 맛있는 음식 사이를 지나고 있었는데, 모든 사람들이 훌륭하게 요리된 어떤 음식 앞을 반드시 지나갔다. 그것은 소의 혀로 만든 요리였다. 손님들은 그 요리를 보자 얼굴을 찡그리고 이구동성으로 웨이터에게 "나는 이런 음식이 싫다"고 말했다고 한다. 헬렌은 이러한 상황을 '고기'라는 하나님의 가르침을 맛보고, 그리스도께서 우리에게 매일 주시는 빵을 즐거워하며, '디저트'라는 하나님의 좋은 음식을 즐기는 열렬한 기독교인들과 비교하였다.

마찬가지로 '방언'이라는 말이 나오면 교회 안에 있는 많은 사람들의 마음에 거부감이 일어나는 경향이 있다. 그들도 "나는 그것이 싫다"라고 이구동성으로 분명히 말한다. 그러나 이와는 대조적으로, 어떤 사람들은 방언의 아름다움을 발견하여 방언이 아름다움으로 가득찬 말이라고 설명한다. 나는 방언에 관한 자신의 경험을 설명한 린 페인의 책을 감명깊게 읽었다. 그녀는 〈치유하는 존재〉라는 책에서 하나님이 천사들에게 그분의 초자연적인 은총을 우리의 일상 영역으로 확대하는 그분의 목적에 봉사하도록 위임하셨다는 사역을 설명하고 있다. 그러면서 그녀가 기도중 하나님이 가까이에 계신다는 생각으로 충만되었던 순간을 체험하고서 다음과 같이 쓰고 있다.

"나는 이러한 체험 후에 기도와 예배를 계속하면서 거의 불가사의한 방언으로 노래를 불렀다. 그 방언은 차임벨 소리처럼 들렸으며 천국의 소리가 공명하는 것 같았다. 나는 그 방언이 천사의 언어였다고 믿는다. 이 지상에는 그와 같은 언어는 없다."[1]

그녀는 계속하여, 널리 읽히고 있는 C. S. 루이스와 J. R. R. 톨킨의 기독교 신화에 관한 저서에서 이러한 경험을 초자연적인 현상으로 설명하고 있음을 강조한다. 예를 들어 엘벤 언어로 부른 영광의 노래에 관한 톨킨의 설명이 방언으로 노래한 그녀의 경험과 유사하다고 강조한다. 솔직하고 은총이 충만한 그녀의 설명은 분별력 있는 기독교인의 기도, 예배와 자연스럽게 관련되어 방언에 대한 '추하다'는 부정적인 생각을 간단히 떨쳐버리게 한다.

방언에 대한 부정적인 생각보다는 정상적인 생각이 더욱더 많이 나타나고 있다. 그래서 나는 이 영적 언어의 아름다움에 관해 고찰해 보는 노력에 여러분의 동참을 권유한다. 내가 여러분을 초대하는 장소는 알듯모를듯한 말의 중얼거림도 아니며 신비스러운 공상의 여행도 아니다. 방언에 관한 성경의 기록은 혐오스럽지 않다. 방언에 관한 성경의 기록을 부분적인 그림보다는 전체 그림으로서 정리, 종합해보면 이 영적 언어의 아름다운 그림이 나온다. 이 그림을 자세히 들여다 보면 모든 사람들을 위해 이 언어로 기도하는 것이 바람직하다는 결론에 도달하게 된다. 이러한 그림의 틀을 설정하기 위해 먼저 다음 네 가지 사항을 분명히 하고자 한다.

첫째, 방언은 비성경적이거나 낡은 관행이 아니다.
이러한 기도 형식의 영원성에 대해 절대 다수의 기독교 신학자들이나 주창자들이 논박한 적은 없다. 이러한 사실을 부정하는 순수하지만 완고한 영혼들의 수가 줄고 있기는 하다. 그러나 신약성경의 어느 부분에서도 방언을 1세기 동안 만의 관행으로 제한하지는 않는다. 편견에 사로잡힌 해석만이 이러한 제한을 성경에 두는 것이다. '고루하다', '낡았다', '초기 교회의 관행이다'라고 하는 생각은 하나님의 말씀에서 찾아볼 수 없다.

둘째, 방언은 초월적인 경험이 아니다.
하나님께서 자신이 구속한 자녀들을 다루시는 방법은 그 분 계획의 근원적인 측면에서는 초자연적일 수 있다. 그러나 사역의 방법 측면에서는 그렇지 않다. 방언은 자신의 마음에 대한 통제를 포기하거나 자신의 감정을 끝까지 소진시키기 위한 것은 아니다. 이 영적인 언어의 구사는 우리들의 언어의 한계를 하나님의 도움으로 추월하려는 의식적인 선택이 아니다. 또한 자신을 넘어선 어떤 신비적이고 황홀한 여행도 아니다.

셋째, 방언은 어떤 지위의 상징이 아니다.

이 영적인 언어와 관련된 가장 일반적인 '추함'은, 많은 사람들이 방언을 기독교인으로서 자신이 어떤 초기적인 의식을 통과했음을 증명하기 위한 수단으로써 제시하는 경향이다. 그 결과, 독실한 기독교 신자가 방언은 들었으나 자신은 아직까지 방언으로 말한 적이 없다면 그는 단지 방언을 하지 못했다는 근거로 자신을 2류로 여기거나 차원이 낮은 기독교인이라고 생각한다. 분명히, 그러한 신자들은 우상숭배나 성경 위반 등을 이유로 방언이라는 주제를 회피한다.

넷째, 방언은 영적인 성장의 대안으로 제시되는 것이 아니다.

영적인 언어의 사용이 기도에서 지속될 수 있고 그것이 완벽하게 성경적이고 바람직한 것임이 입증될 수 있다 하더라도, 영적인 언어로 말하는 것이 어떤 특별한 장점은 아니다. 그리스도인의 성장은 하나님의 말씀을 따르고 예수님의 제자들과 함께 걸으며, 하나님의 가족인 교회와의 친교를 전제로 한다. 그러나 어떤 나라의 말을 한다는 것이 반드시 그 나라의 국민이거나 그 나라의 법에 따른다는 것을 의미하지 않는 것과 마찬가지로, 어떤 사람이 방언을 말한다는 것은 그 사람이 하나님의 나라에서 태어났거나 또는 하나님의 말씀을 복종하면서 살고 있음을 보증하는 것은 아니다.

나는 그 날 미 중부 지역에 모인 많은 회중과 이런 저런 생각을 나누었다. 그들의 반응은 매우 고무적이었으며, 나는 나의 연설을 녹음한 오디오 카세트가 엄청나게 많이 팔렸다고 들었다. 또한 그 곳에 모인 많은 사람들은 그 후에도 나에게 인사를 하면서 나의 연설로 인해 도움을 받았다고 감사를 표시하였다. 나를 초청한 그 분은 나중에 나의 메시지중 일부를 발췌하여 그 분의 텔레비전 연설문에 포함시켰다. 결국 그 행사는 그리스도의 몸을 이해하고 사랑으로 채우려는 한 지도자의 깊은 소망이 역사적인 분계선을 해체하는 데 기여할 수 있음을 훌륭하게 입증하였다.

방언, 즉 영적인 언어로 말한다는 것은 특별히 다른 것은 아니다. 방언의 아름다움이 성경적으로 이해되고 현명하게 활용될 때 엄청난 상승적인 효과가 있게 된다. 수천명의 회중 앞에서 나는 그러한 사실의 또 다른 사례를 목격하였다. 초청을 받은 나는 영적인 언어의 아름다움에서 내가 직접 발견한 것들을 설명하였으며 수많은 군중은 그러한 아름다움에 그들의 마음을 열었다. 이와 비슷하게 이 책이 지금 여러분에 의해 읽히고 있다는 것은 여러분이 마음을 열고 나의 증언을 들어주고 있다고 생각하기 때문에 나는 이에 감사한다.

나는 처음부터 한 가지 점을 강조하고 싶은데, 그것은 내가 방언의 중요성을 증명하거나 방언의 대변자가 되기 위해 나의 경험을 설명하려고 한 것은 아니라는 것이다.

방언과 나의 관계는 한 가지 이유 때문에 시작되었다. 이 관계는 내가 수 년 전에 시작한 여행의 일부였다. 그 여행은 그리스도의 삶 속에서 성장하고 하나님의 길을 알기 위한 것이었다. 내가 영적 언어의 아름다움을 발견한 것도 바로 이러한 여행을 통해서였다. 또한 나는 하나님께서 우리들이 그 분의 마음에 보다 가까운 길을 걷도록 도와주시기 위해 이 아름다운 자원을 주셨음을 발견하였다.

2장. 하나님의 마음을 보기

"하나님의 마음 가까이에는 완전한 해방의 장소가 있나니…"

부흥예배 장면은 생동감이 넘쳐 흘렀다. 나는 그와 같은 것을 본 적이 없었는데 그 부흥 운동이 새로운 것이었기 때문에 그런 것은 아니었다.

그때 나는 열여덟번째 생일을 맞았으며 12주 후에 고등학교를 졸업할 예정이었다. 그날 밤 나는 팀의 관행에 따라 체육관 라커룸에서 친구들과 어울려 샤워를 마치고 옷을 막 갈아 입었다. 얼마 안있으면 나는 큰 텐트에서 한 자리를 잡게 된다. 복음주의 십자군은—내가 방금 들어온 것과 같은 큰 텐트 속에서도—헤이포드 집안의 생활의 일부였다. 예를 들어, 2년 전만 해도 우리의 전체 교회 회중은 캘리포니아 오클랜드에서 토레이 존슨 목사의 영도하에 위대한 중세 십자군을 지원한 수천명의 신도들과 합류한 적이 있었다. 토레이 존슨 목사는 "그리스도를 위한 젊은 군단"을 빌리 그래햄 목사와 함께 설립했으며 가장 신뢰받는 복음주의 설교가중 한 사람이었다. 그는 깊은 신앙심으로 하나님의 말씀을 전했으며,

기독교인들이 함께 단결하여 우리 도시를 감동시킴으로써 많은 영혼들이 구원을 받았다.

과거에 나는 다른 텐트 운동에 참여한 적이 있었다. 그러나 이번 경험은 다른 것이었다. 복음주의라는 목적은 동일하였지만 그 형식이 매우 달랐다. 나는 전에 결코 겪어본 적이 없었던 새로운 차원의 것들을 많이 경험하였다. 그 전날 밤에도 그곳에 갔었기 때문에 사실 나는 그곳에 다시 돌아온 셈이었다. 그 텐트 속에서 나는 떨쳐버릴 수 없는 확신으로 나를 사로잡는 어떤 사건을 목격하였다. 그것은 그날 밤이 지나기 전에, 내가 어떤 삶을 살아야 할지 방향을 정하는 결정적인 계기가 되었다.

내가 거대한 텐트 속으로 들어갔을 때, 그 곳에는 이미 수천명의 사람들이 자리를 잡고 있었다. 그리고 꽉찬 주차장에는 수백명의 사람들이 텐트 속으로 들어오려고 아우성치고 있었다. 오르간의 연주가 울리자 신성한 기대감이 사람들의 얼굴에 감돌았다. 어떤 것이 천막 속에서 마치 사랑의 액체처럼 솟아올라 공중에 퍼졌다. 그것은 군중들을 바라보면서 이 신앙심이 충만한 상황을 감지하고 있었다. 그것은 내가 방금 보았던 광경에 의해 더욱 고조된 느낌이었다. 내가 가까이 다가가 보았을 때, 많은 장애인들이 특별히 마련된 장소로 안내되어 개인적인 기도를 하며 설교듣는 것을 보았다. 그곳에는 믿음이 살아있었다. 그 곳에 모인 모든 사람들이 느낄 수 있었듯이 여러분도 느낄 수 있었을 것이다. 어떤 아름다운 일이 막 일어나려고 하고 있었다.

나는 전에 오순절 교회의 모임에 가본 적이 있었다. 우리 부모님은 캘리포니아의 롱비치에 있는 포스퀘어 교회에서 세례를 받으셨는데, 그때 나는 부모님의 품에 안겨 있었다. 그 후 우리 가족은 '카리스마적인 교회 생활'이라는 용어가 유행하기 훨씬 이전부터 그러한 생활을 경험해왔다. 그러나 우리는 이러한 교회에 진정으로 정착하지는 않았다. 그 이유를 대는 것이 다소 어색하기는 하지만, 굳이 이유를 말하면 불성실하게 보일 수 있기 때문이었다. 아버지의 직장 때문에 자주 이사를 다닌 우리 가족은 오순절 교회에 이따금씩 참여할 수밖에 없었다(그런데 오순절 교회가 항상 우리 동네에 있었던 것은 아니다). 그러나 더 솔직한 이유는 우리 가족들이 종종 어떤 교회에서는 편안함을 느낄 수 없었다는 점이다.

그들은 우리의 가족 교회의 선택을 규정하는 어떤 분명한 기준을 세워 놓고 있었는데, 그것은 우리가 다니는 교회를 결정하는 기준이 되었다. 이 기준은 2가지였는데 첫째 기준은 성경을 하나님의 영감있는 말씀으로 전하고 가르치는가 였다. 그리고 두번째 기준은 예수님을 인간의 유일한 구원자로 제시하고 그 분의 십자가와 부활이 이러한 사실의 근거와 증거로 선언되는가 였다.

우리 부모님은 상식과 하나님의 말씀에 최고의 가치를 부여하여 자녀를 양육한 합리적이고 애정이 많은 분이셨다. 우리는 두 번 정도 오순절 집회에 가본 적이 있으나, 항상 간 것은 아니었다. 이 때문에 부모님이 "샌 레안드로에서 열리는 십자군의 텐트 예배에 가보지 않겠니?"라고 뜻밖의 제안을 하셨을 때 나는 무척 놀랐다.

나는 그 전에 복음주의자의 이름을 한 번도 들어본 적이 없었지만 그가 오순절적이라는 것은 알고 있었다. 이 때문에 나는 약간 의심이 갔으나 호기심이 일어났다. 오순절 교회에서 겪은 경험때문에 약간 망설여지고 심지어는 조심스러운 생각마저 들었다. 우리 가족이 이러한 환경에서 그리스도를 찾은 것은 아니었다. 비록 내가 그리스도를 캘리포니아 오클랜드의 포스퀘어 교회에서 10세때 영접하였지만, 우리 가족은 다른 교회에도 다녔다. 따라서 앞서 내가 한 교회에 정착할 수 없었다고 말한 의미는 특별한 경멸감 없이 불편한 심기를 설명하기 위한 것이었다.

내가 참석하지 않았다고 한 말은 오순절 교회가 앞서 내가 언급한 교리적 기준을 충족시키지 않았기 때문이라는 의미는 아니었다. 오순절 교회가 그리스도나 성경에 관한 믿음이 약한 것은 아니었다. 분명, 그들은 지속적으로 예수님을 영광스럽게 하였고 하나님의 말씀을 설교하였다. 이 때문에 우리는 특히 포스퀘어 교회에 다니게 되었다. 그러나 우리가 참여했던 일부 오순절 예배에서(포스퀘어 교회의 예배를 포함하여), 진지함이 본질적인 부족함을 보충해 주지는 못했다(아마 일부 오순절적인 예배에 대해서도 마찬가지 얘기를 할 수 있을 것이다.). 설교는 항상 열정적이었으나, 실질적인 가르침이 너무 없었다. 10대 초반이었던 나도 이러한 상황을 알 수 있었다. 예배 분위기는 따뜻하고 생동감이 있었지만 때때로 무질서와 부주의로 인해 예배가 산만하게 진행되었다. 이러한 분위기는 오늘날의 오순절 교회에서는 거의 사라지고 없다. 그러나 일시적이었다고는 하나 그러한 불편한 분위기 때문에 우리 가족은 많은 시간을 오순절운동에서 벗어난 복음주의 집회에서 보냈다.

오늘 밤 나는 내 자신의 선택에 의해 찬양으로 충만된 모임 장소인 이 거대한 텐트에 당당히 들어왔다. 그들은 최상의 오순절 전통으로 고무되어 있었다. 그러나 전날 밤처럼 그날 밤에도 나는 유사한 환경에서 종종 그랬던 것처럼 편안하지가 않았다. 비록 하나님에 대한 명백한 찬양의 표시로 손을 들고 소리를 질렀지만 단순한 충만감이 아닌 신성이 느껴졌다. 설교는 극적인 방법은 아니었을지라도 역동적이었다. 그리고 그 내용도 성경적으로 분명히 제시되었으며 힘차게 전달되었다. 나는 '기름부음'의 진정한 정의를 경험할 수 있었다. 나로서는 흥분, 탐색, 견고한 성경주의 등이 결합되어 '기름부음의 설교'가 전달되는 것처럼 보였다. 나는 그러한 결합을 보다 더 분명하게 감지하고 있었다. 그것은 지금껏 내가 다른 사람들로부터 들은 '기름부음'의 특징인 설교의 단순한 형식이나 내용과는 달랐다. 나는 많은 것들에 감명을 받았다. 그러나 예배의 순서와 설교의 힘이 나의 계획을 변경하여 나의 삶을 변화시킬 결정을 촉진할 주요 요소는 아니었다. 나를 가장 감동시킨 것은 그 결과였다. 즉 내가 복음의 힘을 보게 된 신선한 충격이었다. 그것은 두 가지로 증거되었다.

첫째, 목사님이 "예수님이 폭풍을 잠재우신다"라는 메시지로 결론을 내렸을 때 그는 회중에게 그들의 머리를 조용히 숙이라고 말했다. 거의 소리가 나지 않고 텐트 속은 갑자기 순종하는 분위기가 역력하였다. 즉 회중은 그들의 구원자로서 그리스도의 필요를 인정하고 있었다. 이러한 일이 설교와 기도가 진행중인 인접한 텐트에서도 일어났다. 내게도 2년 전에 존슨 십자군에 참가하였을 때 배운 것과 비슷한 감응과 지혜가 느껴졌다. 내가 양육되면서 형성된 것에 의하면 그것은 진정 신성한 역동성의 리트머스 시험이었다. 사람들이 그리스도에게 오고 있었던 것이었다. 복음의 가장 위대한 기적의 힘이 구원받은 많은 사람들 속에서 입증되고 있었다.

그러나 기적은 여기서 그치지 않았다. 강대상에서의 부름이 끝난 후 20분간 찬송시간이 있었다. 그 복음주의자는 병자를 위한 기도를 시작하였다. 나중에 안 사실이지만, 그 휴식시간중 그는 수십명의 장애인들이 기도를 기다리고 있던 다른 텐트로 갔다고 한다. 그 중 일부 장애인들은 심각한 중증 장애인들이었다. 나는 교회가 거의 기도를 하지 않는 사람들, 즉 절망의 영역으로 추방되고, 종종 '하나님의 의지'의 희생자로서 처참하게 내버려진 장애인들에게 사랑의 관심을 보여준 것을 보고 큰 감명을 받았다.

필요를 원하는 사람들의 행진이 시작되었다. 그 복음주의자는 의자에 앉아 연단 앞으로 나온 사람들의 머리에 하나씩 손을 얹었다. 어떤 광채나 팡파르도 없이 분명한 기적이 일어나고 있었다. 기도를 받은 사람들중 많은 사람들이 그들에게 일어난 일에 대해 눈에 보일 만큼 깊은 감명을 받았으며, 가장 회의적인 사람들만 그들에게 강림한 하나님의 능력의 실제를 의심하는 것 같았다.

내가 감명을 받은 또 다른 것은 이러한 모든 일이 경건하고 분별력있게, 그리고 지성을 모욕하지 않는 방식으로 이루어졌다는 사실이다. 그 복음주의자는 수줍어하지도, 교활하지도 않았으며 술수적이지도 않았다. 그는 품위있는 강인함, 지성, 열정 등을 보여주었다. 무엇보다도, 우리는 그리스도 예수님과 고통 받는 인간에 대한 엄청난 사랑을 느낄 수 있었다. 그 자신이나 그의 모습이 주목을 받은 것은 아니었다. 그는 회중들에게 최면을 유도하는 어떤 방법도 사용하지 않았으며 전혀 위선적이지도 않았다. 그는 모든 상황을 직접 주관하고 모든 사람들을 위해 기도를 했다. 이러한 하나님의 위력을 보이는 방법은 기업가적이었을지는 몰라도 신성한 방법처럼 보였다. 그리고 눈에 띄는 기적이 몇몇 경우에서 나타났다.

이것은 내가 그 전날밤 본 것과 동일한 현상이었다. 그래서 나는 그것이 우연은 아니었음을 알았다. 그것은 하나님의 신성한 은총의 순수한 흐름이었다. 나는 성경에 제시된 예수님의 사역은 물론 사도행전에 나오는 교회생활과 너무 흡사한 어떤 것을 목격하고 있다고 생각한 나머지 내 삶의 변화를 결정하는 방향으로 나아가고 있었다. 이러한 결정은 그 전 해에 내가 계획하고 있었던 경로를 다시 설정하는 것이었다.

그로부터 약 2년 전에 나는 오클랜드의 이웃교회에 다니기 시작하였다. 그 교회는 상상력이 풍부하고 엄격하게 성경 중심적인 얼 섹사우어(Earl Sexauer) 목사의 지도력 하에서 활동하는 활력이 넘치고 창조적인 기독교 사역 연합 회중이었다. 그 교회의 복음주의적 사역의 생동성을 처음 본 나는 그곳을 하나의 모델로 삼았다. 나는 목회사역에 대한 그리스도의 부름을 받은 즉시 그곳에 갔던 것이다. 그곳에서의 경험을 통해 나는 나의 10대 시기에 번민하였던 영적인 불확실성을 완전히 떨쳐버릴 수 있었다. 소위 가정교회라는 것도 더욱더 가정적이 되어 있었으며, 그 교회는 나의 가치관과 행동을 규정하는 맥박계였다. 나는 매주마다 수십명씩 그리스도에게 오게 하는 효과적인 복음주의에 익숙해졌다. 그리하여 나의 장래를 위한 근본적인 동기를 부여받게 되었다.

더 나아가, 목사님은 그의 사역의 동기를 분명히 설명해 주었다. 그의 자각은 삶에 대한 그의 연구와, 이웃교회의 창시자인 A. B. 심프슨의 설교를 통해 이루어졌다. 따라서 우리는 많은 사람들이 구원받는 것을 보았을 뿐만 아니라, 많은 사람들이 정기적으로 기도와 치유를 받는 것을 보았다. 또한 집회는 삶과 그리스도에 대한 봉사에서 힘을 얻기 위해 성령의 충만하심을 받도록 노력하고 또 그렇게 기대하라고 고무되었다. 이리하여 심프슨의 영향은 우리 목사님의 신앙의 기본틀을 형성하였다. 그리하여 우리 목사님은 부지런하고 역동적인 사역의 길을 걷는 따뜻하고 열렬한 지도자가 되었다.

우리 목사님의 건전하고 영적으로 힘찬 지도력에 감명을 받은 나는 내 자신의 훈련을 위한 계획을 세웠다. 나는 목사 교육을 받기 위해 그의 모교에서 공부를 하기로 했다. 그래서 뉴욕에 있는 그 교파의 대학과 이미 연락을 하고 있던 참이었다. 몇 달 후 고등학교를 졸업하면 나는 캘리포니아에서 동부로 향하게 된다. 나는 성령의 능력 안에서 사역자가 되기를 원했으나 오순절주의의 흔적으로 생각되는 것은 탐탁하지가 않았다. 하지만 주사위는 이미 던져졌다.

최소한 이미 던져졌다고 생각하였다.

그러나 이제 다른 일이 일어나고 있었다. 그 텐트 속에서 그리고 나의 심장 속에서 '어떤 것'이 그러한 결정을 변경시켜 나의 삶과 사역을 위한 다른 방향을 설정시키기 시작하고 있었다. 그것은 내가 목격하고 있던 그 사역에 존재한 어떤 신성한 맥박과 관계가 있었다. 그것은 하늘에 계신 아버지의 심장과 리듬이 같은 것으로 느껴지는 어떤 것이었다.

내가 보고 있던 모든 것들은 우리가 진정한 하나님의 마음이라고 알고 있는 것들과 조화를 이루는 것처럼 보였기 때문에 나의 마음을 감동시키고 있었다.

그곳에는 잃어버린 인간성에 대한 하나님의 마음이 있었다.

사역의 방법에 관한 형식적인 것은 전혀 없었으며, 복음주의에 앞서는 유사한 어떤 것도 분명히 없었다. 그 텐트는 영원한 영혼들이 다시 태어나고 있는 거대한 모태와 같았다. 회중이 반응한 이유는 두 가지의 것, 즉 분명한 메시지와 열정적인 방법의 조화에 있는 것 같았다. 마치 예수님의 모습과 목소리 같았다.

"무리를 보시고 민망히 여기시니 이는 저희가 목자 없는 양과 같이 고생하여 유리함이라"(마 9 : 36).

우리 부모님은 오순절 교회에서 그들이 일찍이 경험한 것으로부터 배운 가치를 나에게 가르쳐 오셨다. 부모님은 와트슨 티포드의 사역을 통해 구세주를 만나셨다. 나는 유년기때 이 경건한 목사님의 손에 바쳐졌다. 그는 성경적인 우선순위에 따라 영혼이 승리하는 열정으로 설교를 하였는데 나중에 라이프 성경대학의 학장이 되었다. 그곳에서 그의 지도력 하에서 수천명이 기독교 사역을 위해 훈련을 받았다. 어렸을 때부터 내 마음 속에 새겨지고, 그 후 우리 가정

모임에서 일관되게 경험된 복음주의를 위한 가치와 열정은 이 집회에서도 충분히 증명되고 있었다.

그 이틀밤 동안 나는 복음에 응답한 수많은 군중을 위한 그리스도의 말씀과 증거의 아름다운 균형을 목격했다. 상실된 인간성에 대한 하나님의 마음은 분명히 그곳에 있었고 또 분명히 가장 지배적이었다. 뿐만 아니라 다른 많은 것들도 목격하였다.

그곳에는 고통받는 인간들을 위한 하나님의 마음이 있었다.

육신의 고통으로부터 영혼의 필요를 구분짓는 것은 잘못된 이분법이다. 우리의 보다 큰 인간적인 필요가 죄사함이라는 것은 의심의 여지가 없다. 그러나 예수님의 사역은 하나님이 인간에 대한 그분의 접근 방법에서 어떤 체계나 규정된 단계에 의해 제약을 받지 않으심을 시사한다. 하나님은 우리가 있는 곳에서 우리를 만나신다. 하나님은 우리의 영혼 속에서 영원함을 성취하기 위해 다가오시면서 처음에는 주저하심이 없이 우리의 외적 삶으로 다가오신다. 마가는 인간의 필요를 신학적으로 이론화하였으나 그것에 대해 거의 답변을 하지 않은 비판자들과 예수님의 대면을 다음과 같이 기록했다.

"그러나 인자가 땅에서 죄를 사하는 권세가 있는 줄을 너희도 알게 하려 하노라 하시고 중풍 병자에게 말씀하시되, '내가 네게 이르노니 일어나 네 상을 가지고 집으로 가라' 하시니 그가 일어나 곧… 저희가 다 놀라 영광을 하나님께 돌리며 가로되, '우리가 이런 일을 도무지 보지 못하였다' 하더라"(막 2 : 10-12).

이 사건은 고통받는 인간을 치료하시겠다는 하나님의 의지를 나타낼 뿐만 아니라, 죄사함의 설교를 병든 몸의 치료에 결부시키는 복음의 역동적인 연결을 드러낸다. 죄사함과 병의 치료는 예수님 행적에서 결코 별도의 사역이 아니었다. 예수님이 바리새인들과

대면하셨을 때, 나는 예수님이 비겁함과 비성실성을 경멸하신 것으로
생각했다. 지금까지도 나는 비겁함과 비성실성의 유혹을 받으나 이를
물리치기 위해 마음을 굳게 다지고 있다.

그곳의 십자군에서 나는 두려움이나 불신의 망설임과는 정반대의
모습을 보았다. 하나님의 구원과 죄사함의 약속과 똑같이 대담하게
치료와 구속을 위한 하나님의 약속을 선언함에 있어 어떤 과장도
없었다. 나는 예수님이 적극적으로 인간을 치료하시고, 또 주저없이
인간을 완전하게 하시려는 데 대해 많은 감명을 받았다. 나는 병자를
위한 신선한 동정에 감동을 받았다. 그 동정은 사람들이 구원받기
전에 그들의 치료를 위해 기도하는 문제에 관한 신학적 편견을
불식시켰다. 그리고 기적, 즉 치료가 이루어지는 은총을 실현하기
위해 필요한 어떤 대답도 명백하지 않은 경우도 개의치 않는 동
정이었다. 그리고 불가피하게, 예수님이 초점이었다. 그 분의 존재와
능력이 생생하였을 뿐만 아니라 복음주의 방법의 구심점이었다.
능력을 객관적으로 증명할 수는 없었으나 분명히 예수님은 그곳에
계셨다. 모든 사람들이 그렇게 생각하였다. 예수님은 오래 전에
무리가 이와 같은 보살핌을 주시는 사랑하는 하나님을 찾기 위해
예수님을 따라나섰을 때 그러셨던 것처럼 사람들을 치료하고 계셨다.

이 십자군 집회에서 하나님의 마음은 내가 성경에서 느낀 것만큼
크게 보였다. 그리고 나는 또 다른 것을 목격하였는데 이에 관해서도
증언할 것이다.

그곳에는 실제적인 삶의 순수성을 위한 하나님의 마음이 있었다.
나는 그 당시에 그러한 하나님의 마음을 충분히 이해했다고 말할
수는 없다. 그러나 나는 그것을 알 수는 있었다. 내가 ‘교회’의
율법주의와 관련된 신학적, 윤리적 문제에 관해, 그리고 다른 한

편으로는 ‘값싼’ 은총에 관해 아직 훈련된 관점을 가지지 못했기 때문에 나는 완전한 분석을 할 능력이 없었다. 그러나 나는 어떤 가치가 존재함을 느꼈다. 하나님의 사람을 만드는 기독교의 규율은 복음주의의 방법으로 규정되었으며, 그러한 사역자들은 어디에나 눈에 보였다.

우리들 중 대부분은 형식화된 당위규범으로 종합된 신성에 대한 왜곡된 추구를 보아왔다. 그러나 그곳에서는 위선적인 위엄보다는 적극적인 희망이 더 많이 느껴졌다. 오전과 오후 설교에서는 성령 안에서 우리의 걸음의 일부로써 승리의 성장을 부른다는 것을 배웠다.

전체의 분위기에서 인격과 순수성의 성장을 포함한 전인격에 대한 하나님의 마음이 느껴졌다. 그곳에서는 기독교에 관해 어떤 우연적인 것도 형성되지 않고 있었다. 그 집회는 마을 사람들에게 보이기 위한 쇼가 아니라 움직이고 있는 진리였다. 경건을 강요하는 어떤 설교도 없었으며, 영적인 나태를 관용하는 어떤 것도 없었다. 드러나는 모든 것은 그곳에 있는 누구라도 그곳을 떠날 때 하나님의 능력을 즐겁게 경험하고, 하나님과 함께 걸어나오고 싶을 만큼 진지하게 하나님을 영접하는 것 같았다.

그곳에서의 경험은 오늘날 카리스마적인 집회에서 때때로 발견되는 영적으로 혼합된 피상적인 열광과는 크게 달랐다. 나는 다른 모임에서 치료와 구속의 은총을 베푸시는 하나님의 힘을 보았다. 그러나 그러한 모임에서는 지도자의 화려한 언변으로 인해 하나님의 품격과 위대성에 대한 초점이 흐려지는 경향이 있다. ‘영광’은 하나님의 영광을 나타내보이기 보다는 짜릿한 외침이나 순간이 되는 경우가 빈번하다. 따라서 예배와 겸손, 그리고 신성함을 상징하는 하나님의 소중한 존재가 흐려지기도 한다. 또한 이러한 상황에서는 도덕적 방종이나 금전적 부정행위라는 문제가 표면에 부각되어 결국 하나님의 관점에서 볼 때 사역의 이면에 인간의 얄팍함이 숨어 있는 경우가 종종 있다(하나님의 능력에 정직하게 마음을 여는 경우도 있다.). 어쨌든 오늘날 이러한 문제들은 카리스마적인 기독교에 반대하는 이유가 되고 있다. 그러나 그날 밤 큰 텐트 속에서 내가 목격한 것은 어떤 경박한 것도 없었다. 하나님의 성스러운 마음이 그 분의 자비만큼 부드럽고 동시에 확고한 순수함으로 나타나셨다.

당시에는 상황을 설명할 수 있는 적절한 용어를 생각해내지 못했지만 지금 다시 생각해보니 그곳에서 나는 다음과 같은 경험을 한 것 같았다.

그곳에는 계시에 대한 하나님의 마음이 있었다.

'계시'라 함은 하나님의 말씀 속에 들어있는 진리의 본질을 초자연적인 생동감과 우리를 일깨우는 명료함으로 밝히는 것을 의미한다. 사람들은 진리를 보지만 그것에 관해 듣거나 배우지는 못한다.

이 복음주의자가 설교를 하고 있었을 때 청중은 살아있는 예수님을 보았다. 그 전도사의 설교에는 합리적인 사고나 지적인 기술은 없었다. 그러나 복음이 전파될 수 있었던 이유는 인간적인 기술 때문이라기 보다는 성령의 능력이었다. 예수 그리스도는 그곳에서 실제로 살아계셨다.

그곳에서 내가 직관적으로 본 것중 많은 부분은 나중에 가서야 분석, 설명할 수 있을 것 같다. 그날 밤 나는 하나님의 마음을 단순히 느끼고 있었을 뿐이었다. 내가 역동적인 사역에서 진정 그 의미와 위치를 파악한 것은 훨씬 더 훗날이었다. 이 책에서는 내가 결정을 하게 된 그날 밤의 상황과 결부시켜서만 언급하고자 한다. 내가 내린 결정은 단지 한 사람으로부터 마음이 끌린 것 때문만은 아니었다. 나의 결정은 하나님의 메시지가 어떻게 전달되는가에 관한 확신으로부터 나왔다. 나의 감각은 단순한 인간의 스타일, 즉 개성을 초월한 것이었다. 나는 복음주의자의 추종자는 아니었다. 사실 그 후 30년이 지나서야 나는 그 복음주의자를 만났기 때문이다. 그러나 나는 이 사람의 설교에서 우리 목사님과 유사한 어떤 차원을 느꼈다. 그 사람과 우리 목사님은 물론 교파가 달랐지만, 그들이 설교할 때는 어떻게든 그리스도가 선언되었을 뿐만 아니라 계시되었다. 나는 두 사람이 성령의 충만하심에 관한 신약의 경험을 주장하였고 또 가르친다는 것을 잘 알았다. 나는 하나님이 자신의 마음, 즉 그 분의 아들이 비추어지기를 원하시는 방법으로 충만한 '계시적인 예수님'을 볼 수 있었다.

하나님의 마음에 접근한 문제들, 즉 상실된 인간성에 대한 하나님의 사랑, 고통받는 인간에 대한 하나님의 아픈 마음, 모든 인류에게 주시는 그분의 살아있는 말씀, 즉 예수님을 보여주시려는 그분의 희망 등이 내 마음 속에서 교차되고 있었다. 그러나 한 가지 더 있었다. 지금도 생생하게 기억나지만, 그 특별한 밤에 나는 삶의 가장 소중한 행로를 향해 내가 이끌리고 있다는 것을 알았다.

그곳에는 하나님과 친해지려는 마음이 있었다.

그 복음주의자가 병자를 위한 기도를 마치자 사람들이 일어났다. 하나님의 전능하신 구원, 치료, 구속 사역에 대해 모두 찬양을 드렸으며 막 축복이 내려지려는 참이었다. 그 후에 일어난 일은 나로서는 결코 놀라운 일이 아니었다. 나는 그 전날에도 그 일이 일어나는 것을 보았기 때문에 다시 볼 준비를 하고 있었다.

그 복음주의자는 긴 설명없이 성령으로 세례를 받고 싶은 모든 사람들은 예배가 끝난 후 기도 텐트에 모이라고 했다. 세례가 그날 밤 집회의 메시지 초점은 분명히 아니었지만 그 주위의 모든 사람들은 세례가 중요한 문제라는 것을 곧 깨닫게 되었다. 당시만 해도 이러한 시도의 가능성을 인정하는 복음주의 신자들의 수가 훨씬 더 적었다. 그러나 오늘날에는 세례의 필요성이나 장소 등에 대해 교회에서 거의 보편적으로 인정한다. 나는 성령으로 충만된다는 것이 나에게는 분명히 필요한 것으로 생각되었다. 세례는 예배와 사역을 위한 우리의 삶에서 하나님의 힘을 경험하는 데 필수적인 요소이다. 내가 결정을 굳히고 나의 삶의 방향을 설정하는 구체적인 행동조치를 취한 것은 바로 그 순간이었다. 그 시점부터 나의 삶에서 내가 추구하게 될 경로가 정해졌다.

- 내가 사역을 위해 훈련받아야 할 장소
- 내가 만나 결혼할 여자
- 내가 봉사할 교회
- 내가 목회할 장소
- 계속 풍부해지는 교제 속에서 내가 폭넓게 만날 수 있는 많은 기독교인들.

그날 밤 그 결정으로부터, 나는 하나님의 성령, 권능, 사역, 열매, 선물 등에 대해 완전히 마음을 열고 하나님과 친해지겠다는 결심이었다.

내가 그 기도 텐트로 갈 때, 내 마음 속에는 두 가지 것이 들어 있었다. 첫째는 당시까지만 해도 나로서는 약간 두려운 주제였던 방언이었다. 둘째는 어느 정도 개념 정의를 하고 있었던 오순절 사역을 위한 공약이었다. 그러나 그보다는 내가 목회자의 길을 걸을 때 어떻게 목회를 주관하느냐 하는 문제보다는 어느 대학을 가느냐가 더 시급한 문제였다.

　나는 텐트의 한쪽 구석으로 가서, 미리 꾸며져있던 소박한 나무 제단 난간에 꿇어 앉았다. 나는 의도적으로 다른 사람에게 가서 나와 함께 기도하자고 요청하지 않았다. 나는 나의 마음을 하나님께 표현하기 위해 그 분의 존재 속에 혼자 있고 싶었다. 나는 기도를 시작하였다.

　"주님이시여, 오늘 밤 주님 앞에 제 삶과 영혼을 바치려고 왔습니다. 저는 주님의 계획 속에 있는 제 미래가 무엇인지 모릅니다. 다만 두려움을 떨쳐버리고 싶습니다. 저는 도움을 필요로 하는 사람들을 만나는 사역을 해야 한다는 것을 압니다. 주님은 상실된 자와 아픈 자를 위해 주님의 마음을 보여주고, 성령의 힘에 의한 사역을 내가 볼 수 있도록 허락하셨습니다. 그래서 오늘 밤 이러한 사역을 위해 제 몸을 바칠 것을 약속드립니다. 주님이 주신 이 의지를 실천할 수 있도록 저에게 주님의 권능을 불어넣어 주실 줄 믿습니다."

　나는 주님께 성령 충만을 달라고 기도하였다. 이러한 요청을 드리기 위한 방언의 잠재력을 나로서는 발휘하기가 쉽지 않았다. 그러나 나는 두 가지를 알았다. 첫째, 나는 이러한 경험이 성경적임을 알았다. 여러 교회의 종파들이 제시한 교리적 논쟁은 나를 확신시키거나 설득시키지도 못했다. 나는 인간의 논란의 틈바구니 사이 어딘가에 유효한 경험이 있을 것이라고 막연히 생각하였다. 둘째, 나는 그 복음주의자와 우리 목사님, 다시 말해 오순절 교회와 복음교회가 모두 방언을 하는 것을 알았다. 나는 그 복음주의자가 방언을 한다고 스스로 시인하였기 때문에 그가 방언을 하는 것을 알았고, 우리 목사님의 경우 교회의 특별한 기도 모임에서 간혹 방언을 하는 것을 들었다. 그 두 사람중 어느 누구도 자신의 경험을 내세우지는 않았다. 그런데도 그 두 사람은 성령의 어떤 역동적인 힘을 경험하였다. 나는 그들의 경험 사이의 분명한 연결, 즉 방언기도와 삶 속에서의 권능의 흐름사이의 연결로부터 도피할 수가 없었다.

나는 그곳에 꿇어 앉아 그리스도의 교회 안에서 사역을 하겠다는 서원을 하고 있었다. 또 나는 나의 삶에서 충만한 하나님의 성령을 영접하겠다는 나의 소망을 확인하고 있었다. 나는 방언을 말하기 위해 입을 벌렸다. 내가 교리해석을 위해 필요한 충동을 느꼈다거나 감정에 의해 동기부여를 받은 욕망을 느낀 것은 아니었다. 그보다 나는 인간에 대한 하나님의 위대한 사랑의 마음을 전과는 다른 방법으로 느끼고 있었다. 하나님의 맥박은 새로운 속도로 뛰고 계셨다. 나는 로이드 오길비가 '사랑의 북소리'라고 규정한 리듬에 따라 행진하기 시작했다.

오래된 찬송가의 소리가 들렸다. "하나님의 마음 가까이에 완전한 해방의 장소가 있나니…" 그때 나는 내가 바로 그러한 장소를 찾고 있다는 것을 알았다. 나는 내가 그러한 장소로 끌려가고 있으며 나의 마음이 하나님의 마음과 보다 가깝게 화음을 이루기를 원하면서 정리되고 있음을 깨달았다. 나는 '예수님이 하기를 원하시는 모든 것을 하시도록' 내 삶을 드리겠다고 약속하고 있었다. 나는 내가 예수님 안에서 본 것들을 나의 삶과 사역 속에 받아들이고 있었다. 그리고 예수님의 모든 충만하심이 나에게 넘쳐흐르게 하고, 초대교회가 그랬던 것과 똑같은 방법으로 예수님의 충만하심을 영접하겠다는 다짐을 하고 있었다. 나는 내 자신을 성령님께 맡겼다. 나는 하나님의 마음을 보았고, 더 보고 싶었다. 그러나 나는 방언을 할 수 없었다.

3장. 찬양을 위한 사랑의 언어

루안은 방언으로 얘기하였다. 의심, 놀라움, 그리고 감사함으로 교차된 분위기가 우리 가족에 맴돌았다는 것은 의심의 여지가 없다. 나의 여동생 루안은 수백명이 모인 어린이 캠프에 다녀왔다. 포스퀘어 교회의 프로그램인 '올드 오크 랜치'(Old Oak Ranch)는 그리스도와 성경 중심이며 행동 지향적이고 생명에 대한 의무에 목표를 둔 프로그램으로 평판이 나 있었다. 그 캠프가 한 오순절 교회에 의해 운영되었으므로, 우리는 사도행전의 기대가 존재하는 사역과 기도의 시간이 포함된 데 대해 전혀 놀라지 않았다.

그러나 루안은 방언으로 얘기했던 것이다. 그 여름 이전까지만 해도 우리 가족중 어느 누구도 방언을 경험하지 못했다. 부모님은 방언이 성경적이라고 믿었으며, 나도 다르게 생각할 어떤 이유도 없었다. 그러나 믿음과 실제가 종종 차이가 있다는 사실은 바뀌지 않았다. 동생이 캠프에서 돌아와 그 이야기를 들려주었을 때 방언에 관한 새로운 차원의 인식이 나에게 일어났다. 방언에 관해 알고 들은 것과 방언을 경험한 사람들을 아는 것은 전혀 별개의 문제이다. 또한 우리 가족 중 한 사람이 방언을 경험한 것은 더욱더 별개의 문제이다. 전과 동일한 생활이 계속되고 있던 우리 집에서 바로 내 동생이 방언을 말하는 것은 큰 기쁨이었다.

그렇지만 어느 누구도 이러한 사실을 인정하지 않았다. 우리 가족은 모두 루안의 경험에 대해 주님께 감사드렸다. 루안은 주님의 은총을 알았기 때문에 전혀 불안감을 느끼지 않았다. 그러나 사실, 나머지 가족들은 전보다 다른 어떤 것을 느꼈다. 그 느낌이 불안한 것은 아니었지만 최소한 불확실한 느낌이었다. 나는 분명히 그러한 방향으로 느꼈다.

나는 루안에게 질문을 하고 싶었지만, 내 마음 속의 질문이 우스꽝스럽게 생각되어 하지 않았다. 나는 속으로, "어떻게 방언을 하게 되었니?", "방언을 할 때 어떤 기분이 들었니?", "너는 내가 하고 있는 말을 이해하니?", "처음에 방언을 하기가 어려웠니?" 라고 묻고 싶었다. 하지만 그와 같은 질문은 결혼한 커플에게 그들의 첫날 밤이 어땠는지 묻는 것처럼 부적절한 것 같아 그만 두었다.

더 나아가 나는 어떤 소외감을 느꼈다. 그리스도 안에서의 나의 영적인 믿음은 확고하였기 때문에, 나는 내 동생보다 하나님의 구원을 덜 받았다거나 사랑을 덜 받고 있는 것으로는 생각하지 않았다. 그럼에도 불구하고, 반항심에 가까운 저급한 위협감이 내 영혼 속에서 느껴지기 시작하였다. 나는 루안에게 시기심을 느낀 것은 아니었으며, 더군다나 하나님에게 서운한 것도, 또 짜증이 난 것도 아니었다. 그보다 나는 다른 사람들이 안쪽에 있는 어떤 것의 바깥쪽에 서 있다는 기분이 들었다. 나는 누구를 비난하거나 누구와 논쟁할 만큼 기분이 뒤틀린 것은 아니었으나, 어쨌든 '인정을 약간 덜 받은 제품'같은 느낌이 들었다.

　루안의 증언은 아름다웠다. 다른 사람과 그녀의 경험을 상대적으로 비교하려는 노력은 보이지 않았다. 그러나 누가 그녀의 즐거움을 비난할 수 있겠는가? 루안은 먼 발치에서나마 그녀의 구세주를 만나 초자연적인 방언으로 성령의 소중한 충만을 경험하였을 뿐만 아니라 어떤 일을 겪었다.

　루안은 중국어를 잘했다. 물론 그녀는 중국어를 배운 적이 없었다. 중국어를 들어본 적이 있다 해도 그녀에게 일어났던 것은 어떤 암시의 힘이나 기억력 때문에 그녀가 중국어를 한 것은 아니었다. 때때로 회의주의자나 비판자들이 말하는 이러한 자연주의적인 암시의 힘 또는 기억력은 현실과는 거리가 멀다. 우선 그들은 방언을 경험하는 대부분의 사람들이 보여주는 정직한 성실성을 이해하지 못한다. 방언의 구사와 경험같은 전체적인 생각은 이러한 사람들이 논리 유희나 경박한 비유로 설명하기에는 너무나 신성한 것이다.

　루안과 제단에서 같이 기도를 한 사람들은 그녀가 분명히 중국어로 말했다고 증언하였다. 어느 누구도 중국어를 몰랐지만 중국어라는 것 쯤은 들어본 적이 있어서 알았다고 했다. 그러나 그러한 일이 충분히 초자연적인 현상이 아니었다면, 이러한 언어의 현상은 루안이 기도를 하고 있을 때 그녀의 이해에 나타난 특수한 상황을 반영한 것이다. 루안은 나중에 방언을 하는 것보다 그리스도의 존재를 더 자각했다고 간증하였다. 그녀는 자신이 기도하고 있을 때 예수님이 어떻게 그녀의 영혼에 말씀하셨는가를 설명하였다. 그녀는 생생히 기억하고 있었다. 예수님의 말씀에는 일생 동안 그녀의 마음에 지워지지 않도록 찍힌 어떤 영상을 수반하였다고 한다.

　그녀는 수많은 중국 사람들의 얼굴을 보고 있었다. 이 부분이 그녀의 경험중 가장 핵심적인 부분이다. 왜냐하면 주님이 루안에게 말씀하셨고, 그녀가 이러한 주님의 모습을 포착하였기 때문이다. 루안은 자신이 중국선교의 부름을 받고 있었음을 알았다. 나중에 그녀는 어떤 사람이 그녀가 중국어로 얘기하는 것을 알아들었다고 교회 직원이 말했을 때 얼마나 행복하고 놀랐는지 설명했다. 그것은 그곳에 있던 모든 사람들에게 어떤 심오한 확인이 되었다. 중국어를 알아들은 사람이 내 누이동생의 비전과 부름에 관해 아무것도 몰랐던 것처럼 그녀도 자기가 말하고 있던 말을 몰랐던 것이다.[1]

그리하여 루안의 경험을 들은 나는 방언에 관해 친숙한 생각을 갖게 되었다. 나는 누이동생의 경험과 기쁨에 대해 감사하게 생각하였으나 내 자신의 영혼 속에서 "그러한 일이 나에게도 일어날까?"라는 의문을 여전히 갖고 있었다.

나는 오순절주의에 관한 나의 회의가 여전하였기 때문에 어떤 긍정적인 답변을 열심히 찾으려고 하지 않았던 것 같다. 나는 앞서 설명한 내 개인적인 문제, 다시 말해 내가 주님의 사랑을 덜 받고 있다라는 느낌을 처리해야만 했다. 그러나 이러한 나의 경험으로 인해 성령으로 충만된 경험을 설명하는 동료 신자들의 기쁨에 반발하는 기독교인들에 대해 더 인내심을 가지고 대할 수 있었다. 누군가가 "그들은 경험이 없는 우리보다 자신이 더 나은 것처럼 그들의 경험에 관해 얘기한다"라고 하는 말을 자주 들을 것이다. 이러한 말은 종종 비난과 결별을 야기한다. 그러나 사실, 이러한 결별은 받아들이는 사람 때문이라기 보다는 대개 축복을 받는 친구를 달가와 하지 않기 때문이다. 왜 솔직한 기독교인의 기쁨이 비슷한 경험을 한 적이 없다는 이유로 조롱을 받거나 무시되어야 하는가? 나는 그들의 기쁨을 함께 나눌 수 있었다. 그리고 나는 나의 동생의 기쁨을 함께 나누었다. 그러나 우리들 중에서 가장 헌신적인 영혼의 가까이에서 움트는 시기심이라는 사탄과 직면하지 않을 수는 없었다.

루안의 경험과 기쁨을 받아들이겠다는 나의 결정은 당시 내가 인식했던 것보다 훨씬 더 중요하게 되었다. 나는 찬양으로 가득찬 그녀의 마음부터 배우기 시작하였다고 생각한다. 나는 성령으로 충만된 마음 속에서 발생하는 것의 핵심적 특징이 찬양이라는 것을 자주 발견하였다.

"그때에 우리 입에는 웃음이 가득하고 우리 혀에는 찬양이 찼었도다… 여호와께서 우리를 위하여 대사를 행하셨으니 우리는 기쁘도다"(시 126 : 2−3). 나는 해방된 언어, 즉 인간의 한계에 의해 제약을 받지 않는 언어를 절규하고 하나님의 위대함, 사랑, 은총, 지혜 그리고 권능을 보다 완전하게 선언하기를 갈망하는 것같은 이 찬송이 머리에 떠올랐다.

"나의 위대한 구세주의 찬양을 노래하는 수천의 방언이여… 나의 하나님과 왕의 영광 그리고 그 분의 은총의 승리."[2]

그 안쪽의 어딘가에서 나는 내 동생과 같은 사람들이 겪은 경험을 보다 더 광범하게 확인하려고 노력하고 있었다. 가장 중요한 것은 하나님의 말씀이었다. 나는 하나님의 말씀이 방언을 허용하심을 이미 명백히 알고 있었다. 내가 들은 말중 일부는 논란의 여지는 있었지만 나의 세심한 영혼에 비추어 볼 때 언어의 이러한 기적의 차원은 성경적이라는 것이 명백하였다. 또한 나는 방언하는 사람들을 비웃는 사람들을 많이 알고 있었다. 모든 것을 바보스러운 것과 악마적인 것의 양극단으로 보는 판에 박힌 사람들은 정상적이고 지각이 있으며 방언을 하는 성경적인 사람들과는 쉽게 구분되었다. 성경적 관점과 확실한 고증에 의할 때 증거는 명백하였다. 또한 나는 다음 질문에 대한 해답을 찾았다. "기독교의 전역사를 통해 상대적으로 방언을 계속 사용하였는가?" 이 질문에 대해 진지한 학생이라면 답변을 잘 찾을 것이다. 물론 대답은 "그렇다"이다.

그러나 가장 설득적인 요소는 찬양이었다. 나는 하나님의 마음을 찾는 사람들이 결국 어떤 인정된 한계에 도달하게 된다는 사실을 간과할 수 없었다. 찬송가를 쓴 사람들은 우리가 찬송가를 부를 때 마음 속에서 울려퍼지는 것이 있다고 말한다.

> 오, 내가 당신의 비할데 없는 가치를 말할 수 있을까요.
> 오, 내가 당신의 영광을 소리낼 수 있을까요.
> 나의 구세주 빛나는 영광을 ! ”3)

> 가장 친한 친구 당신에게 감사드리기 위해
> 나는 어떤 말을 해야 할까요.
> 당신의 사라져가는 슬픔과 끝이 없는 슬픔을 위해4)

우리의 경험에서 대개 방언이 시작되는 환경에서 방언이 지속되는 분위기에 이르기까지 나는 그것을 보았다. 그것의 핵심은 방언의 목적이 예배와 찬양이라는 점이다.

이러한 진리는 그 후 나의 그리스도와의 여행에서 더욱더 중요하게 되었다. 그러나 그 당시로서는, 방언에 대해 보다 더 개방하고 이해하는 것이 나에게는 중요하게 생각되었다. 나는 방언하는 사람들을 만날 때마다 승리의 찬양 정신과 하나님의 사랑과 권능의 정신이 있음을 항상 보았다. 그러다가 나는 그날 밤 그 위대한 십자군 텐트에서 결정의 순간을 맞게 되었다. 루안의 경험을 들은 지 얼마되지 않아, 나는 하나님의 성령의 충만함을 위한 나의 추구에서 다른 결정을 내리게 되었다.

나는 방언을 목격할 때 어떤 것을 경험할 것으로 기대하였다. 나는 어떤 사실을 신앙에 의해 주장한다는 것 이상을 기대하였다. 그래서 신앙의 시작점을 넘어 검증 가능한 경험이 될 어떤 것을 하나님으로부터 찾아보기로 결심하였다. 나는 신앙이 더할나위 없이 중요하다는 것을 알았으나, 그러한 주장을 함에도 불구하고 성령과 한 번도 소중한 만남을 경험하지 못한 많은 사람들에 관해 듣고 또 그들과 애기도 하였다. 이러한 절차는 '자신이 안다는 것을 아는' 사람들과의 역동적인 만남을 위해서는 적절하지 않다.

찰스 피니나 D. L. 무디와 같은 위대한 사람들의 경험을 들으면 이러한 기대가 세속적인 동기로 인한 것도 아니고 경험을 쌓기 위한 것도 아니라는 것을 알게 된다. 성령이 영혼을 개별적으로 구원하는 것과 같이, 나는 성령이 완전히 인식될 수 있는 권능으로 자신을 드러내어 나 역시 '내가 안다는 것을 알게 될 것으로' 기대하였다.

이러한 순례를 떠나면서 나는 세 가지 기본적인 단계를 발견하였다. 당시에 나는 그러한 단계를 생각하지도 계획하지도 않았으나, 시간이 되면 그러한 단계가 각각 나타났다. 그 여행에서 나는 다른 어떤 사람보다도 더 멀리 갔다. 왜냐하면 나는 특별히 더디게 배운 사람이었기 때문이다. 내가 이러한 차원의 하나님 마음을 향해 여행을 떠났을 때 나타난 각 단계를 설명하겠다.

1단계 : 초청

험바드 가족이 왔을 때 우리 교회에서는 항상 행복한 시간이었다. 섹사우어 목사는 매년 이들 가족을 환영하였는데, 당시는 렉스 험바드의 복음주의가 국제적으로 알려지기 훨씬 이전이었다. 밝은 음악과 따뜻한 마음을 가진 렉스와 모드 에이미, 클레멘트와 프리실라, 웨인과 레오나 부부는 그들의 부모인 험바드 부부와 함께 어떤 사람에게도 영감을 불러 일으키기에 충분하였다. 그러나 대부분의 사람들이 나에게 애기한 것은 그들이 방문한 주일 아침에 이사야 11장 2절 말씀을 통해 전달한 메시지였다.

"여호와의 신 곧 지혜와 총명의 신이요 모략과 재능의 신이요 지식과 여호와를 경외하는 신이 그 위에 강림하시리니."

설교자는 메시아의 사역에 관한 이 예언은 예수님이 이행하셨을 뿐만 아니라, 그 분을 믿는 모든 사람들 속에서 이제 이행하게 될 예언임을 강조하였다. 진리의 초점은 성령의 충만하심과 성령이 우리들 안에서 우리들을 통해 역사하실 다양한 사역―즉 지혜, 이해 등―에 있다.

이것은 우리들 모두에게 성령이 강림하시리라는 예수님의 말씀을 인용한 풍성한 약속에 잘 나타나 있다.

"진리의 성령이 오시면 그가 너희를 모든 진리 가운데로 인도 하시리니… 그가 내 영광을 나타내리니 내 것을 가지고 너희에게 알리겠음이니라"(요 16 : 13―14).

이로써 예수님은 "나의 것인 성령이 너희 것으로도 될 것이니라" 고 약속하셨을 뿐만 아니라, 개인적인 경험 수준에서 이러한 성령의 강림을 기대하고 영접하라고 직접 명령하셨다.

"볼지어다. 내가 내 아버지의 약속하신 것을 너희에게 보내리니 너희는 위로부터 능력을 입히울 때까지 이 성에 유하라 하시니라" (눅 24 : 49).

내가 듣고 있을 때 진정한 갈급함이 내 안에서 나타났다. 그 메시지가 내 안을 관통하고 있었다.

"내가 과거에 본 광신주의로부터 나온 불안을 떨쳐버리고, 나의 누이의 경험으로 인해 의심을 떨쳐버리고, 우리들과 같은 많은 사람들이 초자연적인 것을 대할 때 느끼는 의심으로 인해 억제한 것을 극복하도다."

나는 모든 경고를 들었다. "경험 그 자체만을 위한 경험을 구하지 마라!", "속임수를 쓰는 영혼을 조심하라!", "조작, 감정주의,

암시주의 등을 경계하라 ! ”, “초자연적인 것에 관한 선정주의가 당신의 환상을 사로잡지 않도록 하라 ! ” 의심과 두려움을 유발하는 수많은 이러한 경고를 들으면, 어떤 기독교인도 우리의 소중한 구세주 앞에서 자유롭게 열려 있고 완전히 이용 가능한, 영적 치유의 순간을 추구하지 못하게 된다. 그러나 나는 들으면서 소망하고 있었다. 내가 주님께 바쳐지고 있다는 진리를 이해하고 느꼈다. 기도에 참석하라는 초대가 있자 나는 지정된 방으로 갔다.

메시지는 분명하였다. “믿음으로 영접하라.”는 것이었다. 나는 정확히 그렇게 하고, 기도하였다. “주님, 나를 성령으로 채워주세요. 나는 주님의 권능과 사랑을 영접하여 내 삶에서 주님의 요청에 따라 무엇이든지 할 수 있기를 바라고 있습니다.”

그 다음에 너무도 빨리 일어난 일은 정말 놀라운 것이었다. 내가 그 말을 하자마자, 한 구절이 내 머리에 즉시 떠올랐다. 그것은 마치 누군가가 “나는 주님을 찬양하나이다”라고 속삭이는 것처럼 내 마음 속에서 분명히 들렸다. 그러나 그말은 영어는 아니었다. 그 말은 네 음절이었다. 나는 그 말을 배운 적이 없었다. (나중에 내가 그 말을 다시 되뇌어 보았을 때 그 전에 들은 적도 없는 말이라는 것을 알았다). 나는 지금도 그 말을 기억할 수 있다. 사실 나는 그 말을 이 책에 표기할 수도 있으나 적절하지 않을 것같아 그만둔다.

또한 나는 내가 그 음절을 표현했더라면 보다 완전한 언어의 흐름이 나왔을 것으로 생각한다. 이에 관해서는 나중에 설명하겠다. 어쨌든 그날 나는 아무말도 하지 않았다. 왜냐하면 방언이 성령과 함께하는 자발적인 참여라기 보다는 어떤 언어적인 발작이라고 생각하였기 때문이었다. 몇 분 후 나는 그 기도방을 떠났다. 실망하거나 만족하지도 않았지만, 분명히 성령께서 나를 채워주시도록 요청할 수 있다는 점에서 매우 행복하였다. 그럼에도 나는 어떤

것이 아직 완전하지 않다는 것을 확신하였다. 어떤 언어가 내 마음
속에 떠오르는 것 같았으나 입밖으로 나오지 않았다.

2단계 : 찬양

몇 달 후 라이프 성경대학에 입학하자 직접적으로 말로 표현되며,
즐거운 승리의 찬양이라는 오순절적인 관행에 관해 내가 다소 부
정적으로 생각했던 부분을 다시 생각해 볼 수 있는 기회가 있었다.
그 관행은 예배당, 교실, 캠퍼스 교회, 기숙사 내의 기도 모임 등에서
너무 일반적으로 행해지고 있어 나는 그 관행에 재빨리 익숙해졌을
뿐만 아니라 그것에 관한 많은 것들을 발견하였다.

첫째, 나는 그 관행이 단지 전통이 아님을 알게 되었다. 그것은
성경적인 건전한 행위였다. 내가 사람들이 하지 않았으면 하고 때
때로 바랐던 것들, 이를테면 손을 들고 하나님을 크게 찬양하는 것은
성경에 기록이 있을 뿐만 아니라 성경 전체를 통해 언급되고 있는
관행이다. 손을 드는 것을 예로 들 때, 나는 그러한 관행이 자기
중심적이고 시선을 끌려는 과시라고 생각했다. 그리고 감정적이고
부당하며 전적으로 불필요한 노력이라고 보았다. 그러나 이제 나는
찬양하는 사람들의 순수함을 보다 가까운 위치에서 관찰할 수 있게
되었다. 그것을 통해 그들의 행동이 하나님 중심적임을 알 수 있었다.
그들이 높이 든 손은 하나님을 찬양하기 위한 것이며, 하나님의 삶과
사랑에 대한 소망이 매일의 삶에 넘치기를 바란다는 의식이었다.

성경을 살펴보면 찬양의 표시로 손을 드는 것을 지지하는 표현이
산재해 있다. 아브라함에서 시작하여(창 14 : 22) 다윗을 통해(시
63 : 1-4) 바울에 이르기까지(딤전 2 : 8) 하나님의 말씀은 이러한
가장 자연스럽고 적절한 찬양의 표현을 고무하신다. 놀랍게도 나는
"감사" 또는 "감사의 표시"라는 의미의 히브리 말(yadah 또는 to-

dah)이 원래는 감사의 말과 함께 손을 뻗는 의미를 가졌음을 알게 되었다. 사실, 하나님께 감사하라는 성경의 모든 명령은 실제로는 손을 들어 찬양을 하라는 직접적인 요청이다. 우리의 모든 자연스러운 반응 중에서 손의 표현이 가장 정상적인 것임을 생각할 때 이러한 명령은 놀라운 것이 아니다. 예를 들어 우리는 올림픽 하키 경기에서 골이 터졌을 때와 같은 단순한 사건에 대해서도 승리의 환호로 손을 든다. 또 우리는 친구들에게서 고마운 선물을 받았을 때에도 손을 뻗고 고마움을 표시한다. 또 우리는 손을 흔들고 웃으면서 인사를 한다.

마침내 나는 그것을 보았다. 하나님께 찬양과 감사를 표현하려는 의지는 우리의 가장 자연스러운 성향, 다시 말해 손을 들어 표시할 때 가장 자연스럽게 된다는 것이다. 우리의 자연스러운 이러한 감사의 제스처를 우리 창조주 하나님과 그 분의 아들 구세주에게 함으로 우리의 구원받는 삶을 표시하는 것이 얼마나 자연스러운가? 정상적인 인간적 반응 측면에서는 물론 성경적 측면에서 살펴볼 때에도 이러한 표현을 가로막는 유일한 것은 종교적인 편견, 금기 또는 피상적인 정도(正道) 등에 의해 스스로 가하는 제한이다.

말씀의 진리와 합리적이고 명상적인 평가에 의해 고무된 나는 곧 하나님의 열렬한 찬양자가 되었다. 나는 찬양에 관해 다음 세 가지 것을 깨달았는데, 그 순간 편안한 마음을 느끼게 되었다. 그래서 찬양의 정신에 충실하기로 마음을 먹었다.

- 찬양은 적절히 중심을 설정할 수 있다.
- 찬양은 계속 민감하게 표현될 수 있다.
- 찬양은 개인적으로 통제될 수 있다.

이러한 실제적인 사실이 지각되고 효과적으로 응용된다면 그 다음 문제는 어떻게 실천하느냐이다. 여러분이 알지 모르겠지만 출발점은 중심점에 있다.

첫째, 예수 그리스도는 찬양의 중심점이시다.

예수님은 성령이 그 분의 사도들에게 강림하셨을 때, "그 분이 나를 영광스럽게 하시리라"고 예언하셨다. 이 말씀은 오순절에 심오하고 강력하게 실현되었다. 즉 주님이 찬양과 선포에 의해 높여지게 되었다. 실제로, 교회에서 영혼의 처음 수확은 사람들이 다른 언어로 하나님을 찬양하였을 때 제기된 문제들 때문에 이루어졌다.

최근에 피터 와그너는 나에게 "나는 당신이 그것을 강조하기 전에는 방언이 찬양과 예배 속에서 드높여진다는 것을 알지 못했습니다."라고 말했다. 풀러 신학대학 교수인 이 사랑하는 사역자는 계속하여 다음과 같이 말했다.

"나는 항상 내가 배운 것을 반복해 보았습니다. 나는 오순절의 방언이 복음을 전파하기 위한 것이라고 배웠습니다. 방언에 관한 나의 과거의 편견은 내가 수년 전에 그러한 생각을 받아들였기 때문이었지만, 이러한 나의 생각은 성경의 말씀에도 일치하지 않습니다. 분명한 차이를 알게 되어 나는 기쁩니다."

사도행전 2장은 초자연적으로 방언을 말하는 것을 듣고 이해하는 사람들이 놀랐다고 기록한다. 그리고 사람들은, "우리가 다 우리의 각 방언으로 하나님의 큰 일을 말함을 듣는도다"(행 2 : 11)라고 선언한다. 따라서 우리는 초대교회 시절부터 찬양이 중심적이었을 뿐만 아니라, 방언이 하나님을 찬양하여 그 분의 아들인 예수 그리스도를 더욱 영광스럽게 하는 방법임을 볼 수 있다.

둘째, 찬양이 민감하게 표현될지라도 질서가 필요하다.

자발적이고 풍성한 찬양이 통제되지 않는 것이라는 가정은 어리석은 생각일 뿐만 아니라 비성경적이다. 침묵에서 부르짖음에 이르기까지 성경에서 간구하는 광범한 표현으로 미루어 볼 때, 상황에 따라 표현이 다양하며 집단적인 지도력과 개인적인 자기 통제 모두가 필요하고 적절하다는 것은 명백하다.

대학에 들어간 지 얼마 안되어, 나는 내가 그 전에 그토록 불편하게 생각했던 불쾌한 '시끄러움'과 그곳에서 외쳐대는 찬양을 분명히 구분하기 시작하였다. 그곳에서 나는 단조로운 소음이 아닌 어떤 창의성을 발견하였다. 예배자들은 속삭임에서 큰 소리의 찬양에 이르기까지 매우 다양한 표현 방법을 상황에 따라 적절히 선택하여 찬양한다.

우리 교회는 사실상 의식적(儀式的)인 침묵을 강요하였지만 또 다른 한편으로는 소음 그 자체를 신성시하기도 하였다. 이제 나는 이 둘의 혼합에서 아름다움을 발견하였다. 이로써 새롭고 자유로운 찬양을 통해, 냉철한 제한이나 고삐 풀린 방종이 아닌, 전체적인 찬양을 할 수 있게 되었다. 다시 말해 사람들은 무거운 의식에 의해 질식 당하지 않으면서 무절제하게 해이해지지도 않았다. 말씀의 지도와 은총의 지혜가 예배에서 질서를 유지해 주었다. 비신자들 앞에서 방언으로 찬양하는 것은 성경이 이러한 통제가 필요함을 가르치고 있으므로 의도적으로 회피되었다(고전 14 : 16-17, 23).

셋째, 하나님이 주신 우리의 의지력은 결코 통제를 벗어나도록 의도된 것이 아니다.

이러한 맥락에서 찬양과 영적 언어간 관계, 그리고 이와 관련된 선택이 분명해졌다. 고린도인들에게 쓴 편지에서 바울은 다음과 같이 말한다.

"내가 영으로 기도하고 또 마음으로 기도하며 내가 영으로 찬미하고도 마음으로 찬미하리라"(고전 14 : 15).

바울의 "나는 하리라"는 기도에서이든 찬미에서이든 그의 개인적인 찬양에서 방언을 사용하겠다는 결심과 그가 사용되는 말을 이해할 때 말이나 찬미만큼 즉시 행동으로 옮기겠다는 결심을 의미한다.

이러한 바울의 말은 다음과 같이 해석될 수 있다. "나는 방언을 사용함에 있어 성령에 완전히 복종할 것이다. 그러나 나는 나의 영적인 언어, 다시 말해 방언으로 말할 때 찬미할 시기와 장소를 선택하겠다." 몇 구절 다음에 회중의 모임에서 질서를 강요하는 연설을 하면서 바울은 다음과 같이 쓴다. "예언하는 자들의 영이 예언하는 자들에게 제재를 받나니"(고전 14 : 32). 질서를 유지함에 있어 각 개인의 역할이 다음과 같은 바울의 말에서 강조되고 있다. "너희는 말을 할지 또 언제 말할지를 결정한다. 적절한 질서가 너희의 모임중에서 지켜지지 않을지라도 성령을 비난하지 말라 ! "

이러한 성경의 기록을 살펴보면 방언이 기름부은 바 된 설교이든, 시의적절한 간증이든, 찬양의 구가이든, 아니면 다른 언어에 의한 표현이든, 성령에 의해 촉진되며 초자연적임을 알 수 있다. 성경은 하나님이 우리에게 찬양을 위한 이성과 힘을 주시고 또 우리에게 찬양하도록 요구하시지만 찬양의 시기와 방법, 그리고 장소에 관해서는 우리가 결정을 내려야 한다고 가르치고 있다.

이러한 이해를 바탕으로 나는 방언의 특별한 은혜의 요소와 아름다움을 받아들이기로 결심하였다. 이러한 찬양 원리가 나에게 분명해지자 나는 드디어 방언으로 말을 하였다. 마지막으로 강조한 사항, 즉 방언의 시기와 장소에 관해서 이해하는 데는 꽤 오랜 시간이 걸렸지만 이해가 되자 드디어 방언에 대해 자유함을 얻게 되었다.

3단계 : 결정

그 네 음절은 아직도 내 마음 속에 생생하다. 잊어버리지는 않았으나 그렇다고 말한 적도 없었다. 어떤 사람들에게는 내 말이 이상하게 들릴지 모르나, 나는 3년 넘게 그 방언을 얘기하지 않으려고 애썼다. 그 네 음절을 말하는 것을 참았는데 거기에는 이유가 있었다.

나는 나의 간증중 다음 부분을 얘기하기가 무척 망설여진다. 왜냐하면 솔직히 말해 나는 방언을 하는 사람들이 똑같은 방법으로 방언을 시작한다고 생각하고 있으나 이러한 나의 생각을 다른 사람들이 그대로 믿지를 않기 때문이다. 어쨌든 나의 경험은 다른 사람들에 의해 확인되었다. 그들은 나의 경험이 특별하지 않다고 자주 말했다. 그래서 나는 여러분의 이해를 돕기 위해 이러한 간증을 하지만, 여러분은 나의 간증이 표준적이거나 완전한 모델이 아님을 알아주기 바란다.

하나님의 방법은 무한히 창조적이다. 우리가 그리스도인 공동체에서 경험하고 동일한 것들을 공유하고 있지만, 예수님께서 그의 사랑하는 자녀들에게 성령의 충만하심으로 인도하시는 방법은 무한히 다양하다. 예수님은 성령으로 세례를 주시지만 그 분이 여러분에게 어떻게 사역하시느냐는 그 분만의 특권이다. 우리는 그 분을 믿어야 한다.

드디어 나는 해냈다. 내가 그 전에는 예수님을 신뢰하지 않았다는 의미가 아니다. 천막집회에 갔던 그 5월 저녁 사건이 있기 전, 내가 대학교 3학년이었을 때 나는 이미 그리스도를 나의 구세주로 분명히 받아들였다. 10년 이상 동안 나는 그 분의 사랑을 알았고, 나를 위해 십자가에서 생을 마치신 그 분의 구원 사역 안에서 편안함을 느꼈다. 그러나 지금은 방언이라는 독특한 주제와 관련하여 그 분을 신뢰하게 된 것이다.

주일 아침 교회에 다녀온 후 3년 동안 나는 예수님이 나를 넘치게 채워주시도록 초대하였다. 성령으로 충만된 사역을 위한 서원을 한 후 나는 대학에서 찬양의 방향에 대해 배웠으며, 이러한 나의 경험은 매우 더디게 진행되었다.

그러나 바로 지금 결정의 순간이 왔다. 그 결정은 내가 거의 관계하지 않은 사실과 관련이 있다. 우선 음절의 수가 증가하였다. 나는 누군가가 그 후 내가 줄곧 경험한 것들을 잘 알지도 못하면서 나의 경험을 회의적으로 분석할지 모른다는 생각에서 나의 이러한 경험을 말하기를 주저했다. 나는 마법을 부린 것도 아니요, 환청에 빠진 것도 아니었다. 그리고 정신적으로 말을 조작한 것도 아니었다. 내가 하나님으로부터 기대하는 것에 대한 나의 마음은 결코 이러한 인간적 조작을 허용하지 않았다. 거의 완전한 문장이 될 만큼 십여개의 음절로 확대된 나의 방언은 이처럼 세 번의 분명한 단계를 거쳐 형성되었다. 이들 세 단계는 약 1년 정도 떨어진 두 번의 기회에 발생하였다. 내가 앞서 설명한 첫 번째 기회까지 합치면 세 번의 기회라고 볼 수 있다.

기도 속에서 나의 방언을 촉진한 것이 있다면, 다름아닌 이해와 믿음이었다. 나는 영적 언어의 경험이 그것을 말하겠다는 결정과 관계가 있음을 알았다. 그리고 나는 이러한 이해를 거쳐 방언이 어떤 신성한 언어적인 발작 또는 어떤 "초자연적인 횡설수설"이라는 생각을 떨쳐버릴 수 있었다. 실제 방언을 맨 처음 얘기한 사도행전 2장 4절은 방언의 기적과 그것에 대한 응답의 관련성을 이해하는 데 도움이 된다.

"저희가 다 성령의 충만함을 받고 성령이 말하게 하심에 따라 다른 방언으로 말하기를 시작하니라"(행 2 : 4).

"저희가 시작하니라"라는 동사의 시제에 유의할 필요가 있다.

이것은 희랍 문법상으로 '부정과거'(aorist)이다. 이러한 문법적 형식 측면에서 보면 이 구절은 분명해진다. "이 시점에서 그들(충만된 사람들)이 방언을 말하기 시작하였다 (참여적인 반응으로써)." 언어적인 기적은 "성령이 말하게 하심에 따라"라는 구절에 있는 동사에도 나타난다. 시제가 불완전하기 때문에 다음과 같은 의역이 문법적으로 가능하다. "성령이 계속 그들이 큰 소리로 말하고 있는 것을 그들에게 주시고 있다."

동사인 '말하다'(apophthegomai)가 사용된 것도 뚜렷한 특징이다. 이 단어는 통상의 희랍어에서 큰 소리로 말하는 선언적인 말을 설명할 뿐만 아니라 신성하고 예언적인 충동에 의해 동기가 부여된 것으로 생각된 말에도 사용된다. 따라서 성령에 의해 고취된 말은 화자의 선택에 의해서만 말해질 수 있다는 바울의 설명과, 오순절이 바로 이러한 바울의 방법으로 치러지고 있다는 사실이 나의 결심을 촉구하였다. "나는 방언을 하겠다 ! 방언은 광신적인 태도에서 나온 주제넘음이 아니라 신앙에서 나온 복종이다."

하나님으로부터 무엇인가를 영접함에 있어 믿음의 역할은 막중하다. 그 순간에 나의 믿음은 제리 젠슨의 메시지에 의해 흔들렸다. 젊은 시절에는 사역에 종사하였으나 나중에 세계적인 잡지 〈보이스〉의 편집장이 된 제리는 요한복음 5장 8절 ("일어나 네 자리를 들고 걸어가라")에 관해 말한 적이 있었다. 나는 그날 밤 그 강연팀의 일원이었다. 예배에서 나의 역할을 마친 후 나는 회중의 첫 번째 줄에 앉았다. 하나님의 말씀은 다음과 같은 간단한 메시지를 통해 나의 모든 망설임을 떨쳐버리게 하셨다. "내가 주기로 약속한 것을 나에게 받지 않았다면 왜 받지 못했는가를 생각해보아라 ! "

나는 즉각 행동으로 옮겼다. 나는 거기서 그치지 않고 그 순간까지 나를 이끌어온 모든 요인들을 분석해 보았다. 결정은 오래 전에 이루어졌고, 나는 계속 하나님을 찬송하였다. 그러나 방언에 관해서는 내 마음에 와닿지를 않았던 것이다. 사실 나의 믿음은 감상이나 감정을 수반하지는 않았지만, 거의 당혹스러운 것이었다. 찬양으로 충만된 감정의 표현은 물론 열정적인 기도도 그 전에 수없이 경험했었지만 이제야 나는 이렇게 말할 수 있게 되었다.

"주님, 나는 지금까지 방언이 주님의 성령으로 촉구되어 왔음을 알았는데도 불구하고 방언 말하기를 항상 주저해 왔습니다. 그러나 이제 나는 방언을 말하려 합니다. 방언을 함으로 나는 주님의 십자가의 보혈의 권능 아래 서있을 수 있게 되었습니다. 내가 하는 어떤 것도 주님을 불쾌하게 하거나 기만하지 않을 것으로 확신합니다. 내가 방언을 하면서 더 이상 어떤 것이 일어나지 않는다 해도 나는 주님을 믿고 주님에게 맡기겠습니다. 그러나 저는 물론 그렇게 될 수 있을 것으로 믿습니다만, 제가 이 몇 마디 이상으로 방언을 할 수 있게 된다면, 다음 한 가지만을 주님께 부탁드리겠습니다. 방언이 나의 매일의 삶의 일부가 되게 해주시고, 일회적 사건으로 그냥 끝나지 않도록 해주시옵소서…" 그리고 나는 "예수님의 이름으로 기도하였습니다."라고 기도를 마쳤다.

드디어 나는 방언을 말하기 시작하였다. 처음에는 그 몇 마디만을 했다가 나중에는 그 이상으로 계속 말했다. 나는 성령의 권능에 의한 이 새로운 언어를 말하기 위해 기도 기간을 연장하였다(흥미롭게도, 나는 한 번도 그 원래의 구절을 말한 적이 없었다.). 그 봄날 밤 하나님 앞에 무릎을 꿇고 앉아, 나는 영어와 내가 전에 배운 적이 결코 없는 언어들로 하나님께 감사의 예배를 드렸다.

그리고 나는 울었다. 그다지 눈물을 많이 흘리지 않았지만 촉촉히 젖은 눈으로 내가 드디어 방언을 말하게 된 데 대해 하나님께 찬양의 기도를 드렸다. 나는 행복하였다. 방언 때문에 행복한 것이 아니라 예수님 때문에 행복하였다. 나는 예수님이 의심과 불안을 떨쳐버리게 하시고 전통을 지나 그리고 흥분을 지나 그분께로 나갈 때까지 인내심을 가지고 인도하신 것을 알았다.

드디어 나는 그리스도인이라면 공공연히 사용할 수 있는 특권을 가지게 되었다. 나는 내가 왜 그렇게 더디게 그러한 특권을 가질 수밖에 없었는지 의아하게 생각하였다. 그러나 다른 의미에서는 나는 그 이유를 알았던 것도 같았다. 나의 더딘 반응은 그리스도를 성심껏 사랑하는 우리들 마음 뒤에 숨어있는 어떤 것과 관련이 있었다.

- 우리는 하나님에 대한 우리의 경험이 방언이 없으면 무효라는 단순한 논리를 거부한다.
- 우리는 그리스도에 초점을 두지 않는 방언을 부추기는 조작을 의심한다.
- 우리는 어떤 감정적인 경험이 그리스도의 사제가 되는 긴 여정상에서 어떤 지속적인 이득이나 가치가 없을 경우 그러한 경험의 실용성을 의심한다.

다른 문제들보다도 이러한 문제들이 이제 극복되었다. 나는 예수 그리스도가 성령으로 나를 충만시켜 주셨음을 느꼈을 뿐만 아니라, 아름다운 찬양과 기도의 언어를 경험하게 되었다. 또한 나는 주님에게 이러한 느낌과 경험이 일시적인 것이 아닌 영원한 것이 되도록 요청드렸으며 그러한 요청이 응답된 것을 곧 발견하였다.

그 다음날 아침에 일어나서 나는 아내 안나와 함께 우리의 자그마한 아파트의 거실로 갔다. 우리는 결혼한 지 1년이 되었으며 몇 달 후 시작될 우리의 목회의 길을 계획하고 있었다. 그 전날 밤 내가 집으로 돌아왔을 때 나에게 일어난 것을 말해주자 아내는 즐거워 하였다. 나는 아침 경건의 시간을 갖는 장소에서 무릎을 꿇고 다른 때와 같이 기도를 시작하였다. 몇 분 후 나는 다음과 같이 기도하였다.

"주님 어제밤 주님은 내 안에서 새로운 사역을 시작하셨습니다. 나는 주님이 다시 오실 때까지 이러한 사역을 계속하시기를 주님께 간청하였습니다. 오늘도 성령이 나에게 새로운 힘을 계속 주시기를 간청합니다."

그리고 방언은 누군가가 설명한 바와 같이 '자연스럽게 초자연적으로' 흘러나왔다. 무엇보다도 나는 하나님을 예배하였다. 그 전보다 그 분의 마음에 실제로 더 가깝게 다가갈 수 있었다기 보다는, 내가 전에 알았던 것보다 더 새롭고 충만한 나의 사랑을 하나님께 자유로이 표현할 수 있게 되었다.

4장. 비록 내가 방언을 말한다 해도

"사랑은 오래 참고 사랑은 온유하며… 사랑은 자랑하지 아니하며 교만하지 아니하며
무례히 행치 아니하며… 진리와 함께 기뻐하고 모든 것을 참으며 모든 것을 믿으며
모든 것을 바라며 모든 것을 견디느니라."(고전 13 : 4−7)

　　여러분은 아드리안 플라스를 만나본 적이 있는가? 나는 4년 전
일기를 통해 그를 만나보았다. 그는 초자연적인 삶을 위한 새로운
요청을 통해 때로는 재미있고 때로는 '거듭나는 기독교인'의 특이한
노력을 보여준다.

　　아드리안 플라스의 〈성스러운 일기〉는 그의 나이가 37세이었을
때 기록된 것으로써, 그의 진면목을 상상력을 동원하여 창조한 것
이라고 볼 수 있다. 영국 작가인 그는 영국에서 심야 종교 텔레비전
프로그램의 사회를 맡고 있다. 이 일기에서 약간 황망한 듯하나 항상
진지하게 사랑을 추구하는 그는 그다지 영적인 것같지 않은 현실
세계에서 매일 영적인 삶을 추구한다. 그는 그의 딜레마를 하나님에
대한 정직으로 극복하였다. 여러분은 그의 반(半)파토스적인 진실한
마음의 외침에 감동을 받지 않을 수 없으며, '진실로 성령이 충만된

그리스도인'이 되려는 그의 노력을 기쁨과 눈물로 읽지 않을 수 없을 것이다. 이 일기를 다 읽으면 여러분은 때때로 혼미스러운 그의 여행에 동참하면서 그를 사랑하게 될 것이다.

아드리안 플라스의 뛰어난 자질은 결코 그의 영적인 우월성이 아니다. 그의 자질은 현세의 권력 지향적인 삶을 그의 평범한 세속적인 환경으로 통합시키려는 순수하나 이해하기 힘든 그의 열망이다. 우리가 직면하는 현실은 물론 평범한 삶 속에서 초자연성을 희구하는 과정에서 우리가 느끼는 좌절도 그의 일기에 잘 표현되어 있다. 우리가 모든 기독교인들이 때때로 제기하는 진지한 질문, 이를테면 "어떻게 내가 하나님의 음성과 지도를 알 수 있는가?"를 다시 제기하는 아드리안의 탐구적인 영혼을 대할 때 일기의 분위기는 들뜬 듯한 느낌을 준다.

> "2월 16일 주일
> 생각이 하나님의 메시지가 아닌 단순한 생각인 경우를 쉽게 알 수 있는 방법이 있으면 좋겠다. 오늘 경건의 시간 후에 '나무 개구리(tree-frog)를 사서 카이저 빌이라는 이름을 붙여보자'라는 생각이 문득 들었다.
> 정말 어리석은 생각처럼 들린다. 그런데도 왜 그와 같은 생각이 갑자기 떠오르는 것일까? 앤과 제랄드에게 얘기해주려고 하였으나, 리차드와 허약한 그의 친구처럼 바보짓을 하는 것같아 그만 두었다(특히 어제 이후 그러한 생각이 들었다). 나는 백지에 적은 다음 나의 두 번째로 좋은 양복의 안주머니에 넣어 두었다. 결국 여러분은 이러한 나의 비밀을 결코 알지 못한다!"[1]

여러분이 읽어 본 바와 같이 아드리안의 일기가 선하고 좋은 목적으로 솔직하고 정직하게 하나님을 기쁘게 해드리려는 진실한 바람으로 끝을 맺기 때문에 나는 그 일기를 좋아한다. 결국 아드리안은 바보가 아닌 것으로 입증되며, 성경적 믿음과 계율을 위한 진실한 노력을 통해 궁극적인 천국의 영광을 찾는 충실한 성도임이 밝혀진다. 나는 나처럼 초자연적인 삶의 가능성을 추구하려는 진지한 신자들을 볼 때마다 아드리안의 일기가 생각난다. "우리는 초자연적이지 않다. 정직하자."

사실, 이와 같은 신자들은 전혀 위험하지 않다. 카리스마적이든 아니든, 모든 충실한 기독교인의 삶을 지배하는 사실주의가 궁극적으로 우리들이 이상하거나 신비적인 것을 추구하지 못하도록 하기 때문이다. 불행히도 일단의 광신도들은 드물긴 하지만 교회 사회의 다른 교파를 의심하거나, 반대하는 사람들을 사로잡는 고정관념을 창출하기 위해 전력을 다하고 있다. 어디선가 어느 때 그리고 누군가가 콘서트에서 방언으로 괴성을 지르거나 결혼식장에서 신랑과 신부를 위한 기도에서 하나님에 대한 찬양을 큰 소리로 외친다. 결국 '중심을 약간 벗어난' 카리스마가 대중의 마음 속에 스며든다.

여러 해 동안 나는 〈카리스마와 그렇지 않은 것〉이라는 책을 쓰고 싶었다. 그러나 나는 두 가지 이유 때문에 그 책을 쓰지 않았다. 첫째, 어느 누구도 나에게 이 운동을 최종적으로 해석하거나 정의하는 역할을 맡기지 않았기 때문이었다. 둘째, 책을 쓰게 되면 아마도 결국에 가서는 카리스마에 반대하는 친구들로부터 확실한 반대를 얻어내겠지만 동시에 내가 옹호하고 싶은 친구들로부터 비난을 받게 될 것으로 생각했기 때문이다. 물론 이러한 주제를 추구하고 싶은 이유는, 너무나도 판에 박은 듯한 고정적인 이미지에 대한 거부감이나 풍자에 너무 신물이 났기 때문이다.

이러한 일은 여러분에게 한 번만 일어나면 된다. 그러면 여러분은 시작한 것이 된다! 물론 그것이 방언을 의미하는 것은 아니다. 나는 여러분이 어떤 것을 하다가 기분이 바뀌어 그만 둔다든지, 또는 여러분이 어떤 지위로부터 배제된다든지, 또는 여러분의 책이 서점에서 팔리지 않거나 여러분의 연설이 방송을 타지 않기 때문에 그만 둔다든지 하는 일은 피해야 한다는 것을 의미한다.

이러한 일이 여러분에게 한 번만 일어난다는 것을 여러분은 기억해야 한다. 나는 전국적인 규모의 복음주의 지도자 모임에 참석한 적이 있었다. 그 모임에는 카리스마적 지도자, 오순절적인 지도자로부터 비카리스마적 지도자와 전통적 복음주의자, 그리고 프로테스탄트 주류에 이르기까지 모든 지도자들이 다 초청되었다. 당시만 해도 나는 사역의 길을 걸은 지 얼마 되지 않아 초교파적 모임의 혼란에 잘 적응하지 못했다. 그래서 나는 참석자의 소개가 있은 후 어떤 유명한 지도자의 질문에 답변하는 순간 발생한 일에 대해 전혀 대비를 못했다. 그는, "잭, 만나서 반갑습니다. 어디서 사역하고 계십니까?"라고 물었다. 내가 "포스퀘어 교회에서 청년부를 맡고 있습니다."라고 대답하자 잠시 침묵이 흘렀다. 나를 잡은 그의 손에 힘이 빠지면서 그는 눈에 엷은 미소를 띠고 홀 안의 다른 곳을 향했다. "실례합니다. 저쪽에 잠깐 가볼 일이 있어서요." 그는 갑자기 이렇게 말하고는 가버렸다.

이러한 상황은 전혀 예기치 못했으나 실제로 일어났다. 그러나 수년 전에 일어난 그러한 형식적인 만남이 지금 그리스도의 몸 안에서는 거의 일어나지 않는다는 사실이 중요하다.

그러한 고통의 기억은 그후 쭉 나를 괴롭혔다. 나의 영혼을 무심코 상처낸 그 영혼은 이제 용서를 받았고 그러한 형식적인 만남의 빈도는 훨씬 줄어들었다. 그러나 보다 진지한 사실은, 여러분이 방언을 하는 것을 알거나 그렇게 생각하면 사람들이 이상하게 생각한다는 것이다. 관찰은 편집증이 아니다. 또한 다른 모임에서나 대화에서도 카리스마적인 사람이 비카리스마적인 사람에게 비슷한 행동을 할 수 있는 가능성은 얼마든지 있다.

'카리스마'를 정의하는 문제는 최근에 약간 혼동을 일으키고 있다. 기독교의 이 영역을 특징지우는 많은 것들이 있다. 그러나 대부분의 캐리커쳐에서처럼, 특징의 약간 희극적인 과장을 제외하고는, 일반적으로 의미있는 부분들을 간과하는 경향이 있다. 특징은 개인 또는 집단에 가장 영향을 많이 미치는 요소들의 측면에서 볼 때 다소 피상적인 것같다. 운동선수의 근육을 희화화하다보면 그의 학문적인 배경이 간과되기 쉽다. 오페라에서 메조소프라노의 풍만한 성량은 그녀의 분명한 특징이 될지는 몰라도, 그녀의 음악적 재능은 물론이고 그녀의 인격의 순수성을 나타내는 지표는 되지 못한다.

그러면 내가 방언을 하는 것으로 알고 있는 사람들에 관해 얘기해 보자. 그들은 찬양의 노래가 불려진다는 이유만으로 충동적으로 손을 흔들지는 않는다. 그들은 손을 들지는 몰라도, 카리스마적인 표시로 그렇게 하는 것은 아니다. 또한 그들은 카리스마적인 경험을 주장한 진지하나 틀린 길을 걷고 있는 지도자들에게서 여러분이 볼 수 있는 신비스러운 성스러움을 가장하지는 않는다.

바울은, "비록 내가 사람들과 천사들에 관해 방언으로 얘기할지라도 사랑을 가지고 있는 것은 아니다"라고 말하면서 방언에 관해 올바르고 건설적인 방법으로 접근하였다. 그러나 우리가 사랑하는 아름다움과 축복에 관해 바울과 대화를 나눌 수 있는 기회를 다시 가진다면 그가 방언을 하는 사람들이 단지 방언을 위한 방언만을 하는 사람이라고 생각할 것인지 궁금하지 않을 수 없다. 이에 관해서는 보다 더 많은 것을 생각해 보아야 할 것이다(우리가 바울에 관해 많은 것을 생각해 보아야 하듯이 스스로 항상 방언을 말한다고 하는 사람에 관해서도 많은 것을 생각해 볼 필요가 있다).

나로서는 내가 성경적으로 올바르게 인도된 특별한 삶과 사랑,

그리고 사역의 길을 추구하는 수백만의 일반 기독교인들을 대표하고 있다고 생각한다. 먼저 내 자신에 관해 조금 더 얘기해 보자. 내가 하나님의 마음으로 더 가깝게 다가갈 수 있도록 영적인 언어가 축복을 내릴 때 나는 단지 방언을 하는 사람만은 아니었다. 그밖에 추가되어야 할 많은 특징이 있는데, 이들 특징은 나의 경험을 공유하는 수백만의 진정한 기독교인들도 공유하고 있다.

비록 내가 방언을 말한다 해도 총명한 사람은 아니다.

내 자신이 지적임을 시사할 정도로 잘못 해석될지 모른다는 위험을 무릅쓰고 나는 감히 이 말을 하는 것이다. 지적(知的)이라는 말은 사려가 없고 산만하며 속기 쉬운 성향과는 반대인 합리적이고 추론적이며 일관되고 합당한 생각을 하는 사람과 관련되는 단어이다. 우리의 서구 세계에서는 지적인 사람은 다른 속성을 가진 사람 앞에 종종 고개를 숙인다. 그러나 나는 지능지수나 컴퓨터 프로그램의 조작 능력, 또는 초서의 글을 암기하는 능력, 상대성 이론을 설명할 수 있는 능력 등을 얘기하고 있는 것은 아니다. 나는 단지, 내가 방언을 한다 할지라도 나의 정신적인 능력이 뛰어나지 않다는 점을 강조하고 있다.

나는 방언을 말할 때 어떤 생각을 하는 것은 아니다. 일부 작가들이 방언을 비합리적인 언어라고 말하는 것은 용어상의 잘못이다. 더욱더 잘못된 점은, 많은 사람들이 방언이 언어가 아니라 비뚤어진 말, 즉 횡설수설이라고 주장한다는 점이다. 이러한 판단을 내린다는 것은, 거의 6000가지나 되는 지구상의 모든 말을 다 알고 있다는 것과 같다. 방언을 횡설수설이라고 비난하는 것은 성령으로 충만된 사람들의 말이 다른 사람들에 의해 이해된 적이 아주 많다는 사실을 모르는 것이다.

방언을 하는 것은 지적인 행위이다. 방언이 알려져서가 아니라, 방언의 선택이 알려지고(고전 14 : 15), 방언을 듣는 사람이 알려져 있으며(고전 14 : 2), 때때로 방언의 내용이 지각되기 때문이다(고전 14 : 13).

방언은 일부 사람들이 말하는 것처럼 비합리적인 언어는 아니다. 이 영적인 언어는 마음의 독자적인 능력의 한계를 뛰어 넘기 때문에 초합리적일 수 있다. 그렇다고 해서 이상하다거나 무지한 언어는 아니다. 어떤 언어가 인간의 마음으로 이해할 수 없다고 해서 그 언어가 일관성이 없다는 말은 성립이 안된다. 하나님은 다른 언어에 관해, "세상에 뜻없는 소리는 없나니"(고전 14 : 10)라고 말씀하셨다. 내가 방언을 말할 때 나의 지능이 발휘되거나 나의 지능이 억제되는 것 같지는 않았다. 비록 나는 방언을 말하지만 다른 지적인 사람만큼 지적이다.

비록 내가 방언을 말한다 해도 분별력이 있는 사람이다.
'분별력이 있다'라는 의미는 충분한 상식이 있다는 의미이다. 즉 불합리하거나 어리석거나 비현실적인 것에 저항할 만큼 충분히 합리적인 사람이라는 의미이다. 나는 방언을 말해본 적이 있는 사람들이 방언이 천국의 초대장은 아니라는 것을 깨닫기 바랄 뿐이다. 하나님은 초자연적인 것에 대한 우리의 경험이 자연적, 세속적 또는 실제적인 세계로부터 탈출하는 증서라고 말씀하신 적은 없다. 나는 이렇게 생각하는 사람들은 그다지 많이 만나보지 못했으나, 그런 사람들을 만날 때마다 많은 고통을 느낀다. 내가 고통스럽게 생각하는 이유는 성령의 이름으로 가장된 원초적인 광기나 명백한 어리석음 때문이다. 또한 그러한 것을 경험할 때마다 그들은 방언을 목격하는 모든 사람들의 기억 속에 새겨지는 것 같아 나는 고통스럽다. 카리스마적인 사람들이 행하는 우둔한 일들은 대개 방언과 관련된다.

방언을 하는 것은 여러분의 감각을 포기한다기 보다는 하나님의 존재에 대한 여러분의 머리 속의 신앙을 요구한다. 방언의 사용을 위해 기본적인 상식을 희생한 충분한 사례가 있는데, 이에 관해서는 우리가 좀더 관찰해 볼 필요가 있다. 그러나 카리스마적인 순간에 어떤 사람들은 보다 어리둥절한 행동으로 향하는 상상적인 충동을 받는다고 해서 여러분이나 내가 방언의 축복을 받기 위해 똑같은 행동을 해야 하는 것은 아니다.

그러나 이 주제의 어떤 측면과 관련하여 공정한 평가가 종종 가능하다. 새로이 성령으로 충만된 일부 기독교인들이 그들의 정서적인 반응이나 일반적인 삶의 모습에서 갑자기 변화를 보이는 것처럼 나타나는 현상을 주목할 필요가 있다. 비기독교인인 친구, 친척 또는 카리스마적 경험의 교리적 비판자가 이러한 변화에 대해 혼동을 일으키는 것은 이해할 만하다. 많은 경우에 문제는 새로이 중첩된 카리스마에 있는 것이 아니라, 그 전에는 통제를 받았던 친구의 새로운 자유, 자유로운 즐거움, 어린애 같은 솔직함에 의해 흔들리는 사람들에게 있다. 영적으로 해방된 사람이 통제를 잃어 버렸을 것이라는 비난이 항상 타당한 것은 아니다. 나는 다음과 같은 사람들을 보아왔다.

- 어떤 사람들은 무책임이나 단순한 게으름에 대해 카리스마적인 경험을 변명의 근거로 든다.
- 어떤 사람들은 카리스마적인 경험을 통해 자신의 행동에서 새로운 자유를 구가하며 두려움, 파괴적인 습관 등으로부터 해방된 기쁨을 나타내거나 과거의 경험을 억누른다.

어떤 사람의 진정한 새로운 자유를 관대하게 인정하는 것과, 어떤 사람의 어리석음이 계속될 때 적절히 시정해주는 것을 구분할 필요가 있다. 비록 나는 방언을 하지만 분별력있는 사람만큼 분별력이 있다.

비록 내가 방언을 말한다 해도 잘못을 저지를 수 있다.

아마도, 새로운 성령의 충만하심을 주장하거나 방언을 경험하는 사람들에 대해 종종 들리는 비판보다 더 근거 없는 비판은 없을 것이다. "그들은 자신이 어느 누구보다도 더 낫다고 생각한다!" 내가 아는 사람들 중에는 성령으로 충만된 기독교인이라는 느낌보다 더 벗어난 생각을 하는 사람들이 아무도 없다.

우리들의 느낌에 관한 보다 정확한 설명은, 성령 안에서의 경험에 대한 간증을 듣기 위해 초청한 이천 명 이상의 루터파 신도들의 모임과 결부시킨 한 사람에 의해 잘 요약된다. 그는 다음과 같이 말했다.

> "그리스도 안에서 자신의 확대된 즐거움을 말하는 사람들은 자신이 다른 사람들보다 더 낫다는 시사를 한다. 나는 그러한 시사를 완전히 부정하고 싶다. 그러나 여러분들, 즉 이 경험을 나와 공유하기 위해 이곳에 온 나의 친구들과 함께 우리는 우리들 자신이 남들보다 더 낫다고 생각하지 않는다. 그러나 우리가 성령의 보다 완전한 사역을 받아들인 후에는 전보다 더 나은 기독교인이 되었다고 간증할 수 있다."

인간의 영혼 안에서 어떤 차원에서이든 성령의 진정한 역사하심은 필연적으로 다음과 같은 두 가지 일을 달성하신다. 첫째, 성령은 그리스도의 인격과 기독교적 순수성에 대한 우리의 지각을 강화시키신다. 둘째, 성령은 예배에서 우리의 자유를 확대시키시고 삶에서 우리의 즐거움을 높여주신다. 첫 번째 역사는 원죄에 대한 자각의 증진과 함께 점진적인 겸손함을 일깨우게 해주신다. 그리고 원죄를 고백하고 그것으로부터 벗어날 수 있는 준비를 할 수 있도록 해주신다. 두 번째 역사도 마찬가지로 성경적이며 하나님의 나라에서의 약속된 삶이 넘칠 것임을 깨닫게 해주신다. "하나님의 나라는 먹는 것과 마시는 것이 아니요 오직 성령 안에서 의와 평강과 희락이라"(롬 14：17).

진정 성령으로 충만된 경험은 그리스도의 경험과 비례할 가능성이 더 높다. "그때에 예수께서 성령에게 이끌리어 마귀에게 시험을 받으러 광야로 가사"(마 4：1). 성령의 충만하심은 우리의 적과 전보다 더 직접 대면할 수 있는 길이다. 성령이 충만한 언어의 영적인 측면은 영적인 갈등과의 대면에서 즉시 승리할 수 있다는 보증이다. 성령으로 충만된 방언을 하기로 선택한 사람은 유혹에 직면할 것이나, 승리의 표시가 즉시 나타나지 않기 때문에 주님을 더 의존하게 된다. 영적으로 생동력이 있는 영역은 영적인 전장이다. 이 둘은 동일한 영역이다. 완벽할 수 있다는 생각은 실패하는 분명한 길이기 때문에 포기되어야 한다. "그런즉 선 줄로 생각하는 자는 넘어질까 조심하라"(고전 10：12).

아마도 나의 영적인 전 생애에서 가장 큰 전쟁이 일어난 때는 성령으로 충만된 권능과 일을 위해 내가 깊이 서원을 한 때였던 것 같다. 내가 어떤 정서적인 함정에 서서히 그러나 분명하게 빠지기 시작한 것은, 부부생활에서 나의 최소한의 역할도 찾지 못한 초기 사역 시절이었다. 나의 결혼은 확고하였으며 그리스도와 기독교적 순결을 위한 나의 공약 역시 확고하였다. 그러나 나와 똑같이 독실한 아내와의 결혼생활은 우정에서 거의 섹스 위주의 탐닉으로 발전되었다.

내가 결코 굴복하지 않은 그 어두운 유혹의 시절에 나는 나의 영혼과 나를 죄악으로 몰아넣는 말초적인 감정에 대항하여 오랜 기도로 몸부림쳤다. 혼자 집에 있을 때 나는 종종 하나님께 절규하였으며, 내 자신의 무기력을 극복하려는 충동에서 자주 방언을 하였다. 방언은 나의 약한 믿음, 결혼, 사역, 그리고 나의 삶에 대해 하나님의 은총과 전지전능한 사랑을 찬양하는 내용이었다.

내가 나의 짐을 벗어버리거나 나의 필요의 핵심을 통찰함에 있어 영적인 언어가 얼마만큼 역할을 하였는지 측정할 수 있는 방법은 없다. 그러나 나는 두 가지 것을 안다. 성령의 충만하심이 완벽의 보증은 아니며, 방언은 일반적이든 아니면 특정 개인의 투쟁과 관계되든 죄악에 대한 전쟁에서 전지전능한 방법이라는 것이다. 비록 나는 방언을 말하지만 다른 사람들과 마찬가지로 완벽하지 않다.

비록 내가 방언을 말한다 해도 성장하고 있는 사람이다.

자신을 성장하고 있는 사람이라고 생각하는 것은 다른 사람들도 성장하고 있음을 인정하는 것과 동일한 의미이다. 아무리 경건하게 공언한다 할지라도 '완성'된 것처럼 가장하는 것보다 기독교인의 성장을 저해하는 것은 없는 것 같다. 자기 자신이 완성된 단계에 도달하였다고 생각하는 것은 주님이 우리들을 위해 의도하신 역동적인 성장을 저해한다. 예수님은 그 분과 우리의 관계를 포도나무와 가지에 비유하셨다. 그렇게 하심으로써 우리들의 성장을 약속하심은 물론 결실을 요구하신다. 고대 예루살렘에서 예수님이 목격하신 종교는 잎밖에 없는 무화과 나무와 같은 것이었으며 예수님은 예루살렘 밖에서 이러한 상황을 저주하셨다. 열매가 없는 무화과 나무에 대한 그 분의 느낌은 단호하셨다. 이 때문에 나는 성장과 열매를 약속하신 그 분의 중요한 방법, 즉 가지치기를 항상 소중히 여긴다.

　나는 성령으로 충만된 모든 신자들이 이와 같이 주님의 무한한 역사를 받아들이기를 제안한다. 우리가 열매를 얻으려 하기 보다는 충분한 가방을 준비해 놓는 것만큼 우리의 종교적 전통에서 진실한 것은 더 없다. 나의 성장은 궁극적으로 내 자신의 가지치기의 규칙성에 의해 측정된다. 즉 살을 잘라내고 하나님의 엄격하신 감독하에 '거룩한 습관'으로 채우며, 그 분의 교화적인 사랑에 믿음으로 복종하고, 하나님과 그 분의 말씀을 이해하여 성령이 계속 나를 성장시켜 주시도록 나의 신조를 형성해 나갈 때 내 자신의 가지치기가 규칙적으로 이루어진다고 할 수 있다.

　나는 10대 시절 어느 밤에, 에스더 케르 루스토이가 말하는 성령의 충만하신 메시지를 들었다. 연약하지만 능력이 있는 그녀는 금세기에서 가장 사랑으로 가득찬 노래중 하나인 '내 영혼을 사랑하시는 분'을 작곡한 사람이었다. 그녀의 설교 본문은 빌립보서 3장 13절과 14절이었다. 그녀의 사역은 바울의 말을 나의 영혼 속에 불어 넣어주었을 뿐만 아니라, 나의 '일생의 주제'로써 바울의 말을 내 마음 속에 심어주었다.

　"형제들아 나는 아직 내가 잡은 줄로 여기지 아니하고 오직 한 일, 즉 뒤에 있는 것은 잊어버리고 앞에 있는 것은 잡으려고 푯대를 향하여 그리스도 예수 안에서 하나님이 위에서 부르신 부름의 상을 위하여 좇아가노라"(빌 3 : 13－14).

　성장하는 사람은 결코 편협하게 되지 않는다. 왜냐하면 그러한 사람은 배울 것이 많다는 것을 알기 때문이다. 또한 성장하는 사람은 현상유지에 결코 만족할 수 없다. 왜냐하면 우리의 위대하신 목자께서 서계셔서 우리에게 더 높은 곳으로 오라고 부르시는 부름이 계속 들리기 때문이다.

"나는 저 높은 곳을 향하여 나아가고 있도다.
나는 매일 새로 조금씩 높이 올라가고 있도다.
내가 높은 곳을 향하여 기도를 드릴 때
주님은 나의 발을 더 높이 올려 주시도다."
— 오트만 존슨 쥬니어

비록 나는 방언을 말하지만, 어떤 곳에도 도달하지 않았음을 알고 있다. 왜냐하면 나는 다른 사람들과 마찬가지로 성장하는 사람이기 때문이다.

비록 내가 방언을 말한다 해도 의존적인 사람이다.

일부 카리스마적인 사람들은 성령의 충만하심 속에서 사는 것이 삶의 모든 측면에서 기본으로 확고한 보장을 받는 것이라고 약간 이단적으로 생각한다. 그러한 사람들은 설득하기가 어렵다. 때때로 그들의 주장은 사도행전 8장을 인용한다. 여기서 복음주의자 빌립은 갑자기 성령에 의해 다른 도시로 이끌려 가는데 이것은 명백히 기적적인 이동이다(행 8 : 39 - 40). 이와 같이, "내가 다음에 어디로 갈지 아무도 모른다"라는 생각은 '하나님께로 맡겨진' 또는 '성령의 흐름 속에 들어간' 영혼으로 편리하게 해석된다. 그러나 사실은 영적인 무책임성 또는 독립성을 위한 시도로 해석되어야 한다. 그 렇게 해석할 때만이 우리는 늦게 도착하거나, 대금지급이 늦었거나, 어떤 의무를 태만히 하였거나 또는 할 일을 잊어버렸을 때, 사회 적이든, 금전적이든, 개인적이든, 또는 직업적이든 "성령이 나를 잠시 인도하셨습니다"라고 말하거나, "미안합니다. 하나님의 뜻이 있었 습니다. 실은…" 등으로 말할 수 있을 것이다.

물론 이러한 해석은 성령의 진정한 흐름에 완전히 배치된다. 삶의 강은 이러한 헛소리로 인해 초래된 너저분한 결과나 쓰디쓴 결과를 결코 토해내지 않을 것이다. 여러분이 위선적으로 영적인 존경의 복장을 하고 독립을 추구한다면, 결국에 가서는 그 옷이 추하게 보이게 된다.

전체적으로 볼 때 성경은 영적인 것과 의존성 사이에 어떤 일관성을 드러낸다. 물론 우리의 삶에는 예측 불가능한 것들이 많이 포함되어 있으며, 관대한 영혼들은 지연, 연기, 변경, 취소 등의 상황에 대해 항상 이해심을 보인다. 돈을 늦게 갚는다고 해서 반드시 비기독교인은 아니며 늦게 도착한다고 해서 역시 비기독교인은 아니다. 그러나 의존적인 사람들은 이러한 상황을 하나님을 비난하지 않는 방법으로 처리한다. 하나님의 섭리가 분명히 역사하실 때에도 상황을 변경시킨 사람에 대한 해석은 그 사람에게 맡기는 것이 가장 좋을 것이다. 또한 내 자신의 연약함, 좁은 시야 또는 명백한 실패로 인해 초래된 상황에 대해 하나님을 비난할 수는 없다.

영적인 언어를 말하면 달라질 수 있다. 여러 번 나는 나의 개인적인 기도에서 '이해'와 '성령'으로 기도하는 것이 중요함을(고전 14 : 15) 발견하였다. 이러한 나의 경험은 우연이라고 하기에는 너무 빈번하였다. 나의 기도중 계속하여 나를 환기시켜주는 말이 들렸으며, 계획이나 일정이 마음 속에 떠올랐고, 어떤 때는 실제적인 인도가 내 마음 속에 들렸다. 따라서 나는 관계적인 기대, 직업적인 추구 또는 영적인 목표를 보다 효과적으로 달성할 수 있었다.

이러한 기독교인의 의존성의 문제를 매우 명확하게 설명한 사람은 복음주의 협회의 빌리 그래햄 목사의 가까운 친구이자 남가주 포리스트 가정회의 센터의 사무국장을 역임한 바 있던 조 블링코였다. 나는 그가 마가복음 6장 3절을 인용하면서 설교하였을 때 참석한 천여명의 목회자중 한 사람이었다. 그는 "이 사람이 마리아의 아들 목수입니까?"라고 말하면서 설교를 시작하였다.

"목수이자 시공자로 예수님의 직업을 직접 지칭하여 그 분을 언급함에 있어 희랍어의 정관사를 포함시킨 점을 주목해 볼 필요가 있습니다. 예수님은 분명히 목수로 불리웠습니다. 여기서 의도는 잘 간과되기 쉬우나, 우리들이 기억할 수 있는 말로 설명해 보겠습니다. 질문자는 어떤 매우 직접적인 것을 말하고 있었으나, 그의 말 속에는 예수님을 직업 세계의 일부로 보는 간접적인 선언이 들어 있습니다. 예수님은 나사렛의 목수이셨습니다. '여러분이 신뢰할 만한 직업을 가진 사람으로서 의존할 수 있는 사람을 찾고 있다면 이 마을에서 여러분이 원하는 목수를 추천할 수 있습니다. 그는 요셉의 아들 예수입니다. 그가 견적비를 내면 반드시 그것을 지킵니다. 그가 오전 8시에 오겠다고 하면 반드시 제시간에 나타납니다. 그가 품질을 약속하면 여러분은 분명히 품질을 보장 받을 것입니다.'"[2]

이상의 인용으로 충분하나 이 말에는 진리가 들어 있다. 방언 속에 들어 있는 예수님의 정신을 빌어 사람들이 방언을 얘기할지라도, 그들이 신뢰할 수 없는 사람이라고 생각할 만한 어떤 이유도 없다는 것이 진리이다.

비록 내가 방언을 말한다 해도 죄많은 사람이다.

나의 죄를 인정하는 것은 앞으로 세속적인 삶을 살기 위한 계획을 세운다는 의미도, 죄의 생활이 계속되는 데 대해 무관심하겠다는 의미도 아니다. 나의 죄를 인정하는 것은 단지 명백한 것을 선언하기 위함이다. 어떤 영적인 경험도 우리를 원죄로부터 구원하지는 못한다.

성령은 우리들을 거룩하게 하시려는 의도를 갖고 계신다. 성령은 하나님의 최초의 이름이었다! 그러나 내가 나의 삶과 습관을 지배하는 원죄에 저항하는데 성령이 아무리 막강한 도움을 주신다 해도, 나의 의지가 성령을 받아들이는 것만큼 나를 순화시키실 뿐이다. 성령이 충만한 사람들에게 쓴 편지에서(갈 3 : 2) 사도 바울은 세속적인 탐닉에 대조적인 거룩한 삶을 보장하는 방법을 강조한다.

"내가 이르노니 너희는 성령을 좇아 행하라. 그리하면 육체의 욕심을 이루지 아니하리라. 육체의 소욕은 성령을 거스리고 성령의 소욕은 육체를 거스리나니"(갈 5 : 16-17).

'여러분이 원하는 것'이라는 말을 들어 보자. 이 말은 우리가 아무리 성령으로 충만된다 하더라도 우리의 근본적인 죄의식에 대한 고발이다. 우리들 모두에 있어 이러한 사실을 가장 솔직하게 인정한 말중 하나는 몇 년 전 데이빗 듀플레시스가 죽기 전에 그와 만나 대화를 나누었던 한 친구가 한 말이었다. 거의 모든 교파와 모든 대륙에서 성령으로 충만된 삶의 메시지를 전파한 지도력이 뛰어나고 신앙심이 경건한 데이빗 듀플레시스는 한 젊은이의 날카로운 질문을 받았다.

"듀플레시스 박사님, 나는 젊은 기독교인으로서 나의 모든 마음을 바쳐 예수 그리스도께 봉사하고, 몸과 영혼 그리고 마음이 순결하게 살려고 합니다. 그런데도 나는 때때로 내가 생각한 삶과 갈등을 겪고 있습니다. 부적절한 생각들, 특히 여자에 관한 생각들이 더 이상 나의 마음을 유혹하지 않도록 하려면 내가 얼마나 더 살아야 합니까?"

순수한 삶과 진리에 대한 성실함이 전설적이었던 데이빗 박사는 그 젊은이의 눈을 응시하였다. 그 젊은이의 눈 속에는 18세의 삶이 들어 있었다. "내가 나이가 들면 알려주겠소."

바로 이 답변에서, 저절로 느껴질 수 있었던 것같은 경건함을 자연스럽게 드러낸 한 지도자의 위대성을 나타낸 정직함을 느낄 수 있다. 우리는 유혹에 의해 끌려다니고 있는 한 남자의 말을 듣고 있는 것이 아니라, 자신의 삶을 통해 유혹의 지속을 솔직히 시인한 사람의 말을 듣고 있는 것이다. 육신이 천처럼 찢어져 우리의 정신이 우리의 창조주와 영원히 합류할 때까지는 육신의 존재가 결코 끝나지 않는다. 오직 천국에서만이, 그리고 궁극적으로 우리의 부활한 육신에서만이 죄가 우리를 조정하는 어떤 잠재적인 '핸들'도 없게 된다. 그 때까지는, 성령 속에서 걷는 것이 순수에 이르는 권능의 길이다. 또한 성령 안에서 매일 부단히 기도하는 것만이 죄를 극복하는 데 기여할 수 있다. 내가 비록 방언을 말한다 해도 나는 다른 사람들과 마찬가지로 잠재적으로 죄인이다. 나는 일생 동안 성령의 존재와 권능을 통해 극복하려는 희망을 가지고 사는 사람이다.

비록 내가 방언을 말한다 해도 성경적이고 그리스도 중심적인 사람이다.

이 책에서 지금까지 누누히 설명했기 때문에 나의 이러한 선언을 의심하는 독자는 없을 것이다. 그러나 내가 다시 이렇게 선언하는 이유는, 이 선언이 '말씀과 주님'이라는 중요한 근본적인 가치를 가지기 때문이다. 이 선언에 나는 "비록 내가 방언을 말한다 해도 나는 예민하고 상처 받기 쉬운 사람이다."라고 제목을 붙이고 싶다. 내가 그리스도와 성경에 대한 카리스마적인 기독교인들의 서원에 관해 초점을 두는 것은 그들로부터 내가 충분히 공격을 받을 가능성이 있기 때문이다.

다음과 같은 객관적이고 통계적인 증거에도 불구하고 까다로운 비판자들은 이러한 우선순위에 관한 확신이 부족하다.

    1. 카리스마적이고 오순절적인 사역은 오늘날 기독교의 다른 어떤 교파보다 개종자들이 더 많다.
    2. 카리스마적이고 오순절적인 사역자의 수는 오늘날 프로테스탄트

사역자 수의 절반을 넘는다.

3. 이들 집단의 핵심적인 메시지는 "십자가에 못박히신 예수 그리스도"이며, 그들의 선언의 유일한 원천은 성경의 영원한 말씀이다.

독자 여러분은 이러한 나의 여담을 용서하기 바란다. 나는 자축하기 위해서 나의 동기와는 동떨어진 이 여담을 늘어 놓았다. 하나님이 성령의 선물과 권능을 완전히 영접하는 우리들 안에서 그분의 영광을 위해 지금까지 주셨고, 또 앞으로도 계속 주실 모든 열매는 그분이 혼자서 만드신 산물이다! 우리가 우리 자신에 관해 어떤 것을 말한다 해도 그것은 예수님이 우리에게 가르쳐주신 지혜의 말이다. "우리는 무익한 종이다. 우리의 하여야 할 일을 한 것뿐이라"(눅 17 : 10). 그러나 이 문제는 교회의 역사 속에서 기록되고 있는 열매에 주목하는 것 이상의 문제이다. 그리스도와 성경 중심 문제에 관한 매우 실제적이고 개인적인 견해가 있다.

나는 방언을 구사하는 경지에 들어온 사람을 거의 만난 적이 없다. 어쨌든 이 문제는 다음과 같은 방향 중 하나로 또는 그 두 방향 모두로 곧 제기될 것이다. "내가 나의 삶 속에서 이와 같은 성령의 역사 차원에 마음을 연 후 예수님은 더욱더 나에게 소중하게 되었다. 하나님을 경배하는 것이 나에게 더욱더 중요하게 되었다." 또는 "나는 어떻게 설명할지 모르겠으나, 내가 영적인 언어를 받아들인 이후 성경은 새로운 확실성과 깊이로 나에게 이해되었다. 그렇지만 나는 아직도 성경의 깊이를 다 알 수 없다. 나는 하나님의 말씀을 사랑한다."

방언이 성경의 이해나 예수 그리스도에 대한 사랑을 어떻게 증진시키느냐에 관해서는 아마도 좀더 생각을 해보아야 할 것이다. 어쨌든 성경과 하나님의 아들이 성령의 현재 계획의 핵심임은 분명하다. 성령은 성경을 만들어 내셨고 기회 있을 때마다 그리스도를 영광스럽게 하신다. 그래서 내가 방언을 말한다 해도 내가 성경 중심적이고 그리스도 중심적이라는 것은 조금도 놀라운 일은 아니다.

비록 내가 방언을 말한다 해도 나는 행복한 사람이다.
카리스마적인 사람들에 관해 관찰한 사람들이 언급하는 가장 불안한 심성은 지나친 상상력과 표현력, 그리고 기쁨이다. 이상하게 보일지 몰라도, 많은 기독교인들은 어떤 사람이 하나님, 예배 또는 교회 사역에 관해 진실로 행복하게 생각하면 '충분히 경건하다'라는 것과는 다른 어떤 것을 생각한다. 그렇게 생각할 경우 중심 문제의 의미가 퇴색된다. 이러한 열정은 생각이 얄팍할 때에만 나타난다고 많은 사람들은 막연한 이상으로 생각한다. 그들은 행복한 카리스마의 이유가 진정한 심성의 무게를 실제로 느낀 적이 없거나 전지전능하신 하나님의 위대함과 웅장한 계획을 적절히 지각하지 못하기 때문 이라고 생각한다.

나는 내 자신이 상당히 소심한 사람이라고 생각한다. 사람들이 교회에서 갑자기 지나치게 손뼉을 치거나 웃을 때 나는 불안한 생각이 든다. 어떤 목회자가 매우 적극적으로 접근하고 종종 유머를 섞어 설교하면, 나는 내가 인도하고 있는 신도들의 마음 속에 어리석거나 경박한 태도가 나타날까봐 경계한다.

그럼에도 불구하고, 기독교인들이 명백한 행복에 대해 종종 의심스럽게 생각한다는 것은 특이한 일이다. 명백한 행복이란 고전적인 의미에서 보면 즐거움이라고 할 수 있다. 행복의 어원인 '즐거움'(fun)은 중세의 영어인 'fonne'에서 파생되었는데, 이 말은 어리석다거나 우둔하다는 것을 의미하였다. 그래서 나는 '즐거움'(fun)이 기독교인에게는 전혀 부적절한 표현이라고 지적하고 싶다. 그러나 보다 고전적으로 살펴보면, '즐거움'은 생기가 있거나 기쁨을 가져다 주는 것을 의미한다. 내 말의 요지는 하나님의 사람들의 모임에서 즐거움에 초점을 두자는 것이 아니라, 하나님의 가족들이 함께 모일 때 '행복한' 마음 상태를 초래하는 요인이 있는지 생각해 보자는 의미이다.

나는 예루살렘의 공원묘지(예수님이 돌아가셨다가 부활하신 곳)의 전 관리자였던 존 반 데어 회벤의 말이 생각난다. 그는 그가 강조한 그 공원묘지의 기념성에 대해 어떤 히피가 언급한 내용을 설명하였다. 그는 그 요지의 동편에 있는 해골 같은 골고다 언덕을 가리키면서 예수님이 부활하시어 영원한 삶을 사시게 된 그 빈 무덤을 향해 완전한 죄사함을 선언한 적이 있었다. 현실을 추구하기 위해 지구를 돌고 있던 그 젊은 유랑자인 히피는 존의 말을 경청하다가 존이 말을 마치자 군중 속에서 다음과 같이 소리쳤다. "당신이 말한 것이 진실이라면 이 곳에서 연중 내내 즐거움의 노래와 춤이 있어야 할 것 아니오!"

누가 마음 속에서 "아멘!"을 외칠 수 없단 말인가? 누가 "할렐루야!"라고 외치고 싶지 않단 말인가?

대부분의 카리스마적인 신도들 사이에서 자주 목격되는 승리에 찬 즐거움은 간혹 초점없는 경박함이 보이기도 하지만 무분별하거나 경박한 마음에서 나온 것은 아니다. 그러나 즐거움, 행복 또는 환희가 느껴지는 대부분의 경우는 격식으로부터 해방된 마음에 사로잡혔기 때문이다. 거의 동의를 받지 못할 말을 솔직하게 한 그 히피와 마찬가지로, 나도 하나님의 구원으로 인한 은총의 충만함을 생각할 때 그저 행복하게 느껴진다는 것을 솔직하게 말하고 싶다.

물론 진지하게 생각하는 순간도 간혹 있다. 생각이 깊은 사람이라면 침묵과 마음 속으로 명상적이고 반성적인 예배의 지혜를 부인하지는 못할 것이다. 그러나 침묵은 경건의 동의어는 아니다. 물론 행복이 신성의 동의어도 아니다. 그러나 침묵과 행복, 바꾸어 말하면 경건과 기쁨은 우리의 모임과 라이프 스타일에서 다 적절한 것이다. 웃음을 잃어버린 사람들은 대개 자기 자신에 관해 너무 진지하게 생각하고 하나님의 은총을 그렇게 진지하게 생각하지 않았기 때문이다. 내가 비록 방언을 말한다 해도 나는 위선적인 신비주의자나 종교적으로 꽉 막힌 성직자는 아니다. 신성한 감수성에 의해 생기는 행복감은 행복하게 나의 의식에 포함된다. 나는 하나님의 기적의 무게를 얄팍하거나 피상적인 것으로 축소시키지 않았다. 그러나 나는 이러한 행복의 치료요법적 권능을 증거하는 잠언의 정신으로 즐거움을 받아들인다.

"마음의 즐거움은 양약이라도 심령의 근심은 뼈를 마르게 하느니라"(잠 17 : 22).

비록 내가 방언을 말한다 해도 나는 보통 사람일 뿐이다.

구원은 어떤 뛰어난 성자를 만들기 위해 계획된 것이 결코 아니다. 그러나 불행히도 일부 카리스마적인 사람들은 '초자연적인 것'이 '인간적인 것' 이상을 의미한다는 생각의 노예가 되는 경우가 흔하다. 일반적으로 잘 알려져 있지 않지만 다음과 같은 말이 있다. "당신이 당신을 위해 하나님이 가지신 모든 것을 얻는다면 초인적인 기독교인이 될 것이다. 그러면 당신의 사명은 외계인처럼 전 지구를 돌아다니면서 당신의 성취로 전 인류를 놀라게 하는 것이 될 것이다."

물론 초자연성을 신앙 생활의 자연스런 일부로써 기대할 수 있는 이유도 있다. 예수님은, "내가 하는 역사는 너희들이 이보다 더 크게 해야 하느니라"라고 말씀하셨다. 또 예수님은, "이러한 징표는 믿는 자에게 따라다닐 것이니라. 그들은 나의 이름으로 병자의 머리에 손을 얹으면 병자가 회복될 것이니라"라고 말씀하셨다. 더 나아가 예수님은, "병자를 치료하고 죽은 자를 일으켜 세우며 귀신을 쫓아 내라"고 말씀하셨다. 우리가 이러한 기적을 오늘날에 재생하기 위해 해석의 구도를 신학적으로 이론화하지 않겠다고 공약하는 한 이러한 성경의 기록에 반론을 제기할 필요는 없다. 우리는 기도할 때나 예수님의 이름으로 사역할 때 나타나는 초자연적인 것들을 환영해야 함은 물론 기대할 수도 있다! 그러나 이러한 기대는 그리스도 안에서 거듭나고 그분의 손에 의해 성령으로 충만된 사람들에서만 가능하다고 말씀에 기록되어 있다. 바꾸어 말하면 초인은 아니라는 의미이다.

구속과 영적인 능력은 우리를 초인으로 만들기 위한 것이 아니라 진정한 인간, 즉 창조시 원래 의도되었던 인간으로 만들기 위해 계획되었다. 이러한 사실을 간과하면 초인으로 행세까지 하는 거의 희극적인 노력이 부질없이 경주된다. 결국 이러한 슬픈 연기는 인간 이상의 초인이 아닌 인간 이하의 어떤 연기를 하는 배우로 끝나게 된다.

내가 "카리스마적 측면에서는 나는 보통 죄인이 아니라 평균인 이다"라고 말한 것에 주목하기 바란다. 그 이유는 '죄인'은 인류의 타락 때문에 하나님이 원래 의도하신 삶의 질서가 비극적으로 상 속되는 속물적인 수준으로 전락됨으로 시작되었기 때문이다. 내 말의 뜻은 우리들 모두에 해당되는 죄인을 비난하려는 의미는 아니다. 타락한 인성에도 아름다움과 선물 그리고 영광이 여전히 들어 있다. 그러나 문제는 다음 세 가지로 요약할 수 있다. 첫째, 우리의 어떤 인성도 영혼을 구원할 수 없다. 둘째, 우리의 인성중 대부분은 육 욕적인 자만심에서 자란다. 셋째, 우리의 인성은 모두 창조주에게 다시 복종하여 그리스도를 통해 하나님의 영광으로 구속될 때 보 잘것없게 된다.

‘평균인’이라는 의미는 하나님이 그분의 모든 구속된 자녀들에 의해 공유되도록 명령하신 인품을 가진 사람이라는 뜻이다. 이러한 인품은 비록 우리의 일시적인 지상의 삶으로 제한되어 있지만 영원한 수준에서 증폭될 것이다. 구속되고 성령으로 충만된 기독교인은 놀라운 양면성을 가진 사람이다. 이것은 하나의 역설로서, 그 사람 속에서는 순간과 영원이 만난다. 하나님의 영원한 왕국의 삶 속으로 다시 태어날 때 기적이 가능하다. 그러나 ‘천사보다 조금 더 낮은’ 우리의 삶을 사는 동안 우리는 승리와 시련이 혼합된 피창조물일 뿐이다.

‘내세의 능력을 맛보는 것’(히 6 : 5)은 짜릿한 경험이 된다. 왜냐하면 살아계신 하나님의 믿을 수 없으리만치 전능하신 힘이 때때로 우리 안에 들어오며, 성령의 힘이 아직 도래하지 않은 영원성의 맛을 미리 보여 주시기 때문이다. 우리의 보통의 삶 속에서 이처럼 순간적인 경험은 놀랍도록 특별한 가능성의 길을 열며, 영광의 불빛이 이곳 저곳에서 간혹 실제의 기적으로 번뜩인다. 그러나 우리는 현재의 고통 속에서 여전히 신음하며, “이 육신이 영원히 죽지 않고 이 썩는 살이 영원히 썩지 않을 때”(롬 8 : 22−23 ; 고전 15 : 51−53)가 되는 그리스도의 재림을 갈구한다. 이들 두 세계 사이의 성스러운 긴장 속에서 산다는 것은 우리의 연약한 혈관 속을 흐르는 어떤 도관을 찾기 위해 하나님의 초자연적인 은총을 바라면서, 동시에 우리의 기본적인 인성을 유지하거나 자가발전적인 위선의 허영에 빠지는 미묘한 역설이다. 삶의 평균 수준 이하로 타락한 이 세계에서 우리가 회복되어 이러한 평범한 삶을 살 수 있으려면 신의 은총과 우리의 겸손함이 필요하다.

비록 내가 방언을 말하고 그에 따라 초자연적인 힘을 맛보기 시작하였지만, 나는 이러한 은총이 나를 어떤 낮은 수준의 신성으로 높이기 위한 것이 아니라 하나님이 의도하신 나의 인성을 강화하기 위한 것이라고 생각한다.

비록 내가 방언을 말한다 해도 소망과 믿음으로 가득찬 사람이다.
카리스마를 일반적으로 정의하기란 불가능하다. 기독교인들이 성령의 역사를 현존하는 것으로 보는 성경의 견해를 공유하는 폭이라고 정의할 수도 있고, 영적 언어와 그 아름다움의 경험을 공유하는 교우의 범위로 정의할 수도 있다. 아니면 적극적인 신약의 믿음을 갖고 그 힘을 실현하는 종파와 개인간 차이의 차원으로도 정의할 수 있다. 어쨌든 이러한 정의는 모두 어떤 범주화를 거부한다.
하나의 공통분모는 예수 그리스도의 불변하심에 관한 확신이다. "예수 그리스도는 어제나 오늘이나 영원토록 동일하시니라"(히 13 : 8)라는 말은 믿음을 지배하는 성경의 표어이다. 우리는 구세주가 옛날처럼 오늘도 능력과 의지 그리고 권능을 가지고 있으시다는 점을 강조한다. 그 분은 사람들이 그분의 역사를 허용하는 그 분의 몸 대신 교회를 통하여 지금과 똑같은 방법으로 계속 역사하실 것이다. 이러한 공통분모는 영적인 언어의 공유된 경험에도 적용된다. 왜냐하면 진정한 카리스마는 그리스도가 그들을 위해 하실 수 있는 것을 기다리기 보다는 그리스도가 그들을 통해 역사하시도록 영접하는 데 더 관심이 있기 때문이다. 영생이라는 선물 속에서 안정된 그들의 초점은 예수님의 이름으로 그들의 증언을 전파하는 방법에 있다. 또한 하나님이 그 분의 말씀을 증거하시고 그 분의 아들을 영광스럽게 하시는 확실한 징후와 경이로써 영원한 희망에 대한 하나님의 약속을 증거한다.
그 때문에 나와 같은 사람들은 믿음을 가르치고 그에 관해 많은 얘기를 한다. 필요가 무엇이든, 고통이 어디에서 연유하든, 상황이 아무리 절망적이든, 누가 어루만져 주고 도움을 받든, 소망은 하나님의 변하지 않는 말씀의 약속에 깊이 뿌리를 내리고 기도를 요구한다.

믿음의 기도가 아무리 다를지라도 이들 기독교인들에게는 확신이 내재한다. 하나님의 권능이 없으면 우리가 할 수 있는 것은 아무것도 없다. 우리가 그분의 부름에 복종하지 않고 믿음으로 기도하지 않으면 그분은 아무일도 하지 않을 것이다. 우리가 기도할 때 "하나님의 나라가 임한다"라는 예수님의 계시는 하나님의 전지전능하신 은총과 권능의 법칙이 이 세상으로 초대될 때만이 우리 안으로 들어오심을 상기시키신다. 겸손하나 대담하고 복종적인 기도를 통한 믿음이 열쇠이다. 그런데 그 열쇠는 우리 손 위에 있다.

이렇듯 카리스마적 기독교인과 오순절적 기독교인이 믿음의 방법에 있어 매우(그리고 때로는 요란하게) 다르지만 공통점도 있다. 그것은 성령으로 기도하는 사람이 종종 불가능한 상황으로 인도되어 "믿는 자에게는 능치 못할 일이 없느니라"(막 9 : 23)라는 예수님의 말씀을 확신하는 것이다. 그것은 성령이 간구하실 것이라는 확신이다. 즉 기도의 목표를 보다 효과적으로 전달토록 하여 불가능을 믿음으로 직면할 수 있도록 성령이 간구하실 것이라는 확신이다.

"이와 같이 성령도 우리 연약함을 도우시나니 우리가 마땅히 빌 바를 알지 못하나 오직 성령이 말할 수 없는 탄식으로 우리를 위하여 친히 간구하시느니라. 마음을 감찰하시는 이가 성령의 생각을 아시나니 이는 성령이 하나님의 뜻대로 성도를 위하여 간구하심이니라. 우리가 알거니와 하나님을 사랑하는 자, 곧 그 뜻대로 부르심을 입은 자들에게는 모든 것이 합력하여 선을 이루느니라"(롬 8 : 26 - 28).

다음 세 구절은 세 가지 위대한 진리를 나타낸다.

1. 우리는 모두 기도하는 방법을 모르는 일들을 정기적으로 만

난다(26절).

　2. 성령은 이러한 때에 기도를 극적으로 도우신다(27절).

　3. 이렇게 하여 하나님의 목적과 권능이 환경 속에 받아들여진다
(28절).

　합력하여 선을 이루지 못했을 것들이 이제 성령에 의해 고취된
간구적인 기도가 중재하였으므로 선을 이룬다. 다시 말해 상황이
단지 이 세계의 과정, 인간의 지혜, 신학 이론적인 수동적 태도 또는
지옥에 내맡겨졌을 경우와는 다른 결과가 실현되는 것이다.

　그러나 믿음의 능력을 확신하는 지각있는 기독교인이라면 믿음을
'통달'하였다고 주장할 만큼 교만하지는 않을 것이다. 마법의 열쇠,
다시 말해 완벽한 통찰력을 가진 사람은 없다. 따라서 믿음으로
충만된 우리의 기도의 열매는 항상 인간의 마음으로 알 수 있는
것은 아니다. 그러한 경지에 도달하려면 최고 수준의 믿음, 즉 우리의
기도가 이기지 못한 것처럼 (최소한 우리가 '승리'라고 정의할 수
있는 만큼) 보일지라도 하나님의 성실하심을 믿는 믿음에 도달해야
한다. 다른 사람들이라면 아마도 보다 쉬운 과정을 선호할 것이다.

- 모든 것을 하나님의 손에 맡긴다. 기도에서는 "너희가 이루어지리라"
라는 말 외에는 아무말도 하지 않는다(다만 이러한 기도는 "기도하라.
그러면 너희의 왕국이 오느니라"라는 지시의 첫 번째 부분을 간과한
것이다. 이 기도는 불가피한 상황에 단지 체념하기 보다는 권능의
영접을 기대하는 기도이다.).
- 하나님께 사람들을 치료할 수 있게 해달라고 요청하거나 사람들에게
특별한 것을 기대하도록 고무해서는 안된다. 왜냐하면 그래야만 여
러분이 당황하지 않게 되기 때문이다. 또 여러분은 여러분이 희망을
준 사람들의 눈 앞에 '하나님을 초청하지 못한 데 대해' 그들의 양해를
구할 수 있을 것이다. 그러나 이러한 태도는 하나님께서 우리에게
간청하라고 요청하셨다는 사실을 간과한다. "너는 내게 부르짖으라.

내가 네게 응답하겠고 네가 알지 못하는 크고 비밀한 일들을 네게
보이리라"(렘 33 : 3).

어떤 공식적인 하나님의 답변도 없으며 또 어떤 보장된 결과도
없다. 그러나 한 가지 점에 관해서는 기록이 매우 분명하다. 즉
하나님의 권능을 특별히 또는 기적으로 증거받기 위한 기도는 많이
응답된다. '정서적으로 부름을 받았다', 또는 '너무나 우연이었다',
또는 '회복의 법칙' 등과 같은 많은 기록이 있다.

어린아이였을 때 나는 출생시의 문제로 고통을 받았다. 의사는
우리 부모님에게 잘못하면 내가 두 살도 되기 전에 죽을 것이라고
말했다고 한다. 그러나 우리 부모님이 사는 동네에 있는 한 교회에
기도를 요청하였다고 한다. 외삼촌이 신청한 그 기도 요청은(우리
어머니나 외삼촌은 거듭난 신자가 아니었다.) 내가 회복된 후에도
부모님에게 알려지지 않았다고 한다. 나중에 의사는 그의 치료요법이
나의 회복과 관계가 없었다고 말했다.

그 후 내가 3살이었을 때는 척수성 소아마비에 걸렸다. 부모님이
나를 의사에게 보였는데 의사가 이러한 진단을 내린 것이었다. 그
때에 우리 가족들은 신자가 되었으며 교회의 장로들에게 나를 위한
기도를 요청하였다. 어느 누구도 의사의 조언을 무시하지 않았으며
또 의료계를 비웃지도 않았고 또 의약품의 사용에 반대하지는 않
았다. 그러나 우리 부모님은 단지 최선을 다한다는 의미에서 기도를
요청하였으며 결국 나는 믿음의 기도 덕택에 다시 회복되었다.

이러한 모든 사례는, 다른 수백만 가지의 사례와 마찬가지로,
우리의 기도중 일부가 성령의 이해하심 속에서 이루어짐을 보여준다.
독자 여러분은 왜 내가 영적인 언어에 특별한 아름다움을 느끼는지
알 수 있는가 ? 영적인 언어는 나의 필요에 의해서 시도되었다. 여러
해 전 그 평범한 신자들이 나를 위해 단순히 기도하였으며, 나의

회복에서 증거된 바와 같이 그들은 하나님의 놀라운 은총을 목격하였다. 비록 나는 방언을 말하지만 내가 원했던 기적이나 결과를 항상 본 것은 아니다. 다만 나는 희망에 차있고 하나님을 믿는 사람일 뿐이다. 나의 소망은 그리스도 안에 있으며 하나님의 약속의 말씀 속에 뿌리를 두고 있다. 나의 믿음은 나의 기도가 응답되지 않을 때라도 흔들리지 않는다. 왜냐하면 나는 내가 볼 수 없을지라도 아버지 하나님의 변함없는 지혜와 사랑 그리고 자비가 항상 역사하심을 확신하기 때문이다. "믿음은 바라는 것들의 실상이요 보지 못하는 것들의 증거니"(히 11 : 1).

이제 여러분은 공감을 하지 않는가? 나는 이러한 생각들을 가지고 카리스마적이든 오순절적이든 방언을 말하는 사람들에 관한 어떤 선입견을 완화시키기 위해 노력하였다. 나는 일부 신자들이 나의 설명을 모두 인정하지 않는다는 것을 잘 알고 있다. 그러나 대부분의 사람들은 내가 증언한 내용에 대해 공감을 할 것이다.

영적인 언어의 아름다움에 마음을 연다고 해서 여러분이 광적이고 경직된 사람이 된다거나 건강이나 부에 사로잡힌 사람이 된다거나, 또는 텔레비젼으로 중계되는 예배에서 이상한 말을 지껄이는 사람이 되는 것은 아니다. 카리스마는 대중적인 신학이나 조종적인 지도자에 의해 관리되는 고정화된 라이프 스타일은 아니다. 그것은 성경적이고 그리스도 중심적이며, 오늘을 위한 하나님의 약속을 분별력과 희망을 가지고 행복하게 믿는 것이다. 카리스마는 죄를 짓고 실패하며 고통을 받으나 하나님의 신성을 추구하고 그분의 은총에 의지하며 우리들의 시련 속에서 그분의 존재와 권능을 믿는 사람들에게 나타나는 하나의 기독교인적 삶의 차원이다.

그리고 이러한 성령 안에서의 삶의 방식이 공약되고 영위되며 또 현명하게 응답될 때에 여러분은 그러한 방식에 의존할 수 있을 것이다.

　이제 여러분은 전보다 더 독실한 기독교인이 되며 전보다 더 신뢰할 수 있는 사람이 될 것이다. 여러분은 하나님에 의해 구원된 보통 사람 중 한 사람으로서 성령으로 충만되어 그러한 보통의 삶을 드높일 것이다. '여러분 안의 그리스도'는 그분의 가장 사랑스러운 피조물을 위한 하나님의 놀라운 설계 아래로 타락한 세계에서도 '영광의 희망'이 된다.

5장. 위에서 내려오는 빛

"깊도다 하나님의 지혜와 지식의 부요함이여. 그의 판단은
측량치 못할 것이며 그의 길은 찾지 못할 것이로다"(롬 11 : 33)

영적 언어의 구사에 사용되는 말이 실제 언어인가, 아니면 조롱하는 사람들이 놀리는 것처럼 단지 횡설수설에 불과한 말인가?

이 문제에 대한 답변은 어떤 사람도 자신의 경험에 근거하여 분석을 할 수 없다는 사실에 비추어, 일반적인 경향과는 달리 보다 겸손하게 찾아야 한다. 이 지구상에 약 6,000 가지의 언어가 사용되고 있지만 언어 전문가들은 100개 이상의 언어를 기초적이나마 알고 있는 사람은 없다고 주장한다. 학문적인 진지함을 가진 사람이라면 어떤 예배자가 말하는 언어가 "전혀 언어가 아니다"라고 주장하지는 못할 것이다. 언어에 관한 지식이 아무리 많은 사람이라도 5,000 가지가 훨씬 넘는 언어에 관해 조금씩이라도 알지 못하며, 더군다나 방언에 관해서는 전혀 모를 것이다.

일부 성경 해석가들은 오순절의 언어가 한때의 현상으로서만 이해되어야 할 뿐만 아니라, 다른 나라 사람들에 의해 구사되기

때문에 방언에 관한 오늘날의 간증과는 다르다고 주장한다. 그러나 다음 성경 구절을 살펴보자.

> "이 소리가 나매 큰 무리가 모여 각각 자기의 방언으로 제자들의 말하는 것을 듣고 소동하여 다 놀라 기이히 여겨 이르되 보라 이 말하는 사람이 다 갈릴리 사람이 아니냐. 우리가 우리 각 사람의 난 곳 방언으로 듣게 되는 것이 어찜이뇨. 우리는 바대인과 메대인과 엘림인과 또 메소보다미아, 유대와 가바도기아, 본도와 아시아, 브루기아와 밤빌리아, 애굽과 구레네에 가까운 리비야 여러 지방에 사는 사람들과 로마로부터 온 나그네 곧 유대인과 유대 교회에 들어온 사람들과 그레데인과 아라비아인들이라. 우리가 다 우리의 각 방언으로 하나님의 큰 일을 말함을 듣는도다"(행 2 : 6-11).

이 구절을 읽어보면, 일부 언어는 알아들을 수 있었지만 그보다 훨씬 더 많은 말이 사용되고 있었음을 알 수 있다.

사도행전 1장 15절을 보면, 제 2장에서 성령의 방문시 120명이 있었음을 알 수 있다. 그러나 사도행전 2장 9절에서 11절까지 읽어보면, 20개 미만의 지역이 언급되고 있다. 120명의 모든 사람이 각각 2-3가지 방언을 듣고 알아 듣는다 해도, 알지 못하는 방언이 더 많았을 것이다. 참석한 모든 사람들이 그곳에서 사용된 모든 언어를 이해할 수는 없었을 것이므로 이 성경 구절은 일부 참석자들의 관찰을 종합하여 요약한 것이라고 볼 수 있다. 그 관찰자들은 "우리가 다 우리의 각 방언으로 하나님의 큰 일을 말함을 듣는도다"라고 말했다.

나는 오늘날 성령의 권능 하에서 사람들이 말하는 방언이 모두 실제적인 언어라고 주장하고 싶다. 나는 방언을 녹음한 테잎을 검토한 일부 언어학 전문가들이 방언을 횡설수설이라고 결론을 내렸다는 사실을 잘 알고 있다. 그들은 "이 녹음된 말에는 알아들을 수 있는 언어의 통상적인 구조가 없다"라고 말한다. 그러나 내 자신의 경험과 다른 많은 오순절주의자 및 카리스마주의자들의 경험에 비추어 볼 때 나는 이러한 경험적인 판단에 강력히 반대한다.

더 나아가 고린도전서 13장에 기록된 바울의 말은 초기 교회가 기도에서 사용된 말중 일부를 '천사의 말'로 보았을 가능성을 구체적으로 시사한다. 이것은 내가 방언을 천사의 말이라고 주장하는 것이 아니다. 성경의 기록이 그렇게 되어 있음을 나는 강조하고 싶다. 성령의 힘에 의한 일부 언어가 천국에서만 이해될 수 있을 것이라는 것은 나의 주장이 아니라 바울의 시사이다. 그가 올바른 상황에서 다음과 같이 시인한 것은 바로 의심할 바 없이 이러한 사실에 대한 바울의 겸손에 기인한 것이다.

"세상에 소리의 종류가 이같이 많되 뜻없는 소리는 없나니 그러므로 내가 그 소리의 뜻을 알지 못하면 내가 말하는 자에게 야만이 되고 말하는 자도 내게 야만이 되리니"(고전 14 : 10-11).

그토록 오랫동안 성경에서는 고린도전서 14장에서처럼 '알지 못하는 말'을 사용해왔다. 성경에 이텔릭체로 '알지 못하는'이라고 표시한 것은 희랍어 원본에 포함된 것이 아니라 역자들이 삽입한 표기였다. 그럼에도 불구하고 그 용어는 계속 사용되었다. 오순절주의자들조차도 그들의 방언을 '알 수 없는 말'이라고 말한다. 물론 '알 수 없다'라는 표현은 화자의 입장에서 보면 항상 맞는 얘기이다. 그러나 언어 측면에서 볼 때는 반드시 맞는 얘기는 아니다. 나나 내 말을 듣는 누구를 알고 있듯이, 내가 말하는 '알 수 없는' 영적 언어는 지구 전체를 통해 '알 수 없는 언어'는 결코 아니다(하물며 천국에서조차 알 수 없는 언어는 아닐 것이다.).

이러한 신념을 지지하는 증거중 일부는 나의 경험이다. 이 경험은 내가 하나님의 선택을 받은 사람중 한 사람이지만 내 자신에

국한된 경험은 아닐 것이다. 다음과 같은 에피소드는 비록 널리
경험되지 못할지 모르나, 자연과 영적 언어의 가치를 진지하게 생
각해본 사람이라면 이 언어의 기적이 결코 무의미한 횡설수설이
아님을 확신할 것이다.

그에게 방언으로 얘기하라

방언은 기독교인으로서 내 생애에 있어 가장 편안하고 현저한
경험 중 하나이다.

나의 수첩에 보면 그 날은 어딘가에서 강연을 하기 위해 비행기를
탔던 것부터 시작되었다. 오레곤주 포틀랜드에서 그 전날 밤 사역을
마치고 집으로 돌아오던 중이었다. 나는 아침을 먹고 두 시간 동안
편안히 쉬면서 지상의 가장 아름다운 산 중 일부를 볼 수 있다는
기대감을 가지고 비행기에 올랐다. 내가 볼 것으로 기대했던 산은
캐스케이즈의 푸른 산록을 형성하는 눈덮인 산정이었다.

나는 정장을 잘 차려 입은 한 남자가 서류 가방을 머리 위쪽의
선반 속에 밀어 넣고 내 옆에 앉아 있었기 때문에 그 일등석에서
자리를 편히 잡을 수가 없었다. 나는 내 밑에 펼쳐지는 장엄한 자
연경관을 감상하는 동안 프라이버시와 명상의 시간을 기대하였으나
옆의 남자와 인사를 나누고(그의 이름은 빌이었다.) 대화를 시작
하였다.

우리는 일상적으로 "볼일을 다 보고 집으로 가는 길입니까 ? "라고
서로 물었다. 대화 도중 나는 그가 긴 여행을 하고 있음을 알았다.

비행기가 높이 올라가자 포틀랜드 로드시의 동쪽에서 아침 햇살
속에 반짝이는 후드산의 장엄한 광경이 몇 분 동안 눈에 들어왔다.
저 아래에 포틀랜드가 윌라메트 강 옆에 콜롬비아주와 경계를 이루고
있었다. 나의 심장은 하나님의 놀라운 솜씨에 대한 찬양으로 들떠

올랐다.

승무원이 내 앞에 테이블을 차려놓고 맛있는 조반을 내놓았다 (나는 기내식 비판자는 아니다. 여행을 많이 하는 나로서는 기내식이 맛있다는 것은 다행한 일이다!). 나는 머리를 돌려 저 아래에 보이는 광경을 찬찬히 살펴보았으며 음식 서비스에 대해 승무원에게 사의를 표했다. 하지만 수치스럽기 때문이 아니라 지나친 겸손을 피하기 위해 음식 위로 머리를 숙여 인사하지는 않았다. 내가 린넨 네프킨을 무릎 위에 깔고 식사를 시작하자 빌과 나와의 대화가 다시 시작되었다.

먼저 우리가 서로를 소개하던 도중 나는 그의 음성에서 남서부 억양을 들었으므로 그가 남부출신인지 물었다. 그의 대답은 그다지 당황스러운 편은 아니었으나, 그는 약간 사과하는 빛을 띠었다. 나는 재빨리 내가 남부에 대해 긍정적인 생각을 가지고 있으며 남부의 느린 사투리를 좋아한다고 말했다. 이에 대해 그는 다음과 같이 대답했다.

"우습게 들릴지 모르겠지만 나는 항상 내 말에 대해 어색하게 생각하고 있는 것 같습니다. 내 말을 옹호하려는 뜻은 아닙니다만 나는 5살 때가 되어서야 겨우 영어를 하기 시작했습니다."

그는 이어 다음과 같이 설명하였다. "나는 오클라호마에서 자랐는데 우리 어머니는 완전한 키오와 부족의 인디언이었습니다. 내가 학교에 다니기 시작하였을 때에도 나는 영어를 여전히 잘 못했습니다. 나는 지금도 학교에서 아이들이 나를 놀린 일이 생각나 당혹스런 적이 많습니다."

그때 어떤 일이 일어났다. 그가 말을 마치는 순간 내 마음 속에서 "그에게 방언으로 얘기하라"라는 속삭임이 들렸다. 그 속삭임은 너무 빨리 들렸으며, 그러한 재촉에 놀라울 따름이었다. 나는 단지 생각이 내 마음 속에 일어나도록 내버려두었으며 어떤 행동도 취하지는 않았다.

그때 내 마음은 두 갈래 길로 작용하고 있었다. 하나는 내가 빌과 대화를 계속해야 한다는 것이었고, 다른 하나는 내가 마음 속에서 들은 그 이상한, 심지어는 거의 놀라울 만한 재촉을 평가해 보아야 한다는 것이었다. 나는 그 음성을 알았으며 그 내용도 이해하였다. 그러나 내가 알지 못한 것은 왜 하나님이 나에게 이러한 과제를 주시느냐 하는 이유와 내가 완전히 바보가 되지 않으면서 그 과제를 어떻게 이행하느냐 하는 방법이었다. 결국 나는 단지 대화가 계속되도록 놔두었고 내 편에서 대화의 방향을 조정하려는 어떤 노력도 하지 않았다.

그는 토목기사였으며, 우리가 얘기를 나누는 동안 나는 그가 참여한 다양한 프로젝트에 관해 들었다. 또한 일부 이국적인 장소에 관해서도 알게 되었다. 그가 최근 이스라엘에서 한 프로젝트를 완료하였다고 말했을 때 나는 몇 달 전에 그 신성한 땅에 갔다온 얘기를 해주면서 이스라엘의 어느 곳에서 일했느냐고 물었다.

"당신은 이스라엘에서 무엇을 하였습니까?"라고 그가 물었다. 나는 다음과 같이 대답하였다.

"나는 중동 성경 지역의 한 연구관광단을 인솔하였습니다. 우리는 대부분의 시간을 이스라엘에서 보냈습니다. 목사이자 교사로서 나는 이러한 일을 정기적으로 합니다. 이스라엘은 고대 성경 역사 측면에서는 물론 현대 성경 예언 측면에서도 정보의 보고이기 때문입니다."

그가 예언이라는 말에 관심을 보이자 나는 이스라엘에서 일어났던 한두 가지 사건을 설명해주고, 그 사건이 예수 그리스도와 연관된 성경의 이행을 어떻게 의미하는지를 설명해 주었다. 예수님이라는 말을 듣자 그의 입이 갑자기 실룩거리면서 다음과 같이 말했다.

"나는 그리스도나 성경과 같은 것들을 믿어본 적이 없습니다. 일반적으로 교회는 우리의 삶과 무관하였습니다. 나는 성경을 읽어보려고 노력하였지만 너무 시대에 뒤떨어진 것 같았습니다."

나는 이에 대해 그의 말을 이해한다고 하면서 다음과 같이 말했다.

"사실, 내가 이끌고 있는 교회가 많이 성장하였다고 생각하는 이유 중 하나는 우리가 그러한 문제에 봉착하였기 때문입니다. 오늘날 우리와 같은 회중의 수가 증가하고 있습니다. 이곳에서는 신앙이 살아있고 현대적입니다. 그리고 성경이 실제적으로 해석될 뿐만 아니라 번역도 새롭게 되고 있습니다."

그는 머리를 끄덕였으나 다음과 같이 회의를 나타냈다.

"나는 하나님을 믿는 사람들을 비판할 생각은 없습니다. 다만 신앙이 나에게는 부적절한 것 같습니다. 내가 과학적으로 살펴보면 신앙에 대해 회의적이 될 수밖에 없습니다."

나는 다시 그의 말에 동의를 표하면서 다음과 같이 말했다.

"당신의 말뜻을 알겠습니다. 다만 목사나 성경교사들에 관해 많은 사람들이 생각하는 것과는 반대로 우리도 신앙에 대해 회의를 가지고 있습니다."

나의 이 말을 듣자 그는 약간 놀라운 표정을 지었으며 나는 다음과 같이 계속 하였다.

"아마도, 우리에게 일어났던 최상의 사건중 하나는 수세기 동안 축적되어온 거대한 문헌체계의 발견이었을 것입니다. 당신이나 나와 같은 사람들이 의심하는 본질적인 문제들을 직면한 기독교 학자들이 기록한 책의 발견이었을 것입니다. 예를 들어 당신은 C. S. 루이스라는 사람을 들어보셨나요?"

나는 그가 들어본 적이 없다고 대답하자 놀랐다. 왜냐하면

루이스의 책은 기독교 사회에서는 물론 세속적인 학계에서도 널리 알려져 있었기 때문이었다. 그러나 나는 놀라움을 감추고 내 말을 계속하였다.

"루이스는 영국의 옥스퍼드와 케임브리지 대학에서 교수를 지냈습니다. 그는 무신론자였으나 역사를 솔직하게 들여다보고 투시해본 결과 예수 그리스도를 믿게 되었다고 고백하였습니다. 비록 그가 인정받은 기독교인이었지만, 어느 누구도 그로 인해 그의 학문적인 명석함과 지적인 존경심이 무디어졌다고 얘기한 적은 없습니다. 케임브리지 대학에서 그의 강의는 그의 전공분야가 중세 문학이었음에도 항상 많은 학생들로 붐볐습니다. 또 한 가지 그의 지성의 증거는 브리태니커 백과 사전이 1963년 그가 죽은 지 10년도 안되어 그의 저서인 〈인간의 폐지〉를 서구세계의 위대한 저서중 하나로 수록하였다는 사실입니다."

내가 루이스의 업적을 설명하자 빌은 매우 흥미진진한 표정으로 듣고 있었다. 이어 나는 다음과 같이 말을 계속하였다. "이러한 모든 것은 기독교인이든 아니든 누구라도 도움을 받을 수 있는 한 권의 책에 관한 배경입니다. 그 책의 제목은 〈단순한 기독교〉이며, 이 책은 신앙을 갖기가 어렵거나 하나님을 믿을 이유가 거의 없는 사람들을 위해 씌여진 책입니다."

나는 잠시 멈췄다가 다시 말을 계속 하였다. "시대에 뒤떨어진 언어로 씌여진 책중 오늘날 가장 널리 읽혀지고 있는 책들중 하나는 〈살아있는 성경〉입니다. 이 책은 현대적이고 쉽습니다. 그리고 오늘날의 경구로 다시 씌여진 성경입니다."

나는 상대방의 인내를 시험하고 있는 것은 아니었다. 그는 분명히 관심을 나타냈으며 내 말에 무게를 두어 듣고 있었다. 나는 다음과 같이 결론을 내렸다. "나는 내 자신의 생각과 문제에 이 두 권의 책이 매우 도움이 되었다고 생각합니다. 그래서 나는 이 책들을 많은 사람들에게 소개하였습니다. 나는 당신에게 이 책을 꼭 읽어보라고 강요하고 싶지는 않으나, 당신이 원하신다면 조그마한 성의의 표시로 이 책 두 권을 우편으로 보내드리겠습니다. 〈단순한 기독교〉와 〈살아있는 성경〉 말입니다."

빌은 그의 커피잔을 내려놓고 잠시 나의 제의를 곰곰히 생각하더니 다음과 같이 말했다. "잭, 당신은 매우 친절하시군요. 그러나 솔직히 말씀드려 나는 그 책들을 읽게 될 것 같지 않습니다. 내가 말씀드린 대로 나는 그다지 신앙심이 없습니다."

나는 미소를 띠면서 그의 입장을 이해한다는 표정을 지어보였다. 그리고 나는 그에게 잠시 어색하게 된 상황을 회피하기 위해 다른 주제로 화제를 바꾸었다. 잠시후 우리의 조반이 끝나자 우리는 다시 그 책에 관한 이야기로 돌아왔다. 그러나 나에게 한 가지 문제가 생겼다.

다름이 아닌 목소리였다. 즉 성령에 의해 나를 재촉하시는 하나님이 약 한 시간 전에 그토록 분명히 나에게 지시하신 목소리였다. 그 목소리는 너무나도 단호하였는데 집요하게 설득하려 하지 말고 행동으로 옮기라는 요구였다. 다시 말해 방언을 하라는 말씀이었다.

지금 나는 나의 설명을 듣는 모든 사람들에게 한 가지 점을 분명히 해두고 싶다. 첫째, 나는 이런 말을 하기가 싫다는 점이다. 즉 지금부터 내가 설명하는 것이 어떤 대단한 일이라거나 내가 영적인 언어를 잘 구사한다는 자랑을 할 기회를 찾고 있는 것같은 인상을 주기 싫다. 사실 그때 나는 빌과 함께 일등석 통로로 걸어나가 같이 춤을 추거나 함께 비행기 밖으로 걸어나가 비행기와 함께 날자고 말할 수는 없었다. 그러나 내가 배운 한 가지 점은 하나님께 되물어서는 안된다는 점이었다. 즉 최소한 하나님이 나의 방언을 들으시지 않도록 노력해야 한다는 점이었다.

나는 내가 받은 재촉에 관해 곰곰 생각하던중 전지전능하신 하나님 앞에 일어서서 "그에게 방언으로 말하라고요? 물론 그렇게 하겠습니다. 그러나 하나님은 그렇게 하시기가 쉬울지 모르나 3500 피트 상공에서 앉아 있는 내가 괴짜 기독교인처럼 보이게 되면 어떡합니까?"라고 소리치고 싶었다. 그러나 나는 그렇게 항의하지 않았다. 나는 이 메시지를 어떻게 전하기를 하나님이 기대하고 계신지 조용히 속으로 생각해 보았다.

약 30분이 지나자 빌은 읽고 있던 책을 내려놓았다. 대화를 자연스럽게 재개할 수 있는 분위기가 되자 나는 하나님의 지혜가 나에게 보여주시고 있는 것처럼 생각된 행동을 하기 시작하였다.

"아시겠지만 우리가 처음 대화를 나누고 내가 당신의 남부 사투리에 관해 물었을 때 나는 당신의 의견을 잠시 생각해 보았습니다. 당신이 다른 언어를 아나 당혹감을 느낀다는 것은 나에게 매우 흥미로운 사실이었습니다. 우리 미국인들중 대부분은 한 언어만 아는데, 이러한 사실이 내가 다른 나라로 여행할 때 종종 나를 당혹스럽게 합니다."

그는 웃으면서 "내가 말씀드린 대로 나는 어렸을 때 아이들이 나에게 한 짓 때문에 그렇게 느끼는 것 같습니다"라고 대답하였다.

나는 빌에게 다음과 같이 말했다. "나는 매우 이상한 생각을 하면서 줄곧 앉아 있었습니다. 나는 오래 전에 내가 알지 못하는 언어로 된 단어들을 몇 개 배운 것 같습니다. 당신이 당신의 언어인 키오와 인디언 말에 친숙해 있으므로 호기심도 있고 해서 내가 당신의 말중 몇 개를 해볼까 합니다. 혹시 당신이 그 의미를 이해할지 모른다는 생각에서 이렇게 제안합니다."

그는 주저없이 "좋습니다. 해보십시오"라고 대답하였다. 나는 그에게서 얼굴을 돌리고 그의 앞좌석 등받이에 있는 의자 무늬에 내 눈의 초점을 맞추고 대화투로 방언을 얘기하기 시작하였다. 내가 방언을 시작하자마자 거의 한 소절이 끝난 것같이 생각되었으며 나는 전에 기도에서 들어본 적이 없는 언어가 내 입에서 나오는 것이 들렸다. 내가 한 구절 정도 말을 마치고 빌을 돌아다 보자 빌은 즉시 사무적으로 다음과 같이 말했다. "그 말은 우리 키오와 인디언 말의 모태인 말입니다."

나는 속으로 "그래요? 할렐루야"라고 소리치고 있었지만 놀랍게도 침착하였다. 그는 계속하여 다음과 같이 말했다. "나는 당신의 말을 전부 알아 듣지는 못하나 이런 뜻이 아닌가 합니다." 나는 그가 말한 내용을 거의 믿을 수 없었다. 나는 매우 놀랐으나 겉으로는 태연한 척 하였다.

"무슨 내용입니까?"라고 내가 물었다.

"글쎄요, 위에서 내려오는 빛에 관한 내용인 것 같습니다"라고 그는 손짓을 하면서 대답하였다.

그것은 성령의 출현이었다. 나는 내가 무엇을 말하려고 했는지를 이제 알 것 같았다. 나는 빌에게 다음과 같이 말했다. "고맙습니다. 이러한 일이 일어났다니 놀라울 따름입니다. 내가 그러한 탐색을 할 수 있도록 해주셔서 감사합니다." 그는 "천만에요. 매우 흥미로웠습니다"라고 간단히 대답하였다.

그때 너무나 중요한 상황이 발생하였는데, 그것 역시 성령 이외의 다른 어떤 것의 작용이라고 보기에는 너무나도 믿을 수 없는 일이었다. 나는 나에게 지시된 것을 다 마쳐야 했으므로 이렇게 마쳤다.

"아시겠지만 빌, 내가 고백할 것이 있습니다. 괜찮으신지요?"

그는 처음에는 의아한 표정을 지었으나 나의 미소를 보고는 웃음을 띠면서 대답하였다. "말씀해 보시지요." 나는 조종사가 곧 착륙을 시작하며 몇 분 후 락스 공항에 도착한다는 발표를 하는 동안 내 말을 계속하였다. 나는 이러한 만남을 시의적절하게 주선해주신 하나님의 의도와 그분의 재촉을 이해하였다. 나는 물었다. "당신은 예배나 기도에서 방언을 말하는 사람들에 대해 들었거나 그러한 책을 읽은 적이 있습니까?" 그는 편안한 표정으로 주의깊게 내 말을 들으면서 그런 적이 있다고 대답하였다.

"글쎄요, 나의 혼란은 두 가지입니다. 첫째는 그러한 기도 방법이 나의 개인적인 습관의 일부라는 점입니다. 내가 잘 알지 못하는 사람에게 나의 이러한 기도 습관을 고백하기가 얼마나 어려운가는 결코 아무도 모를 것입니다. 당신이 이러한 현상을 다른 사람에게 설명할 때 그 사람은 당신이 뱀을 꺼내 목에 두르거나 입에 거품을 물 것이라고 생각합니다." 이 말이 끝나자 우리는 거의 동시에 웃었다. 동시에 웃었다는 말은 그가 이제 나와 통했다는 의미였다. 즉 그가 내 말에 반응한다는 의미였다. 나는 말을 계속하였다.

"나의 혼동의 두 번째 부분은 더 어려운 부분입니다. 당신이 나를 불안하게 해서가 아니고 내가 당신에게 이상하게 보이고 싶지 않기 때문입니다. 어떤 사람이 하나님으로부터 어떤 일을 하라고 지시를 받았다고 생각하면 당신은 어떻게 생각할지 모르겠습니다만, 당신에게 솔직히 고백하자면 오늘 아침 우리가 처음 대화를 시작하였을 때 나는 하나님의 음성을 느꼈습니다."

이제 빌은 완전히 나의 말에 주목하고 있었다. 그는 어떤 의심의 빛도 보이지 않았다. 그보다는 내가 분별력이 있는 사람이라는 믿음이 그에게 보였다. 그가 경청하는 가운데 나는 말을 더 계속하였다.

"내가 해야 한다고 생각한 것은 당신이 당신의 모국어로써 키오와 언어를 사용하면서 자랐다는 말을 듣는 순간이었습니다. 지금 내 말이 당신에게 어떻게 들릴지 모르겠지만 바로 그 순간에 나는 내가 가끔 기도에서 사용하는 방언으로 당신에게 얘기하라는 마음 속의 음성을 들었습니다. 나는 방언을 마술처럼 한 것은 아닙니다. 사실 나의 인간적인 이성은 방언을 하길 원하지 않습니다. 그러나 나는 어쨌든 그러한 하나님의 재촉에 복종해야 한다고 생각했습니다. 나에게 있어서 중요한 것은, 그리고 내가 당신에게 흥미가 있을 것이라고 생각하는 것은 내가 당신에게 방언을 말한 직후 내가 평상시 말하는 방언과 다른 말을 했다는 것을 느꼈다는 점입니다. 더욱 놀라운 사실은 당신이 나의 방언을 이해했다는 점입니다."

나는 잠시 숨을 돌리기 위해 말을 멈추었다. 그의 얼굴은 진지한 빛을 띠면서, 나의 영혼 위에 부유하는 성령을 느끼는 것 같았다. "빌, 용서해 주십시오. 나는 둔감하고 싶지 않습니다"라고 내가 말하자 그는 "천만에요. 계속하십시오."라고 대답하였다. 나는 말을 계속하였다.

"글쎄요, 나는 하나님이 오늘 우리 둘을 위해 매우 특별한 어떤 것을 의도하고 계신다는 생각을 떨쳐버릴 수가 없습니다. 당신이 나의 종교에 관해 이해하고 나에게 친절하였기 때문에 나는 당신의 회의와 의심을 존중합니다. 그러나 당신이 나의 방언을 이해하였을 때 나는 하나님이 자신의 실재에 대해 당신의 주목을 요구하고 계심을 알았습니다. 당신이 나의 방언을 이해한다는 것은 매우 특이한 일일 뿐만 아니라, 특히 나의 말이 하늘에서 내려오는 빛에 관한 말이라는 사실은 바로 성령이 당신에게도 강림하셨다는 증거입니다."

그 때 비행기는 막 활주로에 착륙하려던 참이었으며 건물, 도로, 주차장 등은 불과 몇 백 피트 아래에 있었다. 이제 몇 초 후면 착륙하게 된다. 빌은 내가 이 마지막 말을 하였을 때 내 얼굴을 똑바로 쳐다 보았다. 그는 침묵하고 있었다. 마치 어떤 결정을 묵묵히 검토하고 있는 사업가처럼. 그는 온화한 표정으로 나를 돌아다보더니 "잭 당신은 나에게 보내주겠다던 책 두 권을 알고 있다고 그러셨죠?"라고 단도직입적으로 물었다. 나는 고개를 끄덕였다. 그는 호주머니에서 명함을 꺼냈다. 그는 명함 위에 급히 그의 집주소를 적어 나에게 건네주면서 "당신의 제의를 받아들이고 싶습니다. 당신이 보내주신다면 읽어보도록 하겠습니다"라고 말했다. 나는 그의 명함을 받았다. 그때 비행기의 승강장이 설치되고 몇 분 후에 우리는 헤어졌다.

그 대화에서는 더 이상 말할 필요가 없었다. 나는 그 이유를 잘 알았다. 나는 나를 포함하여 이 이야기를 듣는 모든 기독교인들이 빌이 고개를 숙이고 그리스도에 대한 나의 인도를 받아들일 것이라고 생각한다. 그러나 그 날은 그러한 생각이 애당초에 없었다. 비록 나는 빌에게 그 책들을 보내줬지만 그로부터 어떤 소식도 듣지 못했다. 내가 아는 것은, 하나님이 그분을 믿는 나의 의지를 시험하셨을 뿐만 아니라 신앙심이 약한 사람에게 직접 나타나셔서 진리를 깨우쳐 주셨다는 점이다. 이러한 하나님의 역사는 그분의 말씀의 한 예인 것처럼 생각된다.

예수님의 말씀과 바울의 말 모두에는 방언이 하나의 징표로서 언급된다. 바울은 구체적으로 방언이 비신도들에게 확신을 준다고 말한다(막 16 : 17 ; 고전 14 : 12). 나는 성경을 통해 뿌려진 하나님의 씨앗과 빌에게 보낸 책이 어떻게 되었는지 잘 모르지만 내가 전달할 권한을 부여받은 선물로 인해 생각이 완전히 바뀌어 하나님의 역사를 깨우친 한 남자의 표정과 태도를 보았다.

이러한 나의 경험을 말할 때에는 야릇한 느낌이 든다. 그날 내가 우려한 오해의 상황과 같은 상황을 여러 번 겪은 나는 다만 저술이나 강연을 통해 의연히 하나님의 뜻을 전달할 뿐이다. 아마 여러분은

"당신은 이러한 특별한 경험을 가질 때 어떠한 기분이 듭니까?"
라고 묻고 싶을 것이다. 이에 대해 나는 어떤 특별한 것도 느끼지
않는다고 답변할 수 있다(다만 빌이 나의 방언의 본질을 알아들었을
때 놀란 것은 사실이다.). 나는 성령의 부름을 느꼈을 뿐이며 내가
지각한 것은 하나님의 의지였다.

또 어떤 사람은 "당신은 그러한 일을 다시 하겠습니까?" 또는
"그가 당신의 말을 알아듣지 못했다면 어떤 생각이 들었겠습니까?"
라고 묻고 싶을 것이다. 나의 대답은 이러하다. "나는 내가 하도록
요구받을 경우 그러한 요구에 복종할 것입니다. 빌이 내 말을 알
아듣지 못했다 해도 나는 그러한 문제는 주님께 간단히 맡길 것
입니다. 그래야만 그가 알아듣지 못했다 해도 어색하게 상황이 끝
나지 않을 것입니다."

또 어떤 사람은 "정말로 주님이 당신에게 말씀하셨습니까?"라고
물을 것이다. 나는 그러한 상황에 어떠한 답변을 해야할지 알 것
같다. 하나님의 음성은 너무 분명하서서 내가 전혀 의심을 할 수가
없었다. 나는 하나님이 나의 자존심을 버리고 나의 영혼을 겸손하게
하시기 위해 나의 복종을 단지 시험하고 계신 것으로 결론을 내렸다.
그 결과 나는 내가 상상할 수 없을 정도로 더욱더 겸손해졌음을
느꼈다. 이처럼 하나님은 놀라운 은총을 베푸셨다. 그 은총은 우리가
기대한 이상의 은총이며 하나님을 의심하는 회의적인 물질주의자의
이성으로는 상상조차도 하기 힘든 은총이었다.

이 이야기보다 더욱더 놀라운 이야기는 잘 알려진 대화에서 나온
이야기이다.

대화 에피소드
내가 1962년 이블린 톰프슨을 처음 만났을 때 그녀와 그녀의

남편은 이미 전설적인 인물이 되어 있었다. 필리핀의 민다나오 섬에서 그들의 복음주의 사역은 하나님의 은총과 권능에 의한 수많은 기적을 통해 많은 사람들을 치료하고 구원하였다. 그러나 무엇보다도 그들의 선교의 성공은 짐 몽고메리의 저서 〈필리핀에서의 신약의 불〉에 잘 나타나 있다.

이블린은 우아하고 귀족적인 인상을 가진 연약한 회색머리의 여자이다. 지금 80을 훨씬 넘어선 그녀는 아직도 설교를 하면서 하나님의 말씀으로 나날이 새로워지는 사역을 하고 있을 뿐만 아니라, 우아한 여성다움을 희생시키지 않으면서 영적인 권위를 표상하는 독특한 스타일을 가지고 있다. 이블린은 금세기에 어느 누구보다도 그녀의 사역을 통해 많은 기적을 경험하였을 것이나, 그들이 대중매체가 도달할 수 없는 남태평양 도서의 정글 속에서 사역을 하였기 때문에 비교적 잘 알려지지 않고 있다. 그녀의 사역은 우리 부모님이 세례를 받은 롱비치 포스퀘어 교회에서 평신도로 봉사한 1930년대부터 그녀의 교파에서 신뢰를 받아 왔다. 1940년대에 그녀는 그녀의 유능한 행정관인 남편과 함께 샌디에고 카운티에 한 크리스천 학교를 설립하였으며 나중에 해외선교를 하라는 하나님의 부름에 응답하였다.

그들 부부와의 사적인 대화에서(그녀의 남편인 아더가 몇 년 전 죽기 전까지) 나는 복음주의에서 하나님의 은총의 권능을 증거하는 많은 이야기를 들었다. 그러나 어떤 이야기보다 다음 이야기가 가장 감동적이었다. 이 이야기는 내가 그녀의 양해 하에서 기록해둔 것이다. 나는 이 기적의 순간, 즉 당시 여러 명의 사람들이 목격한 것을 경험한 그녀의 말을 직접 받아 적었다.

이블린 톰프슨의 자서전

나는 필리핀 남부에 있는 민다나오 섬에서 사역을 하였다. 그곳에는 정글이 많았고, 정글 안쪽은 사람이 들어갈 수 없었다. 우리는 걸어서 한 낯선 마을에 도착하였다. 그곳에서 한 여자가 나왔는데 그녀는 완전히 정신이 없는 것 같았다. 마을 사람들은 그녀를 어떻게 해야 할지 전혀 모르는 것 같았다. 그들은 그녀를 해변가로 데려왔다. 모래 위에 대나무로 집을 지어 놓았는데 아마도 높이가 12피트 정도 되어 보였다. 대나무로 둘러친 그 집은 사람이 사는 곳보다는 마치 새장처럼 보였다. 남편과 나는 그 집에서 기거하였으며 몇몇 마을 사람들이 대나무 바닥에 묶여 있는 그 여자를 위해 기도를 하였다. 사슬은 매우 견고하여 그녀가 풀 수 없었다.

우리가 그 방으로 들어 갔을 때 우리는 무슨 일이 일어나고 있는지를 알았다. 즉 성령이 그녀를 사로잡고 있는 사탄의 정체를 우리에게 알려주셨다. 방 구석의 한 돗자리에는 어린아이가 누워 있었다. 그 아이는 그녀가 낳은 매우 예쁜 아기였다. 그녀는 그 아이를 돌볼 수 없었으며 누군가가 대신 돌보아 주고 있었다. 우리가 들어가서 즉시 그녀를 위해 기도를 하기 시작하자 그녀는 몸부림을 치기 시작하였다. 이러한 상황에서는 기도를 하는 것이 일반적이므로 우리도 기도를 계속하였다. 우리는 성령의 권능과 언어로 기도하였다. 그렇지만 그때까지만 해도 어떤 일도 일어날 것 같지 않았다.

드디어 나는 사람들에게 말했다. "그녀의 영혼을 묶은 사슬로부터 그녀를 풀어줄 만큼 믿음이 없는 사람들이 있으면 이 방에서 나가주세요." 그러자 세 사람만 남고 모두 나갔다. 나의 남편과 어떤 남자 그리고 나만 남았다. 우리는 다시 기도를 하기 시작하였다. 처음에 내가 손을 그녀 위에 얹자 그녀는 조용해졌으나 어떤 일도 일어나지 않았다. 나의 영혼은 격정에 사로잡혀, "오 하나님, 여기서 어떻게 해야 할까요? 나는 하나님이 이곳에서 어떤 일을 하시지 않으면 이곳을 떠날 수 없습니다. 이 여자를 구원해 주세요!"라고 소리쳤다. 나는 너무 열정적으로 기도를 하였기 때문에 남편이 나를 껴안아줄 정도였다. 남편은 내가 너무 격렬하게 기도를 하였기 때문에 걱정하는 것 같았다. 이번 여행에서 우리는 해야할 일이 많았기 때문에 남편은 나의 힘이 열대의 날씨에서 소진

될까봐 걱정하였다. 그러나 나는 남편에게 내 허리에서 손을 풀고, 승리를 얻을 때까지 내가 기도하도록 내버려두라고 요청하였으며 남편은 내 말대로 했다.

나는 다시 기도를 하기 시작하였다. 그때 마치 나의 뱃속에서 불덩이처럼 어떤 말이 입으로 올라오는 것이었다. 그 말은 내가 성령 안에서 한 번도 해본 적이 없는 말이었다. 또 전에 들어본 적도 없는 말이었다. 그 말이 내 입에서 나오자 우리가 기도를 올리고 있던 그 여자의 얼굴 표정이 바뀌는 것이 보였다. 나는 그녀의 눈이 내 말을 듣고 있는 것을 보았다. 곧 나는 내가 그녀의 언어로 얘기하고 있음을 깨달았다.

그녀의 얼굴 표정이 바뀌자 이제 그녀의 안면근육이 이완되기 시작하면서 떨림 현상이 멈추었다. 그녀는 나를 때리려고 했던 격렬한 손동작을 멈추었다. 그녀는 용트림하는 뱀처럼 몸부림쳤었지만 이제 멈췄으며 그녀의 히스테릭한 웃음도 멈추었다. 그때 가장 놀라운 일이 일어났다.

나는 그녀가 나를 알아본 것을 목격했을 뿐만 아니라 갑자기 내가 말하던 것도 이해할 수 있게 되었다. 나는 내가 전혀 배운 적도 들은 적도 없는 말로 생각하고 그 말을 할 수 있었다. 얼마 후 나는 예수 그리스도의 이야기와 우리에게 주신 하나님의 선물 등을 설명해 주었고 또 예수님이 어떻게 우리의 죄를 대신하여 돌아가셨다가 부활하셨는지 설명해 주었다. 나는 나의 방언을 완전히 이해하면서 그녀를 예수 그리스도께 인도하였던 것이다.

그녀는 완전히 구원을 받았고 지금까지도 잘 살고 있다. 그녀는 예수 그리스도의 부활의 힘을 목격한 증인이 되었으며 바로 그날로 남편에게 갔다. 물론 그녀의 아기를 돌려받아 양육하였다. 몇 년이 지난 지금도 그녀는 주님을 알고 있으며 주님의 뜻에 따라 그녀의 자녀들을 키워왔다.

나는 그 순간이 지나자 그 말을 잊어버렸다. 나중에 나는 그 말이 산중에 사는 사람들이 하는 말이라고 들었으나 알아듣지도 말하지도 못했다.

하나님은 얼마나 위대한 분이신가! 성령충만을 받는 것은 얼마나 큰 축복인가! 또 우리가 아무것도 모를 때 하나님이 길을 아신다는 믿음을 갖는다는 것은 얼마나 큰 축복인가! 하나님은 우리를 이끌어

주시고 인도하신다.

방언이라는 선물에 의해 힘이 강화된 복음주의의 또 다른 사례는 제이미 버킹검의 저서에 잘 설명되어 있다. 이 책은 그가 암과 투쟁하면서 쓴 것이다. 그의 육신이 병으로 쓰러지기 18개월 전에 그는 고통을 경험하기 시작하였다. 그 기적의 여름에 제이미는 의사들의 진찰을 받기 위해 병원에서 기다리는 동안 발생하였던 예기치 않은 일에 관해 설명한다.

제이미 버킹검의 이야기

의료기사들이 홀 건너에 있는 방에서 감마선 스캔 장치를 설치하고 있는 동안 나는 홀의 의자에 누워있는 한 연약한 남자를 보았다. 나는 그에게로 다가갔다. 그는 피골이 상접할 정도로 여위어 있었다. 한쪽 다리는 절단되었다. 몇 개의 튜브가 그의 몸 속에서 막대기에 매달린 병 속으로 연결되어 있었다. 나는 그 야윈 얼굴을 쳐다보았다. 그는 동양인이었는데 아마도 한국인인 것 같았다. 나는 나도 모르게 내 손을 뻗어 그의 야윈 어깨 위에 올려놓고 조용히 성령 안에서 기도하기 시작하였다.

그때 한 간호사가 근처의 방에서 나오면서, "그는 당신말을 알아듣지 못할 겁니다. 그는 한국말밖에 모르거든요."라고 말했다.

"괜찮습니다. 나도 영어로 기도하고 있지 않습니다"라고 윙크를 하면서 내가 말했다.

나는 그를 내려다 보았다. 그 노인은 눈물을 흘리면서 미소를 짓고 있었다. 그는 뼈만 남은 손을 뻗어 나의 팔을 만졌다. 그는 고개를 끄덕였다. 그는 영어를 할지 모르는 것 같았으나 분명히 내 말을 이해하는 것 같았다.

나는 그의 어깨를 부드럽게 만져주고는 감마선 스캔을 받아야할 방으로 갔다. 촬영기사는 북처럼 생긴 장비에 등을 대고 서있으라고 하고는 나의 엉덩이와 신장 부근을 촬영하였다. 나는 방 안에 세워진 한 큰 모니터 상에서 번쩍이는 희미한 상을 볼 수 있었다. 촬영이 끝나고 내가 방을 나오자 한 할머니가 문 안쪽에서 휠체어에 앉아 있었다. 그녀의 머리는 축처져 있었고 고통스러워 보였다.

"당신을 위해서 기도를 해드릴까요?" 나는 내 자신의 대담성에 놀랐다. 나는 전에는 한 번도 낯선 사람에게 접근하여 기도를 한 적이 없었다. 그러나 바로 10분만에 나는 또 한 번 낯선 사람을 위해 기도하게 된 것이다.

그녀는 머리를 서서히 쳐들고는, "당신은 목사입니까?"라고 물었다. 나는 단지 예수님을 따르는 사람이라고만 대답했다. 그녀는 "그렇게 해주세요. 나는 몹시 아프거든요"라고 말했다. 나는 그녀의 머리 위에 손을 얹고 조용히 기도하였다. "주님이시여, 당신의 명령에 복종하여 이 병자의 머리 위에 손을 얹나이다."

그녀는 머리를 움쩍거리면서, "그것이 무엇입니까? 나의 고통이 많이 누그러졌습니다"라고 말했다. 나는 그녀의 뺨에 키스를 하고는 다시 대기실로 돌아왔다. 무엇인가, 누군가가 나의 마음과 몸을 통제한 것이었다.[1]

몇 페이지를 더 읽어보면 병마와 싸움을 통해 자신의 영혼에 역사하시는 하나님을 경험한 제이미는 그가 병원 복도에서 방언으로 기도를 해준 그 한국인에 관한 이야기를 다시 계속한다. 그 다음 주일 예배가 끝난 후 얘기가 시작된다.

우리가 그날 아침 교회를 떠나려고 할 때 빈스 앤더슨 부부가 나를 불렀다. 앤더슨 여사는 이름이 정희라는 한국인이었다. 그녀는 울고 있었다. "그 사람, 당신이 병원에서 기도를 해준 그 한국인이 나의 한국인 아버지입니다. 그는 양로원에 있는데 지금 죽어가고 있어요. 그는 예수님을 몰랐는데, 어제 나에게 예수님을 영접하였다고 한국말로 말했어요."

그녀의 음성은 떨렸다. 그녀는 나를 와락 껴안고 한참 동안 떨어지지 않았다. "그는 이제 예수님을 알아요. 그는 곧 돌아가실 거에요. 당신과 하나님께 감사드립니다."

그녀가 울고 있는 동안 나는 그녀를 꽉 안고 있었다. 위를 올려다보니 남편인 빈스의 잘생긴 얼굴이 보였다. 그 역시 울고 있었으며 그는 그의 아내와 나를 동시에 껴안으면서 "감사를 드립니다. 당신과 하나님께"라고 말했다.[2]

비신자에게 방언이 복음주의적 의미에서 어떤 징표가 된다는 이러한 설명 이외에도 나는 여러 번이나 하나님이 나의 방언을 사용하시어 그 분의 초자연적인 은총에 대한 믿음을 촉구하시는 것을 경험하였다.

나는 나의 오디오 카세트 설교 테이프가 배포된 지구상의 어떤 곳에서도 말씀을 전파할 수 있게 되어 항상 놀라고 있다. 이미 3,000 가지 이상의 타이틀로 1-2백만장 정도가 배포되었다. 이제 가슴 뭉클한 증거가 전세계에서 나에게 들어오고 있다.

그중 한 증거는 태국에서 사역하고 있는 남부 세례파의 한 선교사로부터 온 편지인데, 그는 그 전에는 방언이 오늘날의 사역 환경에는 적절치 않다고 배웠다고 한다. 또한 그는 방언은 단지 횡설수설에 불과한 것으로 생각하였다고 한다. 그의 편지는 방언에 관한 것이 아니라 그의 부부에게 힘과 용기를 가져다주시는 하나님의 말씀으로 사역할 수 있게 된 데 대해 나에게 감사하는 내용이었다. 그는 다음과 같이 편지의 끝맺음을 했다.

"우연히 당신의 최근 설교 테이프 끝부분에서 방언을 들었습니다. 당신은 그 말을 해석하셨습니다. 우리는 그 말의 일부가 순수한 태국어라는 것을 당신에게 알려드리기 위해 이 편지를 씁니다. 당신이 해석한 내용은 정확한 태국말 그대로입니다."

불필요한 투쟁
이와 같은 완벽하게 분명한 사건을 설명하는 목적은 오늘날 영적 언어의 실체를 경험한 우리와 같은 사람들에게 특별한 경의를 표해야 한다는 것은 아니다. 또한 나는 이러한 생각을 해본 적이 거의 없다. 이러한 증거가 간헐적으로 모든 개인의 삶 속에서 경험될 수 있지만 (나는 내가 말한 방언이 이해되는 경우를 네 번 경험하였다) 방언이 '횡설수설'이라는 생각을 버려야 한다는 충분한 증거가 있다.

나는 종종 사람들이 방언을 말하는 것을 들어왔다. 그들의 영적인 언어는 아직 많이 발전되지 않은 것 같았다. 그러나 나는 그들이 방언을 하는 문제는 그들 자신과 성령에게 맡겨야 한다고 생각한다. 단지 조언을 하자면 그들의 영적인 언어가 기도를 통해 더욱 확대, 발전될 수 있다는 말 뿐이다. 오늘날의 기독교인을 위한 약속된 축복으로서 방언의 현대성에 관한 문제와 투쟁한다는 것은 실제 사용되는 일반 언어의 실재성에 의문을 가지는 것과 같이 불필요한 일이다. 앞서 두 사례가 증거하는 바와 같이 비신자에게는 방언이 때로는 하나님을 알리는 징표가 될 수 있다. 방언이 정기적으로 그리고 실용적인 지혜로써 사용되는 경우에는 매력적인 장점이 많다.

그러나 우리의 영적인 여행에서 기대할 수 있는 이점은 장애가 극복되기 전까지는 성취될 수 없는 경우가 종종 있다. 비유를 하자면 내가 벽의 한쪽 측면을 쳐다보고 있을 때 당신은 같은 벽 측면을 쳐다보고 있는가 아니면 그 반대편 측면을 쳐다보고 있는가? 방언에 대한 관점도 이와 마찬가지일 것이다.

6장. 역사적인 이정표 — 경계를 확장하기

"고대 이스라엘에서 하나님께서 이정표를 존중토록 명령하셨지만 하나님은 그 이정표들이 이스라엘 백성들의 경계가 되도록 명령하시지는 않았다."

최근 우리 회중의 장로들이 안나와 나의 막내 아들인 마크, 그리고 그의 아내 디드르를 선교사로 임명했을 때, 아버지로서 나의 가슴이 찡해지는 가장 감동적인 한 순간을 맞았다. 이제 아들 부부는 목회자의 길을 걸은 지 몇 년이 되었고, 그들의 어린 세 자녀와 함께 사역의 새로운 차원으로 들어가고 있었다. 그들은 노르웨이에서의 한 부름에 응답하고 있었다. 다름이 아니라 노르웨이 교회 지도자들이 그곳에서 사역을 가르쳐 주도록 아들 부부를 초청하였던 것이다.

마크는 노르웨이로 떠나기 전 고별 설교에서 오래 전에 우리 헤이포드 집안에 많은 영향을 미친 한 사건을 언급하였다. 그 사건은 다름아닌 '붉은 선'에 관한 이야기였다. 이 이야기는 마크의 어린 시절로 되돌아간다. 어느 날 아침 그는 집을 나와 거리를 방황하고 있었다. 세 살 바기 마크는 학교에 간 형을 쫓아가다가 길을 잃어

버린 것이었다. 우리의 장남 잭은 학교 가는 데 열중한 나머지 동생이 뒤따라 오는 것을 몰랐던 것이다. 우리 가족의 어느 누구도 마크가 집을 빠져 나간지를 몰랐다. 그 사건은 안나와 나에게는 하나의 경악이었다. 우리는 마크가 없어진 것을 알고 서둘러 그를 찾아 나섰다. 결국 우리는 그를 찾았지만 그 사건은 마크에게도 잊을 수 없는 사건이 되었다. 불과 세 살밖에 안되었지만 그는 경계를 알게 되었고 규칙과 처벌을 이해하게 되었다. 이는 그의 나이에 비추어 볼 때 그다지 부적절한 자각은 아니었던 것 같다.

처음에는 그 사건으로 인해 우리 부부는 그러한 사건의 재발을 방지하기 위해 대문을 설치하는 문제를 고려하였다. 우리는 당시 로스앤젤레스의 시내 근처에 살았으므로 어린 아이가 길가로 나갈 경우 심각한 위험에 처할 수 있기 때문이었다. 그러나 우리는 돈이 넉넉치 않은 젊은 부부였기 때문에 대문을 설치하기란 경제적으로 불가능할 것 같았다. 다행스러운 것은, 우리 애들이 합리적이고 이해하기 쉬운 부모의 지도에는 잘 따르도록 훈련을 받았다는 사실이었다. 우리는 대문이 설치된 것처럼 마크에게 분명하고 가시적으로 상기시켜 주면 그가 우리 말을 잘 따를 것으로 믿었다. 그래서 나는 빨간 페인트 한 통을 사서 차도와 인도의 경계에 선을 그었다. 그 선은 약 반인치 정도의 가는 선이었지만 마크를 위한 이정표적인 경계선이었다. 그리고 그 선은 효과가 있었으며 마크는 더 이상 문제를 일으키지 않았다.

마크가 30세의 젊은 목회자로서 그리스도의 부름을 받아 국경을 넘기 전에 고별 설교를 하고 있을 때, 그 붉은 선 사건이 그의 머리 속에 떠올랐다고 한다. 그날 일요일 아침에 설교를 할 때 마크는 연단 속에서 벽돌 조각을 꺼내 보였다. 그 벽돌 조각에는 퇴색한 붉은 선이 그어져 있었다. 그의 설명을 들은 사람들은 깊은 감명을 받았다.

그는 최근에 우리가 살았던 집에 가본 일을 설명하였다. 그가 가 보았을 때 우리가 살던 집은 아파트로 재개발되고 있었다. 그는 부서진 차도와 인도의 경계선에서 그 옛날의 붉은 선을 발견하고 깨진 벽돌 하나를 주워왔다. 그 벽돌을 손에 들고 그는 하나님이 어떻게 그 벽돌을 통해 그와 그의 아내 디드르를 인도하셨는지 설명하였다.

마크는 다음과 같이 설명하였다. "지난 해 어느 날 나는 기도를 하고 있었습니다. 그 때 주님께서 '이제 붉은 선은 더 이상 너의 경계선은 아니니라'라고 말씀하셨습니다. 하나님은 계속하여 그 경계를 넘어 나를 부르신다는 사실을 설명하시기 위해 나의 어린 시절의 사건을 이용하셨습니다. 나는 나의 일생의 사역이 미국에서만 계속될 것이라고 생각하고 있었습니다."

마크는 자신이 아버지의 집 너머로 부름을 받았다는 것을 알았다. 그 전에 3년 동안 그는 우리 교회에서 사역하고 있었다. 그 때 성령이 그에게 이사야 54장 2절의 구절을 말씀하셨다고 한다. "네 장막터를 넓히며 네 처소의 휘장을 아끼지 말고 널리 펴되 너의 줄을 길게 하며 너의 말뚝을 견고히 할지어다." 이러한 부름을 받고 그는 우리가 살던 집으로 가서 부서진 보도블록 사이에서 그 붉은 선이 그어진 벽돌 조각을 발견하였다.

나는 몇 주 후에 중요한 복음주의 지도자와 얘기를 나누다가 이 흐뭇한 이야기가 문득 다시 생각났다. 우리는 교회의 갱신에 관해 얘기를 나누고 있었다. 나는 그의 말에 깊은 감명을 받았다. 그는 그의 지도력에 대한 도전을 잘 인식하고 있는 분별력 있고 현명한 사람이었다. 그는 그의 교회의 역사와 전통을 기반으로 교회를 갱신하기 위해 노력하는 과정에서 성령의 부름을 받았다고 한다.

성령이 전세계의 모든 교회를 통해 전파하고 계신 이 갱신의 정신으로 자신의 운동을 지도하겠다는 사명감에 불탄 그는 지혜의 말을 했다. "나는 우리의 고대 이정표를 존중하기로 결심했습니다만, 결코 우리의 경계가 되도록 하지는 않을 것입니다." 솔로몬의 조언 "네 선조의 세운 옛 지계석을 옮기지 말지니라"(잠 22 : 28)를 참고한 이 통찰력이 있는 결심은 내가 그로부터 몇 년 전에 직면한 딜레마를 대변하였다.

갱신 문제가 우리 교회에 처음으로 대두되었을 때, 나는 아슬아슬한 곡예를 하고 있는 것처럼 느꼈다. 나는 똑같이 중요한 문제를 골똘히 생각하고 있었다. 하나님이 우리의 안으로 '새 술'을 붓고 계셨는데, 우리 교회의 전통인 낡은 부대가 이러한 축복하에서 팽창되고 있었다. 그렇지만 우리는 아직도 '파열'을 원하지 않았다. 어떻게 하면 성령의 현재 역사에 부응하면서 성령의 초기 사역을 존중할 수 있느냐를 놓고 고민에 빠졌다. 아마도 독자 여러분도 이와 비슷한 딜레마에 빠진 적이 있을 것이다.

우리들중 많은 사람들은 '새 술'이라는 성령의 부름에 직면하고 있었다. 앞서 나와 대화를 나눈 지도자와 마찬가지로 우리 모두는 성령의 부름을 들을 수 있다. 우리는 오늘날 성령이 내쉰 신선한 미풍을 감지한다. 그러나 우리들 대부분이 그렇듯이 사려깊은 사람들은 주제넘지 않으려고 노력하며 성상 파괴적인 또는 반역적이고 파괴적인 생각을 거부하는 경향이 있다. 내 아들 마크와 마찬가지로, 우리의 선조들이 표시한 경계에 대한 기억이 그리스도 안에서 새로운 것을 추구하지 못하도록 하는 장애가 된다. 오늘까지 우리가 주님의 새로운 부르심을 계속 듣는데도 불구하고 말이다.

우리의 삶이 어떤 이정표에 묶여 있을 때 넓혀진 경계로의 부름에 응답한다는 것은 미묘한 도전이 된다. 그러나 존중된 전통의 기념비를 경멸하거나 제거하지 않고도 부름에 응하면서 계속 부드러운 영혼으로 남아 있고, 그렇게 함으로 우리의 장막터를 넓힐 수 있다. 나는 예수님의 성령 안에서 우리가 성령의 새로운 부름에 응답하면서 우리의 개인적인 배경이나 경험의 지평을 설정한 이정표를 존중할 수 있다고 믿는다.

나는 직접 이러한 도전에 직면해야만 했다. 나는 하나님께 어떻게 감사를 드려야 할지 모르겠다. 그분의 은총이 나의 유산적인 이정표를 무시하지 않으면서 나의 경계를 넓힐 수 있도록 인도하셨기 때문이다. 이러한 일이 어떻게 일어났는지 여러분께 설명하겠다.

제한적인 관점을 넘어 경계를 넓히기

나는 대부분의 기독교인들과 똑같이 배웠다고 생각한다. 우리들중 거의 대부분은 방언에 관해 어떤 선입관을 가지고 있다. 우리의 배경이 방언을 받아들이도록 가르쳤든 아니면 그 반대이든 방언에 대한 우리의 관점이 우리의 영혼 속에서 하나의 경계가 되었다. 고대의 이정표처럼, 전통에 뿌리 박은 권위나 존경받는 우리의 지도자들이 세운 권위는 방언에 대한 우리의 태도에 어떤 두려운 영향을 미칠 수 있다. 우리의 제약이 무엇이든(나의 제약은 방언을 받아들이는 것이었으나 어떤 교리적인 위임에 속박되었다), 그러한 이정표는 우리의 경계가 되고 만다. 이러한 이정표는 하나님의 말씀을 탐구하거나 우리 가족의 붉은 선 너머로 성령의 부름에 응답할 수 있는 우리의 자유를 심각하게 제한한다.

아마도 내 자신처럼 오순절주의자의 역사적 교리에 대한 반응만큼 방언의 아름다움에 대한 시야를 제한하는 것은 없을 것이다. 나는 방언의 증거를 보전하고 성령으로 충만된 수백만 명의 신자들에게 열정을 보내는 나의 오순절적 관용을 높이 사고 싶다. 동시에 나는 의도하지 않은 어떤 제한적인 장벽이 내 영혼 속에 세워졌음을 고백한다. 나는 이 장애가 나의 성장에 다음 두 가지 방법으로 걸림돌이 되었다고 생각한다. 첫째, 그 장애는 오순절 카리스마주의자가 영적 언어의 사용범위를 구분하지 못하도록 종종 방해해 왔다. 둘째, 그 장애는 대부분의 비카리스마주의자가 영적 언어의 진정한 목적을 보지 못하도록 방해해 왔다. 그 결과, 방언에 대한 토론이나 논쟁은 잘못된 장소에서 시작되어 온 것이 보통이었다. 나는 지금 고전적인 오순절 신앙에 관해 말하고 있다. 성령 안에서 세례를 받는 신자의 증거로써 방언을 요구하는 그 역사적인 전통에 관해 말하고 있다. 그것은 소외시키거나 제한하는 제약의 의도가 결코 없는 진지한 교리였다. 그러나 그러한 전통은 그 교리의 배경을 이해하는 우리의 능력을 제한해 왔다.

20세기가 시작되면서 오순절 운동의 영적인 선배들은 방언을 경험한 후, 방언을 경험했다는 이유로 그들의 전통적인 프로테스탄트 종파로부터 모두 배척되기 시작하였다. 그들의 방언 경험은 그 동기에 있어 전적으로 신성하였다. 그들은 하나님의 사람들이었으며, 그들의 삶에서 보다 많은 하나님의 권능에 굶주리고 있었다. 이러한 그들의 태도는 성령의 부흥 및 임재에 항상 앞서 나타난 영적인 열정과 동일한 것이었다. 그러나 그들의 갈망은 보상을 받았다. 사도행전 2장에 기록된 바와 같이, 오순절에 하나님으로부터의 임재는 전세계의 여러 곳에서 있었고 급속히 확산되었다.[1]

이러한 임재에 대해 반론이 제기되고 하나님의 임재를 경험한 사람들이 박해를 받고 있을 때 그들은 하나님의 권능의 경험을 주장함에 있어 하는 수 없이 수세에 몰릴 수밖에 없었다. 그들은 성령 안에서 세례를 받은 사람들에게 일어나는 방언의 충분한 사례를 성경에서 찾아볼 수 있었다. 그리하여 그들은 성경에 근거하여 교리의 체계를 세웠다. 이러한 신약의 선물과 권능이 회복된 것을 경험함으로 방언에 대한 해석이 시도되었다. 그들은, "방언은 성령 안에서 세례를 받는다는 초기적이고 육체적인 증거이다"라는 결론을 내렸다. 그들 자신의 삶을 위한 발견의 방법이었던 방언은 확고부동한 규칙으로 발전하였다. 실제로, 성령으로 충만되었음을 주장하려면 방언을 말할 수 있어야만 했다. 그들에게는, 방언을 못한다는 것은 성령으로 충만되지 못했다는 것을 의미하였다(그들의 신앙은 너무 깊어 어떤 사람들은 오순절주의자가 방언을 하지 못하는 사람들은 구원을 받을 수 없다고 주장한다고 잘못 생각하였다. 그러나 이러한 주장은 오순절주의 또는 카리스마주의의 주류 생각은 아니다).

오순절주의자가 제시한 초기 증거 요건에 대응하여 비판자들은 사람들이 방언과 관계 없이 성령의 충만하심을 영접하는 성경의 다른 사례를 지적한다. 이러한 두 진영의 주장이 뚜렷해짐에 따라 기독교인들간 틈이 더욱 벌어지게 되었다. 이러한 초기 증거적 교리를 주장하기를 꺼려하는 사람은 나와 같은 오순절주의자에 의해 세례 측면에서 교리적 순수성 시험에 떨어진 것으로 판단된 반면, 이러한 교리를 기꺼이 주장하는 사람들은 방언에 관한 어떤 비판도 교리적으로 완고히 반대하였다. 그로부터 몇 년 후 나는 목사가 되었으며 이 대립적인 교리 사이에서 고민하였다. 결국 나는 이정표와 경계라는 문제를 놓고 딜레마에 빠졌다.

나의 투쟁은 방언의 가치나 효용에 관한 것은 결코 아니었다. 나는 내 경험을 통해 방언의 위치와 기여를 인식한 후 방언이 바람직한 것으로 생각하였다. 즉 성경적으로 실천 가능하고 의미심장한 것으로 생각하였다. 그러나 나는 교리적 관점에서 방언을 어떻게 생각해야 할 것인지 의문에 빠졌다. 오순절 대학에서 교육을 받았고 나의 사역이 항상 오순절주의자들을 대상으로 한 것이었으므로 교리적인 측면에서는 방언에 대해 거의 의문을 제기하지는 않았다. 나에게 있어서는 방언이 일종의 폐쇄적인 주제였던 셈이다. 방언은 성령으로 충만된 삶에 대한 첫 번째 증거였다. 나는 성경의 사례를 알고 있었다. 그 사례는 어떤 기준에서이든 정직한 신학도라면 인정할 수 있는 사례였다. 여러분이 초기적인 육체적 증거로써 방언을 옹호하고 싶다면 성경에서 얼마든지 그 증거를 찾아 볼 수 있을 것이다.

그러나 나는 나에게 고백을 강요하시는 말씀에 따라 단정적인 사례라 할지라도 구태의연하게 입증될 수 없다는 것을 깨닫기 시작하였다. 실제로 나는 논의의 어떤 편도 방언과 성령의 충만하심 사이의 관계에 관해 어떤 성경적인 근거를 가진 교리도 세울 수 없다는 것을 알았다. 우리가 어떤 것의 진위를 증명하기 위해 성경을 찾아보면 단지 여러분의 주장의 근거를 세울 수 있을 뿐이다.

원인과(성령의 충만하심)와 그 결과(방언) 사이의 관계는 대체로 역동적이다. 한편, 모든 말씀에 순종하면 또 다른 자각을 하게 된다. 아마도 하나님은 어떤 것의 증거로써 방언을 의도하신 것 같지는 않다. 아마도 하나님은 방언을 단지 증거라기 보다는 더 큰 의도로 계획하셨을 것이다. 나는 내 자신도 생각하지 못한 어떤 편견을 깨닫기 시작하고 있었다. 갑자기 나는 하나님의 손에 이끌려 어떤 기적의 한가운데로 빨려들어간 것 같았다. 나를 압도하는 어떤 것이, 거의 믿을 수 없는 어떤 것이 내가 사역하고 있는 교회에서 나타나고 있었다.

약 20년 전 밴 누이즈의 제일 포스퀘어 교회에서 열린 작은 집회에서 목격된 하나님의 권능과 자비의 놀라운 임재보다 나의 경험에 더 영향을 미친 것은 없었다. 그 교회가 지금은 "처치 온 더 웨이"로 더 잘 알려져 있다. 거의 하루밤만에 나는 하나님의 주권적 역사에

둘러싸여 그 분 앞에 겸손하게 복종하였다. 그 후 2-3년 동안 성령은 그리스도의 교회에 관한 진실의 많은 측면을 정직하고 겸손하게 재평가하여 중요한 신약성경의 삶에 이르는 열쇠를 새로이 평가하도록 촉구하셨다.

그때까지만 해도 나는 회중의 예배 속에서 기다리시는 그 영광스러운 힘을 조금도 느끼지 못했다. 그런데 갑자기 나는 사람들을 어린애와 같은 겸손함으로 하나님께 나아가도록 인도하라는 성령의 부르심을 자각하였다. 성령의 부르심은 신약의 찬양에서 새로운 차원으로 사람들을 인도하라는 요청이셨다(벧전 2 : 5,9).

나는 "빛 속에서 걸으라"(요일 1 : 6-10)는 성령의 부르심을 의미하는 본질로써 개인적으로나 집단 관계에서의 투명한 말의 중요성을 깨닫기 시작하였다. 그러자 나는 성경을 가르치는 보다 개방적인 방법을 터득하기 시작하였고, 하나님의 은총 아래에서 나의 가르침을 훨씬 더 잘 고백할 수 있게 되었다.

하나님의 성령은 훨씬 더 간단한 복음주의로 나를 인도하기 시작하셨다. 나는 가던 길을 돌아섰으며 '복음의 전파'로부터 다른 스타일로 바뀌었다. 나는 에베소서 4 : 11-16보다 훨씬 더 효과적이지만 덜 힘든 방법을 발견하였다. 나는 그것을 '몸에 유익하고 배가시키는' 방법으로 명명하였다.

이러한 변화하는 과정에서 내 자신의 자각이 의문에 휩싸이기 시작하였다. "성령의 충만이라는 징표는 무엇인가?" 오순절주의자인 나로서는 이러한 갈등은 실제적인 딜레마가 되었다. 나는 융통성이 없는 교리 속에서 자랐기 때문이다. 나는 주님에 의해 정결케 되고 가르침받는 나의 의지를 희석시키는 나의 교파와 공고한 관계를 유지해왔다.

아직도 나는 성령의 사역 아래 내가 기꺼이 내 자신을 변화시키지 않는다면 완전한 갱신의 길로 나갈 수 없을 것으로 생각하였다. 나는 이정표의 사례를 생각해 보았으며, 영적으로 충만된 선조들, 즉 나를 축복으로 인도한 초기 교회의 지도자들의 신앙 속에 세워진 기념비를 무시하지 않으면서 나의 경계를 넓히는 길을 찾으려고 애썼다.

성령의 충만하심의 징표

나의 첫 번째 관심은 다음 질문에 대한 해답을 찾는 것이었다. "성령의 충만하심에 관한 성경의 징표는 무엇인가?" 이 질문은 어떤 기독교인이라도 당연히 제기하는 질문이다. 결국 우리는 입증이 가능하고 성경적으로도 인정될 수 있는 방법으로 하나님을 만났다는 사실을 알고 싶어 한다. 그러나 올바른 대답을 찾으려는 사람에게는 다음과 같은 두 가지 문제가 발생한다. 첫째, 말씀에는 많은 징표가 나타나 있다. 문제는 우리가 이러한 징표들의 우선순위를 어떻게 설정하느냐이다. 둘째, 하나님의 은총에 관한 의식을 형식화하려는 인간의 경향이다. 이러한 경향을 어떻게 하면 피할 수 있는가? 아마도 최상의 출발점은 분명하고 일반적으로 합의된 다음 세 가지 징표를 고찰하는 것이다.

1. 성령의 충만하심의 징표와 관련하여 모든 사람들은 우리가 기대하는 것 중 사랑이 제일 우선임을 인정한다.

사랑은 하나님의 본질이다(요일 4 : 16). 사랑은 성령의 으뜸가는 열매이다(갈 5 : 22-23).

바울은 고린도인들에게 편지를 썼을 때 무엇보다도 사랑에 호소한다. 이는 방언의 사용과 기적에 관한 그들의 관점을 변화시키기 위해서이다(고전 13장).

2. 사랑이 우선이라면 권능은 우리가 예수님에게 기대하는 두 번째

징표가 된다는 데 대해 이의를 제기할 사람은 거의 없을 것이다. "오직 성령이 너희에게 임하시면 너희가 권능을 받고… 내 증인이 되리라 하시니라"(행 1 : 8).

성령의 충만하심은 부활하신 그리스도의 적극적인 증인이 되는 우리의 능력이 확대됨을 의미한다. 성령은 예수님을 찬양하고 다른 사람들도 우리를 통하여 예수 그리스도에게 인도되도록 우리에게 충만된다.

3. 세 번째 기대는 고린도전서 12장 8-10절에서 여러 징표로 찾아볼 수 있다. 그곳에 수록된 9가지 선물은 성령의 독특하신 영역으로서 나타난다. 또한, 갈라디아서 5장 22-23절에 수록된 9가지 열매의 완전한 보충은 우리 안에서 역사하시는 하나님의 성품으로서 증거될 수 있는 타당한 기대이다. 종종 언급되는 바와 같이, 권능을 가지신 하나님의 강림은 최소한 그 분의 선물중 하나가 우리에게 충만됨을 의미한다. 하나님이 진실로 완전하게 존재하신다면 그 분의 성품이 되는 열매는 최소한 어떤 싹이 트는 단계에서 기대될 수 있다.

이상의 내용이 확실한 성경의 증거이므로, 하나의 선물에 대한 강조가 의문을 불러일으킬 만한 이유가 충분하다. 누가 방언이 철칙이어야 한다는, 즉 성령의 충만하심을 입증하는 징표여야 한다는 절대적인 요청을 감히 고집할 수 있겠는가?

그러나 역시…

한편 나는 이러한 모든 문제를 솔직히 저울질해 보았으며 그 결과 일관된 결과를 발견하였다. 그래서 나는 사람들에게 성령과 하나님의 권능으로 충만되기 위해 예수 그리스도에게 요청할 때에는 방언으로 애기하도록 고무하였다. 물론 나는 원래 방언이 의무적이라고 믿는 교리적인 이유 때문에 방언을 하기 시작하였다. 그러나 이러한 의무감이 시들고 있다고는 하나 나의 견해가 아무리 불완전하다 해도 방언에 대해 주님이 은총으로 응답하신다는 나의 생각은 확고하다. 사람들은 전지전능한 방법으로, 즉 넘쳐 흐르는 충만함으로 예수님을 정기적으로 만난다. 설사 방언이 어느 누구에게도 강요되지는 않았을지라도, 전혀 위협적이지 않은 기대의 분위기는 성령의 충만하심과 동시에 영적 언어에 대한 응답으로 귀결된다.

이 징표가 이러한 방법으로 나타나는 경우는 성경에서 최소한 세 번 정도 찾아볼 수 있었기 때문에, 나는 나의 이론적인 지반이 약하다고 생각하지는 않았다. 오순절에(행 2 : 4), 고넬료의 집에서 (행 10 : 44-48), 그리고 에베소에서 (행 19 : 6) 사람들은 방언을 통해 성령의 초기적인 충만하심을 영접한다. 그러나 나는 이러한 징표에서 하나님의 의도가 적절히 이해되고 있었다고는 생각할 수 없었다. 방언은 하나의 증거를 의미할까? 아니면 예비하심을 의미할까?

나는 후자의 의문, 다시 말해 방언이 하나님의 예비하심으로써, 즉 두려움없는 신앙심이 그 영적인 언어를 영접하여 구사할 준비가 되어 있을 때 항상 사용될 수 있는 유익한 자원으로써 주어졌다는 생각을 의심하기 시작하였다. 성경에 나타난 부인할 수 없는 증거와 기독교 세계 전체에서 목격되는 분명한 증거 때문에 나의 교리는 흔들리기 시작하였다.

나의 첫 번째 결정적인 행동은 명백한 증거를 인정함으로 타협한다는 데서 출발하였다. 결코 방언을 얘기한 적은 없지만 성령의 부르심과 선물을 통해 권능으로 충만된 삶을 사는 많은 사람들을 나는 알고 있었다. 나는 그들의 충만된 삶을 거부하는 태도를 그만두기로 결정하였다. 또한 나는 그들의 기름부음 사역을 완전히 성령으로 충만된 사역이 아니라고 거부하는 태도를 그만두기로 결정하였다. 그러나 방언을 모든 신도들을 위한 규정이라는 나의 생각에서 후퇴하는 것은 정직하지 못할 뿐만 아니라 현명하지 못한 것 같았다.

내 자신의 사역에서 입증된 결과는 사람들이 성령의 충만하심을 그들의 삶 속으로 받아들일 때 항상 방언을 받아들이게 된다는 증거였다. 나는 이러한 기대를 가르치는 것을 그만둘 어떤 이유도 없었으나, 이러한 두 가지 상충적인 신념을 어떻게 통합하느냐 하는 문제로 고민하였다.

1. 나는 방언을 성령의 충만하심의 증거로 요구할 수 없다고 확신하였다.

2. 나는 성령의 충만하심을 추구하는 사람들이 환영할 경우 방언의 가치를 부인할 수 없다고 확신하였다.

이처럼 제약적인 편견이 어떻게 해소되고 광대한 해방이 어떻게 이루어졌는지 설명하겠다.

요구되지 않은 사역으로부터의 해방

나는 오늘 내 자신에 대해 웃음이 나왔다. 그 전에는 그러한 웃음은 경험한 적이 없었다. 그러나 내가 어떤 명백한 것을 보았을 때 해방감을 느꼈다. 어느 날 갑자기 다음과 같은 말이 문득 떠올랐다. "하나님은 예수 그리스도가 성령으로 사람들에게 세례를 주셨는지의 여부에 관해서는 나에게 설명토록 요청하지 않으셨다."

얼마나 내 마음은 홀가분해 졌는지 모른다. 그러한 생각, 즉 지혜 속에서 살아야겠다는 결정은 방언에 관한 교리 문제를 놓고 더 이상 논쟁해야 할 필요성을 완전히 제거하였다. 나는 오늘날 어디에 가든 이러한 나의 결정을 강조하며 독자 여러분에게도 여기서 이러한 결정을 다시 강조하고 싶다.

나는 기독교인들에게 성령의 충만하심을 인정하고 예수 그리스도의 삶과 권능에 따르도록 촉구하고 싶다. 나는 기독교인들이 그들이 사용할 수 있는 영적인 언어를 받아들여 보다 능동적인 기독교인이 되기를 희망하며 또 그렇게 기도한다. 그러나 나는 어느 누구에게도 방언에 관한 교리적 입장을 제안하거나 방언을 경험토록 요구하고 싶지는 않다. 또 여러분이나 나 그리고 어느 누구에게도 그리스도 안에서 또는 그 분과의 여행에서 우리의 위치를 확인하기 위해 방언이나 어떤 수단을 증거로 사용해야 한다고 주장하고 싶지도 않다. 단지 보고 믿으면 된다. 왜냐하면 영적인 언어의 아름다움은 우리의 눈이 시야를 가리는 논쟁이나 요구에 의해 흐려질 때에만 분명히 느껴지고 보일 수 있기 때문이다. 나는 하나님의 말씀이 영적인 언어를 결코 어떤 증거로 의도하시지 않았다는 것을 믿지만, 하나님이 기도와 찬양을 위한 하나의 자원으로써 우리에게 영적인 언어를 주셨다고 믿고 있다.

이러한 해방감에서 나는 우리의 회중 내에서 목회자의 길을 걷기로 결심하였다. 우리는 성령의 충만하심을 인정할 때 방언할 것으로 기대되는 사람들에게 방언을 사용토록 계속 촉구하기로 결정하였다. 지금도 우리는 이러한 결정에는 변함이 없다. 그러나 방언은 항상 신앙적인 환경에서 고무되어야 하고, 하나님 안에서 우리의 영적인 수용을 위한 조건으로써 강요되어서는 안된다는 입장이다.

이러한 사역 방법은, 교회가 처음에 탄생되었을 때부터 방언이 사용되어 왔으며 하나님의 시간에 모든 사람들은 이 축복된 기도와 찬양의 자원을 기대할 수 있으리라는 확신에 근거한다. 우리는 다른 견해를 가지고 있는 기독교인들과 유리되기를 거부하나, 다양한 배경을 가진 신자들이 방언을 자유롭게 구사하는 것을 보면 큰 즐거움을 느낀다.

왜 그토록 많은 사람들이 영적인 언어를 사용하게 되는지 한 가지 이유가 있다. 그들은 방언을 하도록 강요받는 것은 아니다. 또한 방언을 하지 못할 경우 열등감을 느끼기 때문도 아니다. 우리가 사역한 신자들의 경우에 비추어 볼 때 그들이 방언을 사용하기 시작한 단순한 이유는 방언이 모든 신자들의 자산이라고 믿기 때문이다. 바로 이러한 신념이 우리가 지지하는 입장이다. 우리는 이처럼 평화롭고 자신에 찬 기대감에 관해 충분한 성경적 근거가 있다고 믿는다. 방언은 강요되지 않으나 머뭇거리지도 않는 수용적인 믿음의 결과이다.

이상과 같은 우리의 신념은 다음과 같은 두 가지 간단한 사실에 그 뿌리가 있다. 첫째, 예수님이 직접 영적 언어에 대한 주제를 제기하셨다는 점이다. 그리고 둘째, 하나님은 교회가 당연한 권리로써 탄생하도록 의도하셨다.

방언에 관해 책을 쓴 사람

방언에 관한 다른 어떤 주제보다도 다음 한 가지 사실을 강조하고 싶다. "예수님은 방언이라는 주제를 처음으로 제기하신 분이다." 나는 이 사실이 중요하다고 생각한다. 다시 말해 이 사실은 교회의 집단적인 영혼들이 다시 새겨볼 가치가 있다고 생각한다.

몇 년 전 나의 누이동생 루만이 어떤 목사와 얘기를 하고 있었는데, 그 목사는 미네소타에 있는 한 조용한 복음주의 교회에서 사역을 하고 있었다. 그는 루안의 카리스마적 경험을 잘 알고 있었으며 그녀를 그리스도의 은총으로 받아들였다. 어느 날 그들이 방언에 관해 얘기를 나누었을 때 그 목사는, "하나님이 나에게 선물을 주셨다면 그것은 분명히 방언이 아닐 것입니다"라고 말했다. 나의 누이동생은 어떤 악의도 없이 "목사님, 목사님은 자신의 목소리를 들어보신 적이 있나요?"라고 반문하였다. 그는 누이동생을 이상한 눈으로 쳐다보았다. 루안은 계속하여, "목사님은 성령 하나님의 선물을 저속하게 말씀하시는군요."라고 말했다.

그 때 그 목사는 자신의 편견에 대한 하나님의 갑작스러운 깨우침에 잠시 어안이 벙벙한 표정을 짓더니 반성하는 표정으로 "아, 그래요? 내 말이 그렇게 안좋게 들리는지 몰랐네요. 주님, 용서하소서"라고 대답했다. 그가 이렇게 솔직하게 시인한 것은 방언이 하나님의 생각이라는 기억이 떠올랐기 때문이었다. 실제로, 우리의 구세주 이외의 그 어느 누구도 그 분보다 먼저 방언을 말한 사람은 없다. 그리스도는 이러한 축복을 그 분의 제자들에게 다음과 같이 약속하셨다.

"믿는 자들에게는 이런 표적이 따르리니 곧 저희가 내이름으로… 새 방언을 말하며"(막 16 : 17).

이 부분이 바로 신약성경에서 영적인 언어, 즉 방언이 시작되는 부분이다. 처음부터, 이 기적적인 기도와 찬양의 언어는 예수님의 5가지 말씀중 첫 번째 말씀이었다. 흥미롭게도, 이 말은 예수님이 실제로 달성될 것이라고 예언하신 말씀중 첫 번째 말씀이었으며 교회가 탄생된 바로 그 날에 달성되었다(행 2 : 4).

우리는 여기서 잠시 멈추고 생각해보는 것이 좋을 것 같다. 예수님이 처음에 방언으로 말씀하신 나머지 부분과 관련하여, 처음 말씀하신 내용과 관련되는 두 번째로 중요한 사실이 있다. 여러분은 나와 함께 너무 쉽게 간과되는 어떤 것을 찾아보지 않겠는가? 이것은 매우 단순하고 투명하지만 영적 언어에 관한 하나님의 견해를 시사한다. 교회가 탄생되는 그 날에 방언으로 얘기하기 시작하였다.

이것은 우리의 이해에서 특별히 주목할 가치가 있는 사실이다. 하늘에 계신 아버지, 즉 살아계신 아버지는 부활 사건의 설계자이시자 주권자이셨다.

따라서 우리는 이러한 사실을 근거로 방언의 상대적인 가치에 관한 천국의 견해를 추측할 수 있을 것이다. 하나님은 가치가 없고 사랑스럽지 않은 어떤 것이 우연히 발생하도록 허락하지 않으셨을 것이다. 방언은 저절로 교회에서 발생하여 교회의 기원과 동일시된 것은 아니었다. 또한 이 영적인 언어는 전지전능하신 하나님에게 당혹감을 준 것도 아니었다. 그보다는 신성하고 전체적인 목적을 위해 초자연적인 언어라는 선물이 우리에게 주어졌으며, 하나님은 그 언어를 창조하시고 완전히 지원하시기 때문에 그 언어를 허락하셨다. 그러므로 우리 모두는 방언이 하나님의 생각이라는 사실을 환기할 필요가 있다.

- 예수님이 방언을 예언하셨다.
- 아버지 하나님이 방언을 의도하셨다.
- 성령이 방언을 가능하게 하셨다.
- 교회가 방언을 받아들였다.

영적인 언어는 중요하다. 그렇지 않았다면 초대 교회에서 영적인 언어가 나타나지 않았을 것이다.

하나님이 방언의 구사를 허용하셨다면 어떤 생각으로 허용하셨을까? 교회가 탄생된 그 날 하나님에 대한 초자연적인 찬양이 성령으로 충만된 사람들의 방언에 의해 이루어졌다는 사실은 믿을 수 없고 형언할 수 없는 아름다운 사건이었다. 시편 133장은 그러한 일을 이미 예측한 것 같다.

"형제가 연합하여 동거함이 어찌 그리 선하고 아름다운고… 거기서 여호와께서 복을 명하셨나니 곧 영생이로다"(시 133 : 1, 3).

예수님의 명령에 따라 일단의 성도들이 모여 높은 곳으로부터 성령의 권능을 기다리고 있을 때 그들의 연합은 하나의 화음을 이룰 때까지 기도 속에서 형성되었다. 그 때 그곳에서 주님은 복을 명하셨다. 그리고 주님의 복이 그들에게 넘쳐 흐르자 그들은 하나님이 주신 새로운 특권, 즉 성령의 존재하심과 권능에 의해 가능해진 새로운 경배와 찬양을 표현할 권리를 인식하였다. 방언이 처음 나타났을 때 조금씩 나타난 것이 아니었다는 사실에 주목할 필요가 있다. 즉, "그들은 모두 성령으로 충만되어 방언을 말하기 시작하였다." 그리고 교회의 탄생과 동시에 방언도 모든 사람들에게 탄생되었다.

새롭고도 초월적인 차원에서 하나님을 경배하고 찬양하는 능력은 당시에는 보편적이었다. 다시 말해 방언은 일시적으로 의도된 독특한 현상이 아니라 보편적인 지속성으로 사용되어온 것이 사실이다.

그때에는 동료 기독교인들 사이에 어떤 비교도 없었으며, 어떤 경쟁도 느껴지지 않았다. 이러한 비교나 경쟁은 그리스도를 사랑하는 사람들이 성령이 주신 언어의 적절성과 가치에 관해 서로 논쟁하도록 배운 때부터 나타났다.

이 신선하고 경건한 언어에 대한 나의 진정한 바람은 모든 사람들이 처음에 방언을 공유하였다는 증거, 즉 모든 사람들이 기도에서 방언을 명백히 사용하였다는 증거에 근거한다.

야곱이 장자의 축복을 어떻게 받았으며 에서가 이를 어떻게 무시하고 경멸하였는지 기억해 볼 필요가 있다. 마찬가지로 어떤 이들은 방언을 소중히 여기는 반면 또 어떤 이들은 방언을 무시한다. 그러나 왜 우리가 하나님이 창조하시고 축복해 주셨으며 초대 교회에 내려주신 이 기도와 찬양의 자원을 사용하기를 망설이는가?

만약 주님이 성령으로 충만된 삶과 사역을 위한 넓은 축복의 일부로써 방언을 주시기를 주저하였다면 우리는 방언할 준비를 할 필요가 없다. 여러분이나 나나 기독교인으로서 모든 신자들이 초기에 받은 것을 오늘날 소망할 때 하나님이 설정하신 우선순위를 잊어버리지는 않는다. 영적인 언어는 선택된 소수를 위해 예약된 자원은 아니다.

모두가 방언을 말하는가?

이러한 질문은 당연하다. 바울은 고린도인들에게 방언을 요구하였다. 성경에는 그의 수사적 질문이 어떤 대답도 기대하지 않음을 분명히 기록한다.

"다 사도겠느냐, 다 선지자겠느냐, 다 교사겠느냐, 다 능력을 행하는 자겠느냐, 다 병 고치는 은사를 가진 자겠느냐, 다 방언을 말하는 자겠느냐, 다 통역하는 자겠느냐"(고전 12 : 29-30).

이 말씀의 내용은 모든 사람들이 단지 편의만을 추구하였다는 의문을 불식시켜 주는 것 같다. 우리가 단지 방언 문제를 회피하고 싶다면, 우리는 이 말씀을 근거로 우리를 변명할 수 있다. 그러나 그렇게 한다 할지라도 우리는 방언이라는 문제를 반밖에 해결하지 못한 것이다. 다시 말해 우리는 방언을 영접하여 자유로이 사용할 수 있는 사람들로부터 신성하고 가치있는 기대를 할 수 있는 기회를 포기하는 것이 된다.

고린도전서 12장 30절에 분명히 함축된 내용은 "모두가 방언을 말하는 것은 아니다"이다. 고린도전서 14장에 기록되었다면 성경적으로 균형잡힌 의미가 될텐데 그렇지 않았으므로, 방언에 관한 진실은 반쯤만 예언된 채 여전히 베일에 가려져 있다. 우리가 우리의 머리 속에서 요구되는 교리의 부담을 벗어버린다면 내가 앞서 언급한 바와 같이 기도와 찬양을 위해 모든 신도들이 방언을 사용할 수 있다는 가능성은 큰 신앙적 부담 없이 받아들일 수 있을 것이다.

방언에 관해 수천명의 신자들에게 도움을 준 최초의 장소는 고린도전서 12-14장에 기록된 목적의 정의와 관계가 있다. 먼저 각 장의 개략적인 목적을 살펴보자.

1. 제 12장 : 성령의 선물이 주제이다. 우리 각자에게 다양하게 임하시는 성령의 독특한 방법을 강조한다.

2. 제 13장 : 성령의 선물이 역시 주제이다. 특히 모든 교회에서 모든 선물을 사용함에 있어 사랑이 지배적인 정신임을 강조한다.

3. 제 14장 : 방언이 주제이다. 바울은 방언의 공적 사용과 사적 사용간 차이를 강조하면서, 방언의 선물과 예언의 선물을 사용함에 있어 질서를 촉구한다.

이러한 견해는 바울의 강연의 각 부분의 초점을 구분하여 그가 방언을 말하는 두 가지 다른 것을 어떻게 이해하는가를 보다 쉽게 알 수 있기 때문에 중요하다.

1. 고린도전서 12 : 30에서 바울은 모두가 방언을 말하는 것은 아니라고 강조한다.

2. 고린도전서 14 : 5에서는 모두가 방언을 말하기를 희망한다고 말한다.

이 사도가 '모든 사람들이 방언을 말하는 것은 아님'을 진정으로 믿었다면 모든 사람들이 방언을 말하기를 바란다는 희망을 표명하였겠는가 ? [2]

첫 번째 언급(12 : 30)은 9개의 선물중 하나로써 방언에 관한 것이다. 이와 관련하여 바울은 방언의 적절한 사용을 설명한다.

해석의 필요가 충실하게 관찰될 때에는 (14 : 27-28) 교회를 유익하게 하는 것은 방언의 공적인 사용이다(14 : 26).

두 번째 언급(14 : 5)은 바울이 방언의 공적인 예언적 사용과 (해석을 위해) 사적으로 유익한 사용을 구분하는 처음 부분에 나타난다. 이러한 구분 과정에서 그는 개인적인 찬양, 기도, 예배 등에서 (14 : 2) 신자를 유익하게 하기 위한 방언의 개인적인 사용에 관해 설명한다.

방언의 공적인 사용과 사적인 사용을 구분하기 위해 나는 종종 선물과 은총이라는 용어를 사용하였다. 은총이라는 용어는 이 기도 언어의 광범하고도 일반적인 사용 가능성을 시사한다. 방언은 내가 처음에 그랬던 것처럼 그것을 받아들이는 모든 신자가 자유로이 사용할 수 있는 자원이다.[3] 나는 바울이 공적으로 사용되는 방언(14 : 26)과 사적으로 사용되는 방언(14 : 5a, 18)을 구분하였기 때문에 선물로서의 방언과 은총으로서의 방언을 대비시킨다. 결국, 원하는 모든 신도를 위한 개인적인 자원으로서 영적인 언어는 다른 사람을 위한 사역의 자원으로서 의도된 선물과 구분된다. 이렇게 볼 때 개인적인 경험에서 말하는 영적인 언어는 교리와 연계되지 않으며 개인의 선택에 따라 은총에 의해, 그리고 믿음을 통해 받아들이는 신적인 능력이라 하겠다.

물론 성령의 모든 역사는 개인의 선택에 따라 믿음을 통한 은총에 의해 전개된다. 여전히 어떤 사람은 "그렇지만 방언과 통역을 포함하여 성령의 선물은 하나님의 선택, 즉 하나님의 의지가 아닙니까?"(12 : 11)라고 질문할 것이다. 거기에 대한 대답은 '예'이다. 방언의 사용은 환영받을 것이나 하나님의 의지는 아니다. 이와 대조되는 성경적 측면에서 바울은 방언의 사용을 개인의 재량임을 분명히 한다. 그는 다음과 같이 말한다. "내가 영으로 기도하고…

영으로 찬미하리라"(고전 14 : 15).

우리는 바울이 성령의 주도권을 찬탈하지 않음을 확신할 수 있다. 그보다 바울은 영적인 언어의 선물과 은총 사이의 분명한 구분이 혀에 있다는 사실을 자신의 예를 들면서 증명하고 있다. 그리고 그는 영적인 언어가 그것을 받아들이고 사용할 수 있는 신자의 재량에 달려 있음을 보여준다. 우리는 다음과 같은 점을 알 수 있다.

선물로써의 방언은 그 분배가 제한되며(고전 12 : 11, 30), 또한 방언의 공적인 사용은 긴밀하게 규제된다(고전 14 : 27－28).

반면에, 은총으로써의 방언은 너무 광범하게 사용될 수 있기 때문에 바울은 모든 사람들이 그 축복을 받기를 희망한다(고전 14 : 5 a). 이러한 축복에는 하나님과의 분명한 의사소통(고전 14 : 2), 신자의 개인 생활의 교화라는 이점(고전 14 : 4), 아름답고도 적절한 예배와 감사 표시(고전 14 : 15－17)가 포함된다.

질문 : 자기 교화는 이기적이지 않는가 ?

답변 : 그렇지 않다. 자기 교화는 내적으로 형성되는 영적인 과정이며 인간의 교만을 배척한다. 이러한 사실은 유다의 말에 의해서도 확인된다. "사랑하는 자들아 너희는 너희의 지극히 거룩한 믿음 위에 자기를 건축하며 성령으로 기도하며"(유 1 : 20).

질문 : 방언이 선물이라는 측면과 은총이라는 측면의 차이는 무엇인가 ?

답변 : 자세히는 모르지만, 선물은 항상 해석되어야 한다. 우리는 유사한 현상의 두 가지 다른 측면을 보았다. 이 두 측면은 방언과 관련되어 있으며 모두 초자연적인 성질과 관련된다. 선물로써의 방언은 그 해석이 초자연적으로 찬양, 위로, 유익을 주는 것과 관계되며, 은총으로써의 방언은 예배, 찬양, 간구 등을 초자연적으로 행하는 사적인 기도에서 사용된다.

성령의 이러한 두 사역의 차이는 첫째, 모든 기독교인이 공적인 선물을 반드시 구사할 것으로 기대할 만한 이유가 없다는 것이다. 둘째, 어떤 기독교인도 하나님과 함께 보내는 개인적인 시간(고전 14 : 2), 또는 하나님 앞에서의 찬양 예배(고전 14 : 15−17), 그리고 하나님에 대한 간구의 기도(롬 8 : 26−27)에서 영적 언어의 개인적인 '은총'을 기대할 수 있다는 점이다.

질문 : 바울은 예언의 선물이 방언보다 낫다고 말하지 않았는가 ?

답변 : 고린도전서 14장 5절에서 사도 바울은 "여러분 모두가 방언을 하기를 바란다"라고 말한 후 교회가 모일 때 이를 유익하게 하기 위해서는 예언이 더 바람직하다고 가르친다. 비록 그가 방언이 예언 속에서의 성장을 대체해서는 안된다고 첨언하지만 그의 방언에 대한 희망은 결코 감소되지 않았다.

우리는 우리의 개인적인 방언 사용의 보다 넓은 가치와 이점을 검토함과 동시에 예언에 관해 고찰해 보겠다. 그러나 먼저 여기서는 모든 기독교인들이 사용하지는 않는 선물로서의 방언과 모든 기독교인들이 사용할 수 있는 은총으로서의 방언을 분명히 구분하는 것이 중요하다.

방언은 모든 신자들의 당연한 권리인가 ? 어떤 기독교인도 기도와 겸손을 통해 하나님으로부터 구할 수 있고 성경적으로 환영, 사용될 수 있는 경험인가 ? 나는 하나님의 말씀에 비추어 그렇다고 생각한다. 나는 이러한 진리는 고린도전서 12장과 14장을 비교해보면 알 수 있다고 생각한다. 그러나 방언은 고린도전서 13장에서 알 수 있는 바와 같이 하나의 진리로서 계속 아름다운 언어가 될 것으로 생각한다. 사도 바울이 고린도전서 14장에서 매일 기도를 통해 사용토록 권고한 방언은 고린도전서 13장에서 하나님의 선물을 사랑하는 사랑으로 표현됨으로써 13장과 14장은 상호 보완적인 관계에 있음을 알 수 있다. 우리 모두와 마찬가지로 바울은 완벽함이 도래할 때, 즉 그리스도와 그 분의 왕국이 궁극적으로 나타날 때 '방언은 끝난다'(고전 13장)는 것을 알고 있다. 그러나 그 날까지는 방언이 계속 사용되는 것이 바람직할 것이다.[4]

또한 바울이 모든 신자들이 방언을 말하기를 바랐는지 설명할 수 있다(고전 14 : 5).

그리고 왜 바울이 그의 기도 생활에서 그의 풍부한 영적인 언어로 표현했는지 이해할 수 있다(고전 14 : 18).

그리고 왜 바울이 방언을 금지하는 분위기가 있었음에도 방언 사용을 요구했는지 분명히 나타난다(고전 14 : 39).

이상을 종합해 보면, 방언은 모든 신자들에게 또는 최소한 그것을 원하는 사람들에게 기대될 수 있는 말하는 차원인 선물과는 구분되는 어떤 공통의 은총이 된다.

교리적인 부담 없이 영적인 언어를 받아들이는 신자의 특권 문제를 이와 같이 해결하면 우리가 끊임없이 직면하는 딜레마가 제거된다. 즉 하나님의 말씀이 혼동과 논쟁을 제거하시므로 복잡한 문제를 해결한다. 명료하게 사랑으로써 그리고 단순하게 방언과 결부된 문제를 해결해 주시는 것이다.

나는 이같은 것을 깨달은 과정에서 많은 기독교인 친구들의 도움을 받았다. 그들 역시 방언과 관련된 논쟁으로부터 해방된 느낌을 받았다. 이와 같이 성경적으로 건전하고 영적으로 자유로운 방법을 채택하면 모든 기독교인들은 교리 문제의 부담이 없이 영적인 언어에 자유롭게 응답할 수 있게 된다. 즉 우리에게 부과되는 논쟁 또는 교리의 문제를 떠나 성스러운 갈구가 일어나고 천국의 자원을 인정할 수 있게 된다. 나로서는 여러분이 예수님께 성령의 충만하심을 솔직하게 요청할 때 영적인 언어를 받아들이라고 권고하고 싶다. 나는

방언을 필요한 증거로써 권장하는 것은 아니다. 다만 모든 사람들이
방언을 하나의 특권으로써 받아들이도록 조언하고 싶은 것이다.
그러면 이미 성령으로 충만되었다고 믿는 다른 기독교인들도 우리가
여기서 논의한 진리에 대해 행복한 기대감을 가질 수 있을 것이다.
자신의 개인적인 기도 생활을 위해 방언 사용을 확대하는 것 역시
방언에 수반되는 가치와 축복에 비추어 볼 때 누릴 수 있는 특권이다.
　방언을 사용하면 얼마나 자유를 만끽할 수 있는가 ! 일단 방언을
제한적이거나 하나의 요구로 보는 자세를 버리면 이 영적인 언어의
아름다움이 하나님의 사랑의 은총과 여러분의 열망에 따라 여러분의
눈에 보이게 된다.

충만함과 교제 속에서의 자유

　나에게는 어떤 자유함이 생겼다 ! 그러한 느낌은 우리 회중의
생활에 영향을 미쳤으며, 우리가 성령에 마음을 열 때 일어나는
사랑의 파고가 높아져 그리스도의 몸의 모든 부분으로 사람들을
감싸는 것 같았다. 비록 나는 성령의 충만하심에 관한 나의 견해를
주님이 정의해 주셔야 한다는 필요를 느낀 적은 없지만 우리 안에서
하나님의 역사가 증가하여 밀물처럼 파도가 일어나 지금까지의
부정적인 교파주의의 잔류가 씻겨져 나감을 경험할 수 있었다.
　결국 나는 나의 교파적 관계의 뿌리를 부정하지 않았으며(우리가
영적인 언어를 하나의 법칙으로 만들지 않으면서 그 이점을 누렸기
때문에) 또한 존중된 이정표가 제한적인 경계가 되도록 허용하지도
않았다. 존중의 정신을 통해 교제가 오히려 강화되었으며, 나의
교파의 경계를 넘어 사랑스러운 어떤 것이 만개하였다. 깊이가 더욱
깊어지고 경계가 더욱 확장되는 관계가 도처에서 나타나기 시작
하였다. 이러한 해방감으로 인해 전체 교회를 통해 보다 광범한

다양성을 경험할 수 있었다. 지금 누군가가 방언에 관해 소극적이라 해도 설사 그가 방언에 반대한다 해도 나는 기분이 나쁘지 않다. 나는 나의 사례에 관해 다툴 필요를 느끼지 않았으며, 교리를 강요하지 않으면서 진지한 질문에 자유로이 답변하였다. 나는 단지 방언을 사용하는 특권을 권장했을 뿐이다.

마찬가지로 몇몇 새로운 사랑의 이정표가 세워지고 있다. 하나님의 은총의 높은 파고가 우리 모두를 즐거운 교우 관계와 기독교적인 사랑으로 덮고 있다. 그리고 이러한 환경에서 신선한 예배가 주님의 명령과 축복에 따라 진행된다.

주님은 어떤 이유가 있기 때문에 그렇게 하신다. 주님은 우리 모두가 성령이 교회에 말씀하시는 것을 듣기를 원하신다. 그리고 그 분의 교회이자 살아계신 몸인 예수님이 부활하셔서 우리의 영혼을 꿰뚫는 힘과 예언으로 어떤 세계를 말씀하신다.

7장. 여러분이 모두
예언을 할 수 있으므로

"마지막 날에… 모든 육신 위에서… 여러분의 아들과 딸 그리고 남녀노소 모두가 약속의 시간과 범위가 되었다. 지금이 그때이고 그들이 바로 우리들이다."

성스러운 작은 장소에는 50명 정도만이 앉아 있었다. 주일 저녁 10여명의 예배자들의 모임 정도의 작은 회중은 한 겨울밤의 회중으로서는 청중처럼 보였다. 내가 서서 하나님의 말씀을 전하는 설교사역을 하였다. 나는 1년이 채 안된 나의 작은 사역에 즐거움을 느꼈다. 몇 달 전만 해도 그곳에는 아무도 없었으나 이제 작은 교회가 모습을 드러내기 시작하였고, 그 주일밤 나는 고무되었다. 사람들이 있었으며 나는 그 적은 수의 청중에게 전달할 좋은 메시지를 가지고 있었기 때문이었다.

그러나 내가 설교를 시작한 지 30분도 안되어 이미 두 사람이 졸기 시작하였다. 젊은 목사의 설교를 의무감으로 듣고 있던 분 중에서 일부만 반응을 보였을 때 내가 얼마나 낙담하였는지 여러분은 상상할 수 있을 것이다. 그 순간 나는 특별히 느끼지는 못했으나 설명할 수 없는 어떤 일이 일어나고 있다는 생각이 어렴풋이 들었다. 내가 찰스 스펄전 이래 가장 위대한 젊은 목사는 아니었으나, 나는 지칠 줄 모르는 열정을 가졌다. 시간만 때우는 신자들로 꽉 찬 형식적인 반응은 나로서는 전혀 무시할 수 없었다.

나는 사람들에게 불쾌감이나 짜증을 내보이지 않았다. 나는 간단히 내 메시지를 마치고 최소한 나보다 8-10세 정도 연상인 교인들에게 부드럽게 말했다. "여러분, 나는 이제 설교를 끝내고 기도를 하는 것이 좋겠다고 생각합니다." 내가 그 다음에 일어날 일에 관해 조금이라도 알고 있었다면 나는 이 기도를 시작하고 싶지 않았을 것이다. 왜냐하면 그렇게 적은 회중을 놓고 몇 달을 보낸다는 것은 결코 오순절적이나 카리스마적 활동으로 볼 수 없기 때문이었다. 당시는 모든 대륙에서 신약성경적 교회 생활에 새로운 자각과 지평을 열어줌으로 교회 세계를 동요시켰던 1970년대의 부흥운동이 일어나기 직전이었다. 이곳 개척교회에서 안나와 나는 성령으로 충만된 경험의 가치를 잘 알고 있었으나 그러한 경험을 다른 사람들에게 어떻게 전달할지 거의 몰랐다. 우리는 라이프 성서대학에서 하나님의 말씀을 잘 배웠지만 당시 많은 오순절주의자들은 그 신념을 많이 잃은 상태였다. 초자연성에 대한 의심이 만연되었으며, 많은 학교에서는 신약성경의 권능을 위한 신앙의 기대를 촉진하기 위한 노력이 거의 경주되지 않고 있었다. 즉, 복음주의를 통해 패배를 만회하려는 정도의 노력 이외에 다른 노력은 거의 없었다.

그러나 그날 밤 그곳에 있던 모든 사람들은 이미 다시 태어나 있었다. 우리는 그들을 그리스도께로 인도하였던 것이다. 그리고 그들은 주일 저녁 예배에 참석하여 기꺼이 더 성장하려고 하였다. 주일 저녁 예배는 대부분의 사람들에게는 일종의 과외 활동이었다. 내 말의 뜻은 이러한 예배에서 어떤 일도 일어나지 않고 있다는 의미이다.

　내가 설교를 중단하고 절망적으로 "기도합시다"라고 말할 때까지는 어떤 일도 일어나지 않았다. 내가 눈을 감고 기도를 시작하자마자 감은 내 눈 앞에 어떤 어두운 것이 드리워지기 시작하였다. 나는 전에 그와 같은 것을 경험한 적이 없었다. 나는 그림같은 예언의 메시지인 말씀을 처음으로 받아들이고 있다는 사실을 처음에는 잘 인식하지 못했다. 내가 인식한 것은 이 추하고 어두운 것이 대표하는 것, 즉 원죄였다. 일반적인 의미에서나 어떤 구체적인 의미에서 원죄라기 보다는 명료하고 두려운 원죄였다. 그러한 생각은 하나님에 대한 한 영혼의 아름다운 생각을 질식시키고 축복을 차단할 만큼 나를 질식시켰다. 그 순간 나는 고린도후서 4장 4절을 생각해볼 여유는 없었으나, 나중에 나는 그 어두운 이미지를 인간이 원죄를 통해 알게 된 어두움에 관한 바울의 설명과 결부시킬 수 있었다. "그 중에 이 세상 신이 믿지 아니하는 자들의 마음을 혼미케 하여 그리스도의 영광의 복음의 광채가 비춰지 못하게 함이니 그리스도는 하나님의 형상이니라."

　그 때 일어난 일은 바울의 말에 따라 당시에는 생각될 수 없었으나, 그 순간 나는 갑자기 어떤 열정이 복받쳐, 예수 그리스도가 예비하신 모든 것들을 사람들이 이해하지 못하도록 가로막는 우리의 적의 힘을 극적으로 그리고 직관적으로 느낄 수 있었다.

　환상이 강한 광풍처럼 나에게 임했을 때 나는 단지 "주 하나님 기도합니다…"라고 말할 뿐이었다.

　나는 우리의 능력을 마비시키는 원죄의 공포로 떨기 시작할 뿐이었다. 나는 침착을 되찾기 위해서 잠시 기도를 멈춘 다음 "하나님께서 우리가 볼 수 있도록 도와 주시옵소서"라고 기도를 계속하였다. 그 때 그 일이 발생하였다. 즉 내 입으로부터 "원죄!"라는 말이 튀어 나왔다.

그 말은 나의 마음 속 깊은 곳으로부터 흘러나와 나도 놀랄 정도의 힘으로 내 입술을 움직였다. 나는 거의 고함을 치다시피 하였다. 물론 단지 한 번 고함을 쳤다. 그러나 그 효과는 그곳에 있던 모든 사람들에게 미쳤다. 나는 마치 고통스러운 듯이 "원죄!"라고 소리쳤을 뿐이었다.

나의 말이 사람들에게 얼마나 큰 충격을 주었는지 알게 된 나는 (나는 이러한 충격이 있을지 전혀 계산하지 않았다.) 그 고함을 친 후 머리를 들었다. 당연히 모든 사람들은 고개를 들고 나를 올려다보았다. 모든 사람들은 멍한 표정을 지었다. 이제 어느 누구도 졸지 않았다. 눈을 휘둥그렇게 뜬 그들의 얼굴은 무표정하였지만 대담한 빛을 띠었다. 나는 의자에 앉아 있는 그들을 향해 명령하였다. "여러분의 고개를 숙이세요!" 모든 사람들이 고개를 들어 그들의 젊은 목사에게 무슨 일이 일어나고 있는지를 보자마자 예배당 내에 어떤 힘을 감지하고는 경외심과 두려움으로 다시 고개를 숙였다.

신성한 미소를 짓지 않고 오늘 이 이야기를 설명하기는 어려울 것이다. 하나님이 우리 모두를 어떻게 잠에서 깨워 주셨는지 생각해보면 웃음이 절로 나온다. 그 다음에 나타난 현상은 잠이 들었던 사람들에게 많은 충격을 주었다.

하나님이 나를 어떻게 잡고 계셨는지 생각해보면 웃음이 절로 나온다. 왜냐하면 그 순간까지도 나는 진정한 설교자의 모범이라고 생각하였기 때문이었다.

사람들이 어떻게 반응했는지를 생각해보면 웃음이 절로 나온다. 왜냐하면 그들은 "원죄!"라는 나의 선언과 "고개를 숙이세요!"라는 나의 명령에 너무 신속하게 응답하였기 때문이다. 지금 그 당시의 장면을 생각해보면 웃음이 절로 나온다(어느 누구도 고통을 받지 않고 하나님을 찬양하였기 때문이다!).

그 순간이 가장 기억에 오래 남아 있는 이유는 그들의 충격적인 반응 때문이 아니라 성령의 존재하심 때문이다. 그 적은 회중 생활에서 진정한 영적인 깨우침을 경험한 것은 정말 잊을 수 없는 사건이었다.

모든 사람들이 고개를 숙이고 기도를 시작하였을 때 나는 강단에서 내려와 예배당 안을 왔다갔다 하면서 우리의 깨우침을 가로막는 원죄의 무서운 영향을 설교하고 하나님의 빛이 우리의 어둠을 비쳐주실 때까지 하나님을 불러야 한다고 외쳤다. 나는 2분도 채 안되어 다음과 같이 지시하였다. "나는 모든 형제들이 제단으로 와서 기도하기를 원합니다. 자매님들은 그 자리에서 뒤로 돌아 무릎을 꿇고 주님을 부르십시오." 나의 지시는 마치 하늘에 구멍이 나서 예배당의 모든 사람들에게 전류가 흐르는 것처럼 그들을 전율시켰다. 사람들은 그다지 빠르게 반응하지 않았다. 남자 신도들은 벌떡 일어나 무릎을 꿇었다. 여자 신도들은 그 자리에서 몸을 돌려 무릎을 꿇었다. 예배당 안은 사람들의 생기로 진동하고 있었다.

그 후 힘찬 기도의 시간이 이어졌다. 성령의 존재하심에 대한 기쁨과 경외심 이외에는 어떤 특별한 징후나 감정이 별로 없었다. 우리는 기도하고 회개하고 하나님을 찬미하고 찬양하였으며 이러한 분위기와 관련된 성경의 구절을 읽었다. 기도는 매우 영광스러운 분위기에서 진행되었다.

그러나 집회가 끝난 후 안나와 내가 목사관으로 돌아왔을 때 나는 그날 밤에 일어났던 충격에 관해 곰곰이 생각해 보았다. 우리가 목사관에서 간식을 먹으면서 얘기를 나누고 있는 동안 나는 안나에게 다음과 같이 말했다. "여보, 나는 지금 무슨 일이 일어날까 궁금하오. 사람들이 전에 이와 같은 일을 본 일이 없을텐데 집에 돌아가서

이 일을 어떻게 생각할까? 당신은 그들이 이 일을 단지 광신적이라고 생각하여 다시는 우리 교회에 오지 않을 것으로 생각하오?"

우리가 경험한 증거는 우리의 사역 측면에서 우리를 거듭나게 하였다. 우리 부부는 이렇게 특별한 방법으로 역사하신 하나님을 전에 뵌 적은 있었지만, 나는 이러한 초월적인 일은 상상조차 못하였다. 또한 우리가 그곳에서 했던 교회생활에도 분명히 걸맞지 않았다. 그러나 그날 밤 나는 그 일을 경험하게 된 것이다. 얼마 시간이 지나지 않아 나의 의문은 풀렸다.

월요일 오전 내내 우리집 전화가 계속 울렸다. 그 집회에 참석하지 않았던 사람들이 먼저 전화를 걸어왔다. 예를 들어 다음과 같은 내용의 전화였다. "도로시와 얼이 방금 우리에게 전화를 걸어, 당신이 전날 밤 얼마나 놀라운 기도 인도를 하였는지 얘기해 주었습니다. 그들은 하나님이 그곳에서 깊이 그리고 강력한 방법으로 계신 것을 느끼고 엄청나게 놀랐다고 합니다." 그 예배에 참석하였던 사람들은 우리의 집회를 회고하고 하나님과 나에게 고마움을 표시했다. 그러나 나는 나에 대한 고마움을 받아들이기가 힘들었다. 왜냐하면 나는 그러한 사건은 나와는 아무 관계가 없음을 누구보다도 잘 알고 있었기 때문이었다. 사실, 하나님이 나에게 미리 경고하셨다면, 나는 당시의 나의 사역 경험으로 미루어보아 그러한 경고를 신자들에게 미리 고백하였을 것이다. 그러나 그러한 하나님의 경고는 없었다. 그 사건은 그 작은 회중 생활에서 하나님의 은총을 느끼게 해주었을 뿐만 아니라 예언 속에서 성령의 역사의 목적과 권능을 보다 분명한 차원에서 인식하게 된 계기가 되었다.

예언의 성령
'예언'의 가장 간단한 의미는 미리 말하거나 예측하는 것이다.

이러한 의미는 하나님의 역사를 미리 예측하여 하나님의 말씀을 앞서 얘기해줌으로 사람들의 적절한 행동을 요구하는 히브리 예언자들에게서 가장 일반적으로 찾아볼 수 있었다. 물론 성경은 많은 예언자들, 다시 말해 성령으로 충만되었으나 더욱 충만함을 기다리는 사람들에 관해 기록한다. 그 신성한 경전에 나타나는 사람들은 성령의 영감에 의해 그곳에 나타난 것이다. 성령은 성경의 닫힌 법전, 즉 하나님의 영원한 말씀의 영원한 페이지의 일부로 그들을 받아들이셨다. 그러나 구약성경과 신약성경에는 예언의 다른 활동이 있다. 즉 이들 성경의 기록은 예언이 성령이 역사하시는 유일한 방법이 아님을 시사한다. 민수기 11장과 사도행전 2장은 예언에 관한 하나님의 바람과 의도에 대한 가장 중심적인 구절이다. 다시 말해 예언에 대한 하나님의 희망의 계시와 실현이 분명하게 제시된 곳이 바로 이 두 부분이다.

먼저, 모세는 백성들에 대한 그의 유일한 계층적 위치와 지도력이 그가 감당할 수 없다는 사실을 인정하면서 하나님께 호소한다(민 11 : 11-15). 모세의 호소에 응답하시어 하나님은 다음과 같이 말씀하신다.

"이스라엘 노인중 백성의 장로와 유사되는 줄을 네가 아는 자 칠십인을 모아 데리고 회막 내 앞에 이르러 거기서 너와 함께 서게 하라. 내가 강림하여 거기서 너와 말하고 네가 임한 신을 그들에게도 임하게 하리니 그들이 너와 함께 백성의 짐을 담당하고 너 혼자 지지 아니하리라"(민 11 : 16-17).

아침이 되자 장로들은 하나님의 지시대로 모였다. 성경은 "여호와께서 구름 가운데 강림하사…신이 임하신 때에 그들이 예언하였다"라고 기록한다. 그러나 방문 도중 어떤 이유 때문에 억류된 두 장로가 모이지 않았다는 사실은 매우 의미있는 통찰을 제시한다.

비록 그 두 사람 엘닷과 메닷이 장로들이 모인 회막에 나타나지 않았지만 그들은 이스라엘인의 거주지에서 그들에게 임하시는 성령을 여전히 경험하였던 것이다. 그들은 또한 예언도 하였다. 여호수아가 이 말을 들었을 때 그는 모세에게 서둘러 가서 그 놀라운 사실을 알려주었다. 그는 자신이 통제할 수 없는 것 같은 어떤 것에 대해 당혹해 했지만 모세의 반응은 달랐다. 모세는 독특하고 조용하게 하나님을 경배하는 마음으로 여호수아에게 다음과 같이 외친다.

"네가 나를 위하여 시기하느냐. 여호와께서 그 신을 모든 백성에게 주사 다 선지자되게 하시기를 원하노라"(민 11 : 29).

〈성령으로 충만된 생명의 성경〉이라는 책은 이 구절에 관해 다음과 같이 해석한다. "여호수아는 분명히 통제를 원한다. 비록 엘닷과 메닷이 정통성이 있는 장로였지만 그들은 그 회막에 나타나지 않았다. 성령은 특별한 사람들에게만 임하시는 것이 아니라 자신이 원하시는 누구에게도 자유롭게 임하신다. 모세는 이 사실에 동의하여 누구에게나 평등한 성령을 간구하였고 선지자들의 나라를 계획하였다."[1]

더 나아가 하나님의 말씀에 관한 부분에서는 모세를 위해 이러한 희망을 가져다 주셨을 뿐만 아니라 우리의 교육을 위해 자신의 말씀을 보전하신 성령은 요엘에게 희망 이상의 영감을 주셨다고 했다. 성령은 이 선지자에게 모든 하나님의 백성의 가능성을 약속한다는 선언을 하도록 움직이셨다.

"그 후에 내가 내 자신을 만민에게 부어주리니 너희 자녀들이 장래 일을 말할 것이며 너희 늙은이는 꿈을 꾸며 너희 젊은이는 이상을 볼 것이며 그 때에 내가 또 내 신으로 남종과 여종에게 부어줄 것이며"(욜 2 : 28−29).

그 후 이 구절은 사도 바울이 전에 듣지 못한 방언을 오순절에 듣고서 놀란 사람들의 질문에 응답할 때에도 다시 인용된다. 바울은 사람들에게 목소리를 높여 "이것이 바로 선지자 요엘이 말한 것이니라"라고 선언한다. 또한 그는 모세가 간구한 것과 요엘이 예언한 것이 이제 시작되고 있다는 아름다운 사실을 설명하는 과정에서도 이 구절을 인용한다. 성령은 넘치셨고, 이제 성령을 받아들이는 모든 사람들을 충만시키기 위해 나타나신다고 설교한다. 이러한 충만함으로 성령은 모든 기독교인을 통해 예수 그리스도를 영광스럽게 하실 뿐아니라 모든 믿는 자들에게 기름부은 바된 언어, 즉 방언의 능력을 주셨던 것이다. 요엘의 예언을 베드로가 응용함으로 이러한 약속은 시간을 초월하여 우리에게 실현되고 있다. 예언의 능력을 받는 모든 믿는 자들에게 이 구절이 방언과 어떻게 직접 연관되는가를 아는 것이 중요하다. 베드로가 요엘의 예언이 성취되었음을 선언할 때 예배에 참석했던 120명이 방언으로만 말했다는 사실에 주목할 필요가 있다. 그러나 그곳에 있었던 일부 관찰자들이 방언을 이해했다는 사실로 미루어볼 때 그 내용이 예언적임을 알 수 있다. 방언은 이해되었을 뿐만 아니라 듣는 사람들의 마음을 감동시켰다. 전지전능하신 하나님을 영광스럽게 하는 그 초자연적인 말은 인간의 영혼을 울렸던 것이다. 이리하여, 예언을 잠재적으로 받아들일 수 있는 모든 신자들에 관한 이 구절은 모든 기독교인들의 삶을 증진시킴에 있어 방언의 능력이 바람직함을 입증한다. 다음은 예언에 관한 소개이나 유사한 다른 신비로운 구절과 혼동해서는 안된다.

사도행전 2장을 살펴보고 어떤 일이 일어났는가를 보자.

- 기독교인들이 기도를 하던중 성령으로 충만되었다(1-3절).
- 성령의 충만함으로 넘친 그들은 방언을 애기하고 이 말중 일부는 다른 사람들에 의해 이해된다(4-10절).

- 그들의 말을 듣고 하나님의 큰 일을 말함을 듣는다(11절).
- 어떤 이들이 조롱하는 가운데 다른 이들은 어떤 일인지 놀란다 (12-13절).
- 이러한 기적적인 사건, 즉 방언이 예언이 되는 사건이 발생한 후 베드로는 하나님의 말씀을 설교하고 그들의 질문에 대답한다. 이때 하나님의 아들인 예수님은 구세주와 주님으로 찬양된다(14-36절).
- 3,000명이 회개하고 세례를 받는다. 그들은 성령의 권능을 통해 예수님을 믿는 생활을 하기로 결심한다(37-41절).

보존할 가치가 있는 관습

여기에서는 하나님의 축복과 은총만을 볼 수 있다. 즉 사도 바울이 왜 그토록 통찰력이 있었으며 왜 그토록 고린도인들의 회중에서 인내심을 보였는지 우리가 이해할 수 있도록 축복을 받는다. 바울은 예언을 교회와 개인의 경험에서 보존할 가치가 있는 관습으로 보았다. 그는 개인적인 표현으로서의 영적인 언어와 성령의 도움에 의한 예언으로서의 영적인 언어를 세심하게 구분한다.

"나는 너희가 다 방언 말하기를 원하나 특별히 예언하기를 원하노라. 방언을 말하는 자가 만일 교회의 덕을 세우기 위하여 통역하지 아니하면 예언하는 자만 못하니라"(고전 14 : 5).

바울은 예언이 듣는 사람의 모국어로 직접 말하거나 방언의 능력과 통역의 능력을 동시에 행사하는 것임을 분명히 한다. 요컨대 방언으로 된 메시지가 듣는 사람의 이해와 교회의 덕을 위해 통역되면 예언의 메시지와 동일하게 된다.

나중에 그 사도가 보다 긴 편지를 써서 교화력으로써 예언의 지속을 위한 기본 규칙을 세우는 것도 바로 이러한 가치 때문이다.

고린도전서 14 : 23-32을 살펴보자.

"그러므로 온 교회가 함께 모여 다 방언으로 말하면 무식한 자들이나 믿지 아니하는 자들이 들어와서 너희를 미쳤다 하지 아니하겠느냐 그러나 다 예언을 하면 믿지 아니하는 자들이나 무식한 자들이 들어와서 모든 사람에게 책망을 들으며 모든 사람에게 판단을 받고 그 마음의 숨은 일이 드러나게 되므로 엎드리어 하나님께 경배하며 하나님이 참으로 너희 가운데 계시다 전파하리라.

그런즉 형제들아 어찌 할꼬. 너희가 모일 때에 각각 찬송시도 있으며 가르치는 말씀도 있으며 계시도 있으며 방언도 있으며 통역함도 있나니 모든 것을 덕을 세우기 위하여 하라. 만일 누가 방언으로 말하거든 두 사람이나 다불과 세 사람이 차서를 따라 하고 한 사람이 통역할 것이요. 만일 통역하는 자가 없거든 교회에서는 잠잠하고 자기와 및 하나님께 말할 것이요. 예언하는 자는 둘이나 셋이나 말하고 다른 이들은 분변할 것이요. 만일 곁에 앉은 다른 이에게 계시가 있거든 먼저 하던 자는 잠잠할지니라. 너희는 다 모든 사람으로 배우게 하고 모든 사람으로 권면을 받게 하기 위하여 하나씩 하나씩 예언할 수 있느니라. 예언하는 자들의 영이 예언하는 자들에게 제재를 받나니."

이제 분명하고 구분적이며 확실한 사실들을 규명해보자.

1. 비신자들 앞에서 통역 없이 말한 방언은 혼동을 일으킨다(23절).

2. 그러나 믿는 자들이 성령에 의해 예언을 할 경우 그들의 말은 비신도들에게 이해된다(24-25절).

3. 따라서 여러분의 모임에서 성령의 다양하신 역사를 위한 공간을 만들어 두어야 한다(26절).

4. 방언은 통역될 때만 회중에 사용되어야 한다. 그리하여 그

예언적인 내용이 이해되고 교회의 덕에 기여해야 한다(27-28절).

5. 참석한 신도중 몇 명이 적절한 과정에서 예언을 할지라도 서로 자제하고 두세 사람만 예언을 하도록 하는 것이 최상이다. 또한 예언된 것은 그 진실이나 적용에 관한 평가를 받아야 한다(29-30절).

6. 성령의 모든 역사는 하나님의 뜻에 따르며(고전 12 : 11) 동시에 방언의 사용도 개인의 시기나 방법에 따라야 한다. 즉 어느 누구도 "성령이 나에게 강림하셨으니 나는 내 자신을 통제할 수 없다"라고 말하는 우를 범해서는 안된다(31-32절).

성령이 지금 어떻게 역사하시는가?

나는 먼저 내가 예언의 힘을 최초로 경험한 것을 설명하겠다. 그러한 경험을 하였을 때 나는 우리 시대에 성령의 이러한 역사하심을 받아들이도록 훈련을 받았지만, 앞에서 언급한 구절의 어떤 것도 거의 이해하지 못하였다. 그러나 내가 예언의 힘을 실제로 사용토록 순전하고 깊은 은총 속에서 고무되었을 때, 나는 성경의 인도나 규칙을 생각하지 못하였다. 단지 성령의 존재하심에 응답하였을 뿐이었다. 그날 밤 일어난 사건의 열매는 일생동안 성령의 충만하심으로 사역을 하는 사람들의 경우와 마찬가지로 내가 어떤 것도 위반하지 않았음을 충분히 입증하였다.

그러나 믿는 자의 대부분의 경우, 성령의 역사 속으로 들어가는 것은 기계적이거나 학문적인 문제는 아니다. 가르침은 전수될 수 있으나, 예언은 가르침으로 전수되는 것이 아니다. 우리가 "이 책자를 읽으면 예언의 힘을 갖게 된다"라고 간단히 말할 수는 없다. 성령은 하나님을 간구하고 하나님의 은총을 목마르게 기대하는 사람들에게 나타나신다. 즉 그들의 삶 속에서 하나님의 뜻이 이루어지기를 간

구하고 영광스러우신 예수님을 보기를 원하는 사람들에게만 나타
나신다. 이 말은 성경에 기록되어 있는 지도에 무관심하라는 의미는
아니다. 나는 우리들중 어느 누구라도 다음과 같은 스타일이나 시
스템을 받아들이면 성령의 넓으신 역사의 충만함을 경험할 수 있다는
점을 강조하고 싶다.

"어떤 스타일이 있는데 그것은 하나님의 사랑이시다."

"어떤 시스템이 있는데 그것은 하나님의 은총이시다."

인간의 기계적인 이성이 예언을 가져다 주지는 않는다. 성령이
예언을 주시는 것이다. 성령은 열린 마음이 하나님의 풍부한 사랑을
받아들일 때, 그리고 육신이나 인간의 두뇌의 힘을 신뢰하지 않고
하나님 앞에 겸허할 때 역사하신다.

나는 처음 예언의 충동이 솟구쳐 올랐을 때 내 마음 속 깊은 곳에서
무언가 끓어오르는 듯한 감정을 느꼈다. 그러나 내가 말의 통제를
상실할 만큼 신비한 경험은 아니었다. 내가 본 것은 분명하고 단
순하였다. 즉 그것은 칠흑같은 어둠, 즉 원죄의 두려움이었다. 내가
"원죄!"라고 내뱉었을 때 나는 의식적으로 한 것은 아니었다. 즉
내 안의 어떤 충동에 의해 그렇게 소리쳤다. 나는 내가 본 그 무서운
것을 다른 방법으로는 표현할 수 없기 때문에 단순히 목소리를 높인
것 뿐이었다. 나는 내가 본 것을 나의 정상적인 말로는 표현할 수
없었기 때문이었다. 그래서 나는 "고개를 숙이고 제단으로 와서
기도하시오"라고 권위를 가지고 회중에게 명령할 수 있었다. 나의
명령은 머리 속에서 생각해낸 것은 아니었다. 그것은 그 순간을
지배하신 하나님의 권능에 따른 것이었다. 사람들은 복종하였다.
그들이 나에 의해서 조종당했기 때문이 아니라 하나님이 방문하
셨기에 그 순간에 당연히 내 말을 따랐던 것이다. 즉 나의 단순한
명령은 성경적이었고 바람직한 행동과정이었다.

내가 바울의 가르침을 배경으로 이렇게 간증하고 그날 밤 발생한 것을 장황하게 설명하는 이유는 내가 배운 그 어떤 것 때문이었다. 몇 년이 지나서야 나는 많은 기독교인들, 그리고 심지어는 기독교 지도자들조차도 두려움 때문에 응답을 주저하는 자질구레한 망설임이나 선입견으로 인해 영적인 언어를 사용하지 않는 것을 알게 되었다. 나는 성경과 나의 간증을 통한 이 설명이 독자 여러분에게 도움이 되기를 희망한다. "어떻게 예언의 선물이 내 안에서 역사하도록 할 수 있는가?"라는 질문에 대한 어떤 답변도 완전할 수는 없다. 왜냐하면 우리 모두는 궁극적으로는 어린이와 같은 신앙심으로 주님께 나아가도록 부름을 받기 때문이다. 그러나 성령의 역사 안에서 처음으로 응답함에 있어 분명히 본질적인 것은 다음과 같다.

1. 여러분은 성령이 여러분을 통해 역사하시도록 간구해야 한다. 이것은 하나님의 선물을 개인적으로 열망하거나 선물에 우선순위를 매기는 문제는 아니다. 이것은 여러분 자신을 위해 문제를 해결하는 것이다. 다시 말해 여러분은 믿는 자로서 어느 때이든 예언의 말씀을 경험할 수 있다. 사도행전 2 : 17-18의 말씀이 선언하는 바와 같이 구속 받은 모든 형제들은 하나님의 역사의 이러한 측면을 공유하도록 의도되어 있다.

2. 여러분은 이러한 경험을 위해 어떤 지침서에 의존할 만큼 꾀를 내어서는 안된다. 성령은 우리 자신의 계획적인 의도에 따라 역사하시기 보다는 갑자기 우리에게 임하신다. 그렇게 함으로 우리 스스로가 아닌 성령이 언제 누구를 통하여 누구에게 선물을 전달할 것인지 선택하시는 것이다. 그러나 우리가 그러한 선물을 받으면 우리 모두는 우리가 성령의 이러한 역사 안에서 중심이 될 만큼 얼마나 은총을 받았는지 잘 알게 된다.

선물 안에 든 은총

‘카리스마’라는 단어의 희랍어 어원이 ‘은총’이라는 의미의 ‘charis’인데 여기에는 중요한 이유가 있다. 예수 그리스도 안에서 우리의 구속의 모든 측면은 하나님의 은총에 의존한다. 이에 관해서 우리는 잘 배웠다. 그럼에도 불구하고 우리 기독교인들이 하나님이 주시는 선물에 대해 어떤 미묘한 인간적인 작용이 존재하는 경향이 있다. 그러한 경향은 많은 헌신적인 신자들 삶 속에서 성령이 역사하시는 가능성을 통제하거나 제한하려는 것이다. 종종, 하나님의 말씀을 추론, 분석하기 위해 많은 시간을 소비하여, 단순히 우리 자신을 하나님의 말씀 앞에 굴복시키기 보다는 하나님의 선물을 개인의 유형에 따라 분류하고 배정하는 경향이 있다.

성령의 선물이 은총에 의해 역사한다는 사실은 우리가 다음을 기억하면 쉽게 이해된다. 즉, 아무도 어떻게 원죄로부터 구원을 받는가를 알지 못하며 우리는 단지 믿음을 통해 우리 자신을 예수님의 완성된 역사에 복종시켜야만 구원을 받는 것처럼, 성령의 완전한 역사는 그 분의 선물이 무엇인지 생각하기를 단념하는 사람들에게만 임한다. 성령의 선물은 난파된 배가 하나님의 역사에 운명을 맡길 때에만 흘러가는 것이다. 그래야만 우리는 그리스도 안에서 하나님이 주신 우리의 위치를 부여받는 축복과 성령 안에서 우리의 성장을 볼 수 있는 축복을 받는다.

“예수 그리스도가 우리를 구원하시기 위해 하신 역사가 성취되었다.”

성령이 우리를 통해 역사하시고자 하는 것이 준비되어 있다！”

이 두 가지 선언의 공통분모는 구속의 기초와 용서이거나 성령의 충만하심과 역사하심인데 이는 모두 전적으로 하나님에 대한 복종과 그 분의 조건에 대한 복종에 달려 있다. 세속적인 마음은 이러한 전제를 논박할지 모르나, 이 제안은 우리의 마음과 삶 속에서 보다 충만하신 성령의 역사를 인식할 수 있는 유일한 방법이다.

성령이 왜 두 가능성, 즉 영적인 언어를 경험하는 능력과 예언을 하는 능력을 우리에게 주시는지 몇 가지 이유가 있다.

영적인 언어는 우리를 겸손하게 하는 방법이며, 예언은 우리가 하나님의 말씀을 다른 사람들에게 전파하는 책임을 받아들이도록 촉구한다. 영적인 언어는 찬양을 확대시켜주며, 예언은 우리의 말의 영향을 강화시킨다. 방언은 간구하는 기도가 되며, 예언은 공사를 막론하고 통찰력이 있는 언어가 된다.

우리 모두를 위한 방언의 사용 가능성을 시사하는 이러한 성경적인 측면에서 예언이 어떻게 사람들에게 일어나는지 보다 자세히 살펴보자.

예언에 관한 고찰

첫째로 설교가들은 사람이 하나님의 기름부음을 받고 말하는 것을 예언이라고 한다. 이것은 항상 무의식적으로 일어나기 보다는 미리 준비된 말씀과 함께 관련되어 일어 난다.

예를 들어 예언적 기름부음은,

1. 미리 연구한 성경 속의 성령의 존재와 함께 시작되었다.

2. 경건하게 준비되고 하나님의 의지를 이루어지게 하려는 열정으로 충만될 때 사람들에게 생생하게 되었다. 즉 듣는 이들에게 열정을 느낄 때만 예언적 기름부음이 효과를 거둔다.

3. 메시지의 전달시 명백히 나타난다.

우리는 이러한 종류의 예언을 자주 보아왔다. 그러한 예언은 빌리 그래햄, 제임스 로빈슨, 레인하드 본케, 루이스 팔라우 등 많은 저명한 복음주의 지도자들에게서 대개 볼 수 있다. 그러나 그러한 예언은 성령의 분명한 존재하심이 청중들에 의해 감지되는 연설에서 메시지와 복음을 전파하는 목사나 교사들에 의해서도 매주 나타난다. 이러한 예언은 지나치게 중시되거나 또 경시되어서는 안된다. 그것은 말로 표현되었기 때문에 예언이 아니라 기름부은 바 되었기 때문에 예언이 된다. 그러나 그것은 분명히 보다 훌륭한 사람들이 제시했다는 이유만으로 더 나은 예언은 아니다. 하나님은 자신을 통해서만 말씀하시기를 좋아하신다. 이것이 바로 예언의 중요한 측면이다. 성령의 기능적인 존재는 특정 교파의 신자나 일반 신자에 의해서도 체험될 수 있다.

우리가 알 수 있는 성령의 두 번째 예언 역사는 신자가 성령의 부름을 듣거나 보거나 느낄 때 나타난다. 또 자신이 영접한 것을 말할 때에도 나타난다. '보고 듣고 느끼다'라는 이 세 동사는 기독교인들이 예언, 즉 사역을 필요로 하는 사람들에게 전달될 선물을 성령이 어떻게 주시는가를 알도록 해주는 중요한 단어이다.

하나님은 우리 모두를 독특하게 창조하셨다. 이러한 독특성은 우리가 사물을 지각하는 것과는 다른 방법으로 나타난다. 어떤 사람들은 하나님의 역사를 음성이라고 설명하고 또 어떤 사람들은 말이라고 주장하며 또 어떤 사람들은 느낌이라고 주장한다. 성령의 부르심이 각 신자들에게 독특하므로(비록 일반적인 범주는 구분 가능하지만) 이에 관해 때때로 불필요한 혼동이나 무익한 논쟁이 발생한다. 또 설사 논쟁이 발생하지 않는다 해도(예를 들어 단지 '하나님이 나에게 말씀하신 말의 의미는 무엇일까?'하는 의문과 같이) 여러분이나 나는 우리의 경험이 다른 사람의 간증과 동일하기를 기대하는 경향이 있다.

사람들이 말하는 '들림'은 '음성을 듣는다'라는 심리학적 또는 영적인 문제와 똑같지는 않다. 우리의 말과 하나님의 음성은 다르다.

단순히 "나의 양은 나의 음성을 아느니라"라는 말도 주님이 여러 분에게 얘기하실 때는 그 분의 말씀이라는 확신을 가질 수 있다. 그 이유는 간단하다.

1. 주님은 그 분의 말씀에 반대되는 어떤 것도 말씀하지 않으신다.
2. 주님은 사랑으로 충만되지 않은 어떤 것도 말씀하지 않으신다.
3. 주님은 평화에 도움이 되지 않는 어떤 것도 말씀하지 않으신다.

성경은 "예언하는 자는 사람에게 말하여 덕을 세우며 권면하며 안위하는 것이요"(고전 14 : 3)라고 기록한다. 다시 말하면, 예언은 항상 덕을 세우고 권면하며 안위한다. 예언은 결코 비난하지 않으며 다른 사람의 삶을 지배하거나 통제하려고 하지 않는다. 예언은 메시지의 초점을 그리스도로부터 예언자로 결코 옮기지 않는다.

마찬가지로 성령이 '보신' 것은 어떤 사람이 주위의 다른 것을 의식하지 못할 만큼 황홀한 상태에 있다는 의미는 아니다. 나는 칠흑 같은 어둠을 보았으며 그것이 원죄의 모습임을 지각하였다. 이러한 모습은 밧모섬에 관한 요한의 경험과 동일한 것은 아니나, 성령이 우리를 이해시키시기 위해 주신 방법중 하나이다.

그러나 어떤 때에는 정신적인 충동, 즉 성경에서 언급되는 말, 생각, 운문 등은 성령이 예언을 촉구하기 위해 사용하시는 인상이다. 이리하여 우리는 성령이 우리에게 임하시는 것을 구분할 수 있다.

왜 모든 사람은 예언을 원하는가?

사람들이 이 아름다운 성령의 부름을 간구하는 주된 이유는 자유롭고 현명하게 그리고 부드럽게 사용할 경우 기대할 수 있는 엄청난 이점 때문이다. 이러한 간구에는 종종 미신과 두려움이 수반된다.

몇 년 전 하나님이 확고한 방법으로 원죄의 두려움을 나에게 보여

주셨을 때 나는 하나님의 부름에 응답하는 법을 배웠고 그 후 점차 그 방법을 사용하는 법을 터득하였다. 나의 초기 응답에서는 예언이 간헐적으로 나타났으나 그 중 몇 가지 특징적인 점이 있었다. 나는 이러한 응답이 특별한 것이 아님을 곧 깨달았다. 나는 지도자들과 평신도들을 포함한 수천명의 기독교인들이 이러한 아름다운 성령의 역사 안에서 규칙적으로 사역하는 것을 보아왔다. 이러한 사역의 가치와 축복은 진정 현실적이다.

예를 들어 나는 어떤 문제에 관해 도움을 구하기 위해 패트가 내 사무실을 찾은 일을 기억한다. 내가 그녀와 얘기하던 도중 나는 그녀의 문제가 그녀가 말하는 문제가 아니라 그녀의 영혼 속에 뿌리박은 잠재적인 두려움이라는 것을 알았다. 우리가 얘기를 계속하는 동안 한 문구가 계속 내 머리속에 떠올랐다. 나는 그것이 성령의 예언임을 드디어 알아차렸다.

나는, "패트, 내가 당신의 문제를 깊이 생각하고 있다는 점을 알아주셨으면 해요"라고 먼저 말문을 열었다(나는 그녀가 설명하고 있는 문제를 먼저 언급하였다.). 나는 계속하여 "그러나 나는 먼저 당신에게 질문을 하고 싶습니다. 우리의 얘기를 가로막고 이런 질문을 드린 데 대해 먼저 당신의 양해를 구합니다"라고 말했다. 그녀는 "괜찮습니다"라고 말하면서 나에게 계속 말할 것을 권고하였다.

내가 다음과 같은 말을 하기 시작하였을 때 나는 그녀에게 직접 전달하라는 주님의 메시지를 말하는 것과 같은 충동을 느꼈다.

나는 "패트, 나는 주님이 그 분을 대신하여 이 말을 당신에게 말하도록 요청하시고 있다는 느낌이 듭니다. 주님이 '나는 결코 너희의 벌거벗는 수치를 나타나지 않게 하리라'라고 말씀하십니다" 라고 그녀에게 말했다(이 말은 내가 바로 전에 몇 번이나 들은 말이었다.).

그 때 그녀는 마치 전류에 감전된 듯한 충격을 받는 것 같았다. 그녀는 자신을 통제하지 못하고 즉시 울기 시작하였다. 1-2분 후 그녀는 평정을 되찾고 설명을 시작하였다.

"목사님, 어떻게 설명해야 좋을지 모르겠습니다만, 그 말씀이 내 마음 속 깊은 두려움에 직접 애기하였습니다. 오랫동안 나는 '발가벗겨 수치스럽게 될 것이다'라는 말이 자꾸 내 뇌리에 스치는 것이었습니다. 나는 어느 날 그러한 생각을 하게 되었습니다. 나의 삶이 갑자기 악몽으로 변하고 내가 군중들 앞에서 발가벗기어 당혹스럽고 조롱을 받는 것처럼 혼자 남게 될 것이라고요. 그러나 목사님이 말씀하셨을 때, 즉 주님이 목사님에게 그러한 말씀을 주셨을 때 나는 그 말씀이 주님인 것을 알았습니다. 주님만이 내 마음 속 깊이 있는 말과 두려움을 아실 수 있습니다. 나는 발가벗겨 아무도 돌보아 주는 사람없이 수치스럽게 될까봐 두려워 했습니다."

예언의 말씀이 일반 대중에게 선언된 때도 많다. 최근 우리 나라의 가뭄 해소를 위한 중보기도가 한창일 때 목사님 중에 한 분이 일어나 이중적인 폭우를 예언하였다. "비는 자연적인 영역과 영적 영역 모두에서 내립니다. 땅 위에 비가 오는 축복과 함께 여러분의 심령 속에 성령이 임하는 축복을 같이 얻을 것입니다." 그 예언은 구체적으로 "나는 나의 권능의 우뢰와 함께 비를 보낼 것이니라"라는 말을 세 번이나 구체적으로 강조하였다.

미국의 대부분의 지역에서는 천둥과 비가 동반되는 것이 보통이나, 남부 캘리포니아에서는 천둥과 폭풍의 동반은 매우 드물다. 그것도 오랜 가뭄 후 바로 다음주에 전지역에 천둥을 동반한 비가 내린다는 예언은 회중에게 충격적인 말이었다. 그리고 더욱더 축복스러운 것은 자연적인 영역에서는 물론 정신적인 영역에서도 폭우가 쏟아진다는 말이었다. 그 다음주부터 하나님이 교회와 우리 안에 권능과 은총을 주심에 따라 수백명의 영혼들이 그리스도에게로 왔다.

그 밖에도 수많은 예가 있으나, 이와 같이 두 가지 예만 설명한 이유는 하나님의 은총의 역사를 개인과 회중이 환영하는 것이 중요함을 강조하기 위한 것이다. 이러한 영접은 방언의 아름다움의 일부이다. 왜냐하면 예언은 항상 그렇지는 않을지라도 자주 방언과 그 통역을 통해 나오기 때문이다.

광적인 신앙이란?

'광적'이라는 단어를 사용하는 것은 위험하다. 때때로 정도를 벗어난 특이한 사람들이 있었기 때문이다. 이는 지혜나 건전한 마음이 의심받을 정도로 예언을 할 수 있음을 주장하는(또는 실제로 그렇게 예언을 하는) 이상한 사람들을 의미한다. 이상한 일은 비극이나 파괴 또는 그리스도의 재림(어떤 특정한 날에)에 관한 예언에서 누가 결혼할 것인지(또는 누가 별거나 이혼할 것인지)를 맞추거나 누가 이사를 갈 것인지(또는 누가 물건을 잃어 버릴 것인지)를 맞추는 예언에 이르기까지 다양하다. 공포 이야기는 증폭 효과가 있으며 또 자주 각색된다. 종종, 성령의 진정한 현재하심에 반대하는 사람은 광적인 이야기나 공포 이야기를 표준으로, 즉 장난스러운 전형적인 예언의 예로 제시한다. 그러나 실제로는, 이러한 일과성 에피소드가 일어나는 이유는 예언 속에서 성령의 진정한 역사를 정확히 모르기 때문이다.

예언을 경멸하는 것이 해결방법은 아니다. 왜냐하면 성경은 명백히 그러한 것을 금지하고 있기 때문이다(살전 5 : 20). 이러한 명령에 잘 복종하려면 예언이 허용되고, 환영받고, 이해되고 그렇다고 해서 우리는 예언되는 모든 것을 받아들이거나 어떤 방법으로 예언이 표현되어도 좋다는 식으로 생각할 필요가 없다. 누군가가 말한 바와 같이, "주님이 말씀하시도다"라는 말은 주님이 반드시 어떤 것을 말씀하셨다는 의미는 아니다. 또한 누군가가 "나는 주님으로부터 어떤 말씀을 들었다고 생각한다"라고 마이크에 대고 말한다면 대부분의 사람들은 그가 이상한 생각이 들어 그 때문에 하나님을 비난한다고 생각한다. 따라서 여러분은 그와 같이 할 필요가 없다. 그렇게 한다면 여러분이 실제로 그러지는 않더라도 예언을 경멸하는 것이 되기 때문이다. 누구나 언젠가는 진정한 예언의 말씀을 들을 수 있을 것이나, 다른 사람에게 얘기하기 전에 분별력이 있는 행동으로 신용을 먼저 쌓아야 한다. 하나님의 부름을 받았다는 주장은 건전하고 믿음을 주며 진정한 기독교인이라는 증표는 아니다. 보다 진정한 성령의 역사는 명백한 실수보다는 세속적인 자만 때문에 인정되지 못하는 경우가 많다. 광적인 신앙은 열렬하나 불행히도 건강한 신앙은 아니다. 우리가 초자연성에 직면하기 때문에 결코 터무니 없지는 않다고 생각할 때 초자연성은 이미 자연적인 것이 되어 버린다. 즉 그 빈도와 위안 측면에서 우리들의 마음 안에서 자연적인 것이 되어 버린다. 따라서 다음 사항을 유념할 필요가 있다.

예언은 부자연스럽게, 큰 소리로 또는 세익스피어 풍의 영어로 선언될 필요는 없다. 목소리 자체가 문제는 아니다. 왜냐하면 때로는 메시지가 선언을 요구할 만큼 긴박할 수 있기 때문이다. 그러나 고함이나 괴성은 기름부음을 과시하는 필연적인 방법은 아니다. 언어 형태는 일반적이어도 무방하나 목소리가 떨릴 필요는 없다. 즉 성령은 우리가 유령처럼 사역하기를 기대하시지 않는다.

예언에 얽매일 필요는 없다. 회중의 지도자는 어떤 것이 이미 얘기되었다는 이유로 그것을 다시 조정할 필요는 없다. 진지하나 감성이 무딘 영혼은 회중의 주제와는 관계없는 말을 자주 꺼낸다. 지도자가 "여러분 모두에게 하나님은 축복을 주신다"라고 자상하게 언급한 다음 재빨리 예배의 다음 순서로 진행하면 무방하다(만약 누군가가 상황에 적절치 않은 말을 하는 버릇이 있다면 그에게 개인적으로 장로가 얘기하여 말을 꺼내기 전에 다시 한 번 신중히 생각토록 지적해주면 된다).

예언은 수정될 수 있다. 만약 어떤 것이 분명히 틀리다면 그것을 시정해야 한다. 분명하지 않으면 그 말을 한 사람에게 분명히 하도록 요구해야 한다. 그들이 잘 모르겠다고 말하면 예언에 관한 생각을 분명히 하기 위해 나중에 다시 만나자고 말해야 한다. 때때로 말이 잘못되거나 주관적인 판단이 개입되어 있거나 이상할 경우에, 나는 공개적으로 장로나 집사들에게 "여러분중 누가 이 말을 확인해주실 수 있습니까?"라고 묻는다. 명백한 경우에는 대개 확인받을 필요는 없다. 회중에게는 상황이 즉시 시정된다. 또한 우리가 초자연적인 것에 대해 마음을 열었다고 해서 어리석거나 미신적인 생각에 빠져서는 안된다(우연이긴 하지만 이러한 상황에서 말을 한 당사자가 항상 나타난다. 나는 개방된 회중이라면 그러한 방문이 예상됨을 보증할 수 있다. 때때로 나는 외계 우주의 어디에선가 빛이 내려 온다고 생각한다. 설사 그렇지 않더라도 나는 어느 깊은 곳에서 빛이 내려온다고 확실히 말할 수 있다).

우리가 주님의 말씀으로부터 기대할 수 있는 구체적인 것들이 있다. 성령의 역사는 교회나 더 작은 집단으로 사람들을 인도하기 위한 예언으로 나타난다.

첫째, 성령의 역사는 우리들을 기본적인 성경의 진실로 인도하신다. 예언은 결코 성경과 동일할 수는 없으나, 성경에 그 뿌리와 열매를 두고 있다. 나의 의미는 말씀이 어떻게 표현되든 성경적인 개념에 그 중심을 두고 있다는 것이다. 그렇다고 하여 예언을 할 때 성경을 인용할 필요가 있다는 의미는 아니다. 예언은 어떤 문장이나 상세한 가르침을 주창하는 것은 아니다. 그러나 예언의 기본은 우리가 말씀에서 이미 알고 있는 것을 보다 생생히 전달하여 우리의 관점에 중요한 의미를 부여하는 것이다.

나는 한 말씀을 들었을 때 목회자 회의에 참석하고 있었다. "나는 나의 목자인 너희 모두에게 말하노라. 나는 특히 목자중의 가장 훌륭한 목자인 네게 말하노라. 이는 너희의 주인의 말이니라. 나는 네게 겸손하기를 요구하노라. 내가 위대한 목자로 알려지기 전에 나는 하나님의 양이었노라. 이 점을 항상 명심하여라. 너의 삶을 무리를 위한 사역에 전념하여라. 네가 나의 마음을 배울 때 너는 목자인 나의 마음을 이해하리라." 그 응답은 나를 너무 겸허하게 만드셨다. 어떤 새로운 진리도 말씀하시지는 않았으나 기본적으로 성경의 관점에 초점을 두셨고 또 그 초점은 피할 수 없는 것이었다.

둘째, 예언의 사역을 진지하고 민감하게 그리고 영적인 인내로 해야 한다. 예언을 주장하는 사람이 쉽게 지껄이거나, 방 안을 빤히 쳐다보거나 텔레비전 카메라 앞에서 웃거나 또는 세속적인 태도로 잡담을 하거나 회중의 어른을 배려함이 없이 회중 앞에 서서는 안된다. 이러한 태도는 분명히 지양되어야 한다. 대신에 다음과 같이 해야 한다.

1. 예배에서 적절한 시점을 찾아 예언의 수용성을 확인한다(회 중의 선임 목회자로서 내가 예언이 생각났으나 그 순간에는 회중을 이끌지 않는다면 회중의 지도자에게 얘기하고 그가 기회를 줄 때까지 기다린다).

2. 예언은 가급적 짧게 한다. 사람들은 장황한 말은 잘 기억하지 못한다. 말은 명료하고 분명해야 한다. 즉 분명하고 간결하게 얘기해야 한다. 대개 어떤 그림을 중심으로 얘기를 미리 구상해두는 것이 좋다. 예를 들어 강이 바다로 흐르고 비구름이 가까이 다가오고

다양한 열매가 열린 나무 등을 머리 속에 그려보는 것이 좋다. 이러한 그림은 성경에 실제 있는 그림이다(그러나 반드시 머리 속에 그림을 그려야 하는 것은 아니다). 어쨌든 예언은 듣는 사람이 하나님의 말씀을 보다 잘 듣도록 하기 위해 시적인 상상력을 발휘하는 것이 좋다.

셋째, 사람들이 주님에 초점을 맞추도록 도와야 한다. 즉 주님의 이름으로 예언을 시작해야 한다. 회중에게 전달할 때 예언자의 망토가 예언자에게 입혀진 경우를 제외하고는 다른 광경에 열중해있는 군중에게 예언을 전달하는 것은 적절하지 못하다. 연사보다는 그 내용에 사람들이 초점을 두도록 유도하는 것이 중요하다. 이를테면, "자 잠깐 고개를 숙이고 우리의 한 형제가 우리에게 하실 다음 말씀에 경청합시다"라고 말한다.

예언을 어떻게 유지하는가?

하나님의 다른 은총의 역사와 마찬가지로, 과장된 강조는 항상 문제를 수반한다. 나는 몇 년 전 내가 이끌던 한 회중이 갑자기 예언에 의해 동요되었을 때 많은 낙담을 하였다. 다행히도 회중의 열광은 비교적 짧았으나, 분명히 많은 어려움과 실망(파괴는 아니더라도)이 뒤따랐다. 영적인 선물의 어떤 측면에 관해 균형이 이루어지지 않으면 두 가지 방향으로 급진전한다. 첫째는 오늘날 성경적으로 인정되는 영적인 선물의 존재를 부인하는 사람들이 대개 유도하는 특정의 선언으로 쏠린다. 둘째, 선물이나 선언으로부터의 이탈이다. 때때로 많은 사람들은 그들이 실제로 기대할 수 있는 것을 하지 않는 경향이 있다. 즉 극단적이거나 이상하게 사용하는 사람들을 연상하고는 죄의식에 사로잡혀 선물을 제대로 유용하게 사용하지 않는 경향이 있다. 많은 지도자들이 이러한 문제를 해결하기 위해 애써 왔다. 우리가 예언에 적용할 수 있는 유용한 지침도 있다. 우리는 성령이 교회에 말씀하시는 것에 귀를 기울임으로써 즐거움과 생동감을 경험할 수 있을 것이다. 다음 사항을 기억하자.

1. 하나님의 말씀은 모든 예언이 판단되는 배관으로써 항상 기준이 되어야 한다.

2. 하나님의 말씀 즉 성경은 진리, 믿음 안에서의 성장, 생명을 위한 인도 등에 대한 우리의 간구의 초점이 되어야 한다.

3. 예수 그리스도는 항상 이러한 초점의 중심이 되어야 한다. 어떤 선물도 그 분을 떠나 인간으로 초점을 맞춰서는 안된다.

4. 회중 속에서 예언은 통제하는 수단이 아니라 보호, 조정하고 시정하는 수단으로써 지역 교회의 장로들에게 전달되어야 한다.

5. 모든 예언은 단지 박수 갈채에 그치지 않고 실제로 적용되어야 한다. 성령의 말씀은 우리를 고무하기 위한 것이 아니라 우리의 행동을 유도하기 위한 것이다.

6. 개인적인 예언은 인간에 대한 통제나 지시를 수반해서는 결코 안된다. 예언자가 아닌 그리스도가 그 분의 구속을 받는 모든 사람의 주님이시다.

7. 항상 우리의 예언이 부분적임을 기억할 필요가 있다. 따라서 어떤 예언도 최종적이거나 무한한 지침으로 받아들여서는 안된다.

파멸로 치닫는 잘못된 예언의 슬픈 이야기에는 인간의 어리석음을 보여주는 많은 유머가 있는 것 같다.

내 친구가 영국을 방문중에 설교하기를 좋아하는 젊은이가 있다는 속회에 관해 들었다. 그 젊은이는 어떤 역사적인 성자를 인용하면서 서두를 꺼냈다. 그는 다음과 같이 말했다고 한다. "주님은 말씀하시길 '나는 나의 종에 의해 얘기를 하였다. 그가 존 웨슬리였다고 생각하는데 확실치 않다' 라고 하셨습니다." 비록 그가 계속 설교를 하였지만 회중은 웃음을 참느라 힘이 들었다고 한다. 왜냐하면 연사가 말을 더듬는 바람에 주님의 말씀에 관한 기억이 혼동스러웠기 때문이었다.

또 다른 전형적인 예는 최남부지방에서의 일이다. 그곳에서 어느 주일, 교회의 뒤편에서 귀를 찢는 듯한 소리가 들렸다. "주님이 말씀하신다. 동방에 두려움이 있고 서방에 두려움이 있다. 나도 두렵다."

이와 같은 이야기는 주님이 자신의 문을 열어 예언으로 성령을 제공하심으로 자신을 취약하게 만드셨다는 분명한 증거이다. 분명히 많은 인류에게 은총의 선물을 주실 만큼 관대한 마음을 가지신 주님은 인간의 오용이라는 위험을 무릅쓰신다. 그 분의 사랑을 증폭하기 위해 그 분은 가능한 한 많은 사람들을 포용하기로 하셨다. "나의 모든 아들과 딸들아." 그 분의 무한한 말씀, 즉 성경의 한 말씀이다. 성령은 여러분이 교회의 덕을 위하고 권면하며 남들을 위안하기를 원하신다. 성령은 여러분이 하나님을 영접할 경우, 여러분의 개인적인 삶이 얼마만큼 증진될 것인지 계시하신다. 여러분의 마음을 산란하게 하는 사람이 있을지라도 결코 굴복해서는 안된다. 성령으로 충만된 삶은 항상 이러한 방해를 포함하여 예정되었다.

한 사람이 소리친다. "하나님으로부터 들었거나 하나님의 이름으로 말을 한다고 주장하는 것은 성경의 절대성을 부인하거나 여러분의 부족한 지각을 선언하는 것과 다름없다."

얼마나 조소적인 말인가. 그보다도 하나님의 무한하고 영원한 말씀의 영감을 보호한다고 주장하는 듯 하지만 이 말은 완전히 비성경적이다. 하나님은 자기 자신에게 말씀하시며 사람들의 마음에 통찰력을 주신다. 이러한 통찰력은 현재 우리에게 부여되어 있으며 그리스도와 성경에 대한 우리의 초점을 항상 지켜준다.

또 다음과 같은 진부한 비난이 있다. "나는 예언을 들었다거나 멀리서 성경책을 넘기는 것을 생각했다거나. 하는 사람중 사려가 깊은 성자를 보지 못했다. 성경의 페이지에 예언을 추가하는 사람은 성자가 아니다. 또 나는 하나님의 순수한 말씀을 추구하여 그것으로 먹고 살지 않고 예언을 지껄이는 충만된 삶을 조금도 이해하지 못한다."

하나님은 오늘날 회중에게 성령을 통해 말씀하신다. 교회의 덕을 위해 권면을 위해, 그리고 위안을 위해 그 말씀을 듣는 사람들이 늘어나고 있다. 내가 관찰한 것들중 가장 만족스러운 것은, 성령의 말씀을 들을수록 성령이 성경에서 말씀하신 것을 더 사랑하게 되고, 또 그 말씀에 따라 더 살게 된다는 점이다.

8장. 축복된 이점을 가진 아름다움

찰스 디킨스는 「크리스마스 캐롤」이라는 작품에서
"하나님이 우리 모두를 축복하사"라고 꼬마 팀이 말하도록 하였다.

헤이포드 가족이 또 다른 크리스마스를 맞게 되었다. 나는 안나를 위한 나의 선물 계획에 관해 다소 거드름을 피웠다. 그녀는 여러 번 나보다 더 좋은 계획을 세워 내가 전혀 생각하지 못한 것들로 나를 놀라게 하였다. 그녀는 나에게 줄 크리스마스 선물을 위해 1년내내 사려깊게 준비하였던 것이다. 그러나 이번에는 내가 그녀보다 더 나은 계획을 세웠다고 확신하였다. 내가 몇 십 년 동안 같이 행복하게 가정을 꾸며온 이 사랑스러운 여성에 대한 나의 사랑이 특별히 완성될 것이라는 기대에 부풀어 있었다.

나는 큰 상자 속에 중간 크기의 상자를 넣고, 그 속에 선물이 든 보다 작은 상자를 넣는 식으로 선물을 준비하였다. 크리스마스 이브가 되었을 때 우리 가족 모두는 – 자녀와 손자를 포함하여–안나(할머니이자 어머니이자 자상한 아내)가 큰 상자 속의 선물을 일일이 열어 볼 때 손뼉을 치며 웃었다.

우리 애들은 그들의 어머니 앞에 큰 상자를 들어 올렸으며 모두 고개를 돌려 주시하였다. 나는 속으로, "애들아, 너희 아빠가 얼마나 행복해하는지 보아라. 그리고 내가 어떻게 너희 엄마의 마음을 사로잡았는지 보아라"라고 말했다. 상자 속에는 실용적이고 아름다운 선물들이 들어 있었는데, 옷가지는 물론 정감적인 선물도 들어 있었다(내가 액자에 넣어준 장모님의 사진을 보자 안나가 눈물을 흘렸다. 장모님은 네브라스카 평원에서 아홉 자녀를 키우신 개척 정신이 투철한 분이였으며 그 때 92세였다).

그 장면은 하늘에 계신 아버지의 마음이 그리스도의 신부를 보듯이 지금도 내 가슴을 뭉클하게 한다. 실제로 훌륭하고 완벽한 모든 선물이 하나님으로부터 오는 것이기 때문에(약 1 : 17) 이러한 나의 표현은 적절하다고 볼 수 있다. 그리고 그 분의 모든 엄청난 자비와 선하심, 풍성하심, 그리고 선물 등은 영생이라는 하나의 선물로 포장되어 있다. 그 웅대하고 포괄적이며 엄청난 잠재력을 가진 선물은 우리들에 대한 사랑의 마음으로 피를 흘리신 그 분의 아들이자 우리의 주이신 예수 그리스도를 통해서만 살 수 있다.

실제로, 전체의 구원은 예수님이라는 하나의 큰 상자에 포장되어 있다. 그러므로 그리스도 안에서 우리의 새로운 삶이 시작될 때부터 우리는 우리에게 약속된 모든 관대함을 얻게 된다. 그러나 나의 아내가 큰 선물상자 속에 든 개별 선물을 각각 풀어야 하는 것처럼, 우리 모두도 하나님이 우리에게 주신 많은 축복과 약속, 그리고 선물을 각각 열어 보아야 한다.

우리가 하나님으로부터 받는 모든 것들은 우리가 예수님을 우리의 구세주이자 주님으로 영접할 때 우리에게 전달된다는 것은 신학적으로 정확한 제안이다. 그러나 똑같이 중요한 것은, 실제적인 필요가 존재한다는 점이다. 우리의 삶을 위한 하나님의 자원의 각 측면은 그 분이 주신 선물을 우리가 풀어 보느냐에 달려 있다. 여러분과 나는 그 약속 속에 있는 각 부분을 받아 열어 보고 우리의 것으로 만들어야 한다. 즉, 우리가 예수 그리스도를 통해 받은 삶의 각 부분에 내재하는 가능성을 열어 보아야 한다.

영적인 언어라는 자원은 그리스도 안에서 이들 꾸러미들중의 하나이다. 우리가 앞서 살펴본 바와 같이 모든 기독교인은 서로 방언으로 얘기할 수 있다. 베드로가 "회개하라. 세례를 받으라. 그러면 성령의 선물을 받을 것이니라"라고 말했을 때 그는 영원한 힘과 함께 수많은 축복을 포함하는 웅장한 선물을 선언하면서 우리들의 참여를 촉구하였다.

그러나 하나님의 각 선물은, 작은 것이라 해도 그 분의 창조와 영적인 부유함이 들어 있다. 따라서 어떤 작은 선물을 열어 본다 해도 다른 은총의 영역을 발견하는 것이 된다. 안나에 대한 나의 크리스마스 선물 중 하나가 진주 목걸이였던 것처럼 하나님은 우리를 위한 그 분의 많은 사랑의 선물중 하나에 귀중한 선물을 넣어 주신다. 영적인 언어의 아름다움도 이와 같다.

영적인 언어에 다양한 이점이 있다는 것은 고린도전서 14장에 기록된 방언에 관한 바울의 말에도 잘 나타나 있다. 바울은 방언에 관한 자신의 긍정적인 생각이 방언의 가치에 있음을 분명히 말한다. "나는 너희가 다 방언 말하기를 원하나… 내가 너희 모든 사람보다 방언을 더 말하므로… 방언 말하기를 금하지 말라"(5, 18, 39절).

바울의 엄격한 가르침은 분명하다. "무식한 자들이나 믿지 아니하는 자들이 들어와서 너희를 미쳤다 하지 아니 하겠느냐"(11, 23절), "만일 통역하는 자가 없거든 교회에서는 잠잠하라"(28절), "예언하는 자들의 영이 예언하는 자들에게 제재를 받나니"(32절). 이러한 직접적이고 요구적인 통제는 회중에서 혼동과 무질서를

피하고자 하는 명백한 목적보다 더 큰 이유 때문이다. 바울은 방언의 사적이고 헌신적인 사용에 내재하는 개인적인 이익이 보존되도록 하기 위해 건전한 방언 관행을 수립하려고 노력하였다.

방언의 사적인 사용에는 최소한 세 가지 축복이 더 들어 있다. 즉 우리가 앞서 논의한 확대된 예배와 증가된 복지 이외에도 세 가지가 더 있다. 우리의 예배에 신선한 향기를 더해주고 우리의 간구에 신성한 불길을 지펴주는 것 이외에도, 방언은 하나님이 주신 큰 선물 안에 들어 있는 다른 선물을 더 많이 찾을 수 있도록 해준다. 고린도전서 14장은 방언의 남용을 시정하는 것 이외에도 다음 목적을 위한 방언의 현명한 사용을 강조한다.

1. 영혼을 교화하기 위한 수단(4절)
2. 분명한 의사소통을 위한 수단(2절)
3. 신비를 해결하기 위한 수단(2절)

방언은 믿는 자들의 사용을 기다리고 있다. 방언은 어떤 마술적인 수단이나 성스러운 발작에 의해 발생하는 것은 아니다. 하나님은 그 분의 규정에 우리가 참여하는 선택을 우회하는 신비스러운 방법으로 우리를 절대로 다루시지 않는다. 따라서 성경적으로 계시된 이러한 가능성을 고찰해보는 것이 바람직할 것이다. 그러면 성령의 충만하심에 관한 예수님의 예언이 어떻게 명백히 달성되는가를 볼 수 있다.

주님이 약속하신 강

요한복음 7장에서 주님은 초막절에 계셨다. 그 때는 주님이 십자가에 못박히신 날로부터 불과 6개월 전이었다. 주님은 초막절을 위해 모인 많은 군중들에게 선언하셨다. 그 세례 의식은 하나님이 이스라엘 백성이 광야에서 방황하던 시절에 주신 기적의 물을 기넘하기 위한 것이었으며 이제 막 의식이 시작되려는 참이었다. 제사장들이 주님을 잡으려고 하속들을 보냈을 때 요한은 상황을 다음과 같이 말했다.

"명절 끝날 곧 큰 날에 예수께서 서서 외쳐 가라사대 누구든지 목마르거든 내게로 와서 마시라. 나를 믿는 자는 성경에 이름과 같이 그 배에서 생수의 강이 흘러나리라 하시니 이는 그를 믿는 자의 받을 성령을 가리켜 말씀하신 것이라. 예수께서 아직 영광을 받지 못하신고로 성령이 아직 저희에게 계시지 아니하시더라."(요 7 : 37 -39).

우리의 구세주가 예언하신 '강들'이 복수임을 유념할 필요가 있다. 이는 성령의 충만하심을 나중에 영접하는 사람들이 사용할 수 있는 내적 자원의 성질과 관련된다. '강들'은 예수님이 요한복음 4장에서 사용하신 '샘'이라는 이미지와 명백히 대조된다. 예수님은 영생의 구원과 죄사함 그리고 미래의 영광에 대한 약속을 간구하는 여자에게 다음과 같이 말씀하셨다. "네가 만일 하나님의 선물과 또 네게 물좀 달라 하는 이가 누구인 줄 알았더면 네가 그에게 구하였을 것이요… 내가 주는 물을 먹는 자는 영원히 목마르지 아니하리니"(요 4 : 10, 14).

그러나 여기서, 이미 믿는 자들에게 예수님은 영원을 구원하는 샘과 구분되는 강을 설명하신다. 사람으로부터 흘러나오는 강과 사람 안에서 솟아나는 샘의 대비는 우연한 말씀은 아니다. 예수님은 신자의 경험 안에서 발생하는 것들을 설명하셨다. 즉 다른 사역을 달성하려는 하나님의 창조적인 지혜에 의해 각각 설계된 일들을 설명하셨다. 영생의 샘은 구원을 위한 우리 영혼의 간구에 대한 답변이시다. 우리들의 개인적인 간구에 대한 성령의 역사하심의 강은 그리스도가 우리 주위의 세상을 다스리시기 위해 우리들 각각을 통해 하시는 역사를 위한 자원이다. 샘은 영생을 가져다 주지만 강은 성령과 함께 흐른다. 샘은 우리의 구원을 위한 것이지만 강은 우리의 사역을 위한 것이다.

우리가 하나님의 말씀을 살펴보고 우리의 일상 삶에서 방언의 역동적인 사용을 조사해보기 위해 예수님의 강을 기반으로 세 가지 축복을 설명해 보겠다.

덕을 위한 강

"방언을 말하는 자는 자기의 덕을 세우고…"(고전 14 : 4).

"사랑하는 자들아 너희는 너희의 지극히 거룩한 믿음 위에 자기를 건축하며 성령으로 기도하며 하나님의 사랑 안에서 자기를 지키며 영생에 이르도록 우리 주 예수 그리스도의 긍휼을 기다리라"(유 20-21).

뜨거운 열이 서쪽으로 흐르는 은빛 물결 속에 일어났을 때 나의 눈 앞에 사하라의 사막이 펼쳐졌다. 카이로 시내로부터 불과 20마일 떨어진 산등성이에 서서 서쪽에서 180도 등을 돌려 동쪽과 그 도시를 바라보았을 때, 나는 현저한 차이에 놀랐다. 이집트의 가장 번화한 지역이 삶의 활력이 가득찬 모습으로 내 앞에 있었다. 도처에 푸릇푸릇함이 만연하였으며 남북으로 뻗은 나일강가는 에메랄드처럼 빛났다. 나는 그 놀라운 차이에 경외심을 느꼈다. 그 산등성이에서 동쪽을 보면 삶과 부와 열매와 아름다움이 보였고, 서쪽으로 보면 거의 아무것도 없다. 모든 것이 너무 갑작스럽게 변했다. 다만 어떤 선이 모래 위에 그어져 있을 뿐이었다. 동쪽은 거대한 피라밋의 경이를 포함하여 상업과 건물들로 꽉 찼고, 서쪽은 황무지와 뜨거운 모래 뿐이다. 이런 곳에서 사람은 얼마나 오랫동안 버틸 수 있을지 의문이었다.

덕을 위해 강의 힘을 해석하여 보았더니 분명히 알 수 있었다. 그날 이후 나는 그 극적인 인상과 해석을 떨쳐버릴 수 없었다.

'덕을 위한다'라는 개념은 우리가 건물을 종종 기념비라고 얘기하므로 이런 측면에서 보면 간단히 설명된다. 성경은 기독교인의 삶을 세우기 위한 세 가지 방법을 설명한다.

1. 우리는 그리스도 그 분의 의지와 손에 의해 영적인 집으로 세워지고 있다.

"내가 내 교회를 세우리니…"(마 16 : 18), "그의 안에서 건물마다 서로 연결하여 주 안에서 성전이 되어 가고"(엡 2 : 21), "너희가 전에는 양과 같이 길을 잃었더니 이제는 너희 영혼의 목자와 감독되신 이에게 돌아왔느니라"(벧전 1 : 25).

이와 같이 우리는 하나님이 명령하신 건축계획을 따르며, 우리 각자는 신앙의 집의 일부로써 하나님의 손에 의해 서로 맞추어진다.

2. 우리는 서로 도와가면서 집으로 지어진다.

"교회의 덕 세우기를 위하여 뛰어나라"(고전 14 : 5, 12, 26), "우리가 화평의 일과 서로 덕을 세우는 일을 힘쓰나니"(롬 14 : 19), "그에게서 온몸이 각 마디를 통하여… 사랑 안에서 스스로 세우느니라"(엡 4 : 16). 이와 같이 우리는 우리 주 예수 그리스도의 종으로서 각자의 힘을 합쳐 서로 발전시킬 수 있도록 가능한 모든 일을 하도록 요구된 서로의 종이다.

3. 우리는 성령이 역사하시는 구체적인 계획에 의해 스스로를 세우도록 지시를 받는다.

"사랑하는 자들아 너희는 너희의 지극히 거룩한 믿음 위에 자기를 건축하며 성령으로 기도하며”(유 20), “방언을 말하는 자는 자기의 덕을 세우고”(고전 14 : 4). 우리는 덕을 세우는 과정에서 주님의 종이자 하인으로서 우리의 역할을 해야 하며 우리는 서로 고무하여 우리의 덕을 세워야 한다. 우리 자신의 덕을 세우자는 이러한 성경 말씀은 우리가 우리의 힘으로 건물을 세우라는 뜻은 아니다. 우리는 영적인 언어, 즉 우리의 영혼의 덕을 세우기 위한 수단으로써 하나님이 주신 것을 선택할 수 있다. 그 힘은 덕을 세우는 강을 통해 흐르는 성령의 힘이다. 그러나 선택은 우리 자신이 하는 것이며 덕도 우리 자신이 세우는 것이다.

이러한 자신의 덕을 세우는 것은 이기적인 행동이 아님을 주목할 필요가 있다. 이러한 행위는 성경적인 행위이며 내가 자주 인용하는 영적인 언어의 아름다운 이점중 하나이다.

엄청나게 힘든 일정으로 고생했던 한 시절이 생각난다. 어느 날 밤 나는 내가 설교를 할 교회 예배에서 신자들 사이에 서 있었다. 나는 무거운 의무에 짓눌려 몸이 피곤하고 정신이 멍해지는 것을 느꼈다. 나의 신체적, 정신적 자원이 설교하기에는 부족하다는 것을 깨닫는 순간 나는 눈물이 나왔다. 내가 이러한 절망에 빠져있을 때 성령이 나에게 설교문을 가져다 주셨다. 나는 하나님의 말씀에 힘 입어 영적인 언어로써 내 자신의 덕을 세울 수 있었던 것이다. 회중이 찬송가를 부르고 있는 동안 나는 회중의 맨 앞줄에서 불쑥 일어났다. 나는 회중을 등뒤로 하고 있었으며 어느 누구도 나의 입술을 볼 수 없었다. 그들이 노래를 부르고 있는 동안 나는 나의 영적인 언어로써 예배를 인도하면서 나의 시간을 채울 수 있었다.

다른 사람에게는 내가 회중과 함께 노래를 부르고 있는 것처럼 보였을 것이다. 그러나 내가 성령으로 노래를 계속 불렀을 때 나는 힘이 솟아나고 나의 몸이 원기를 회복하는 것을 느꼈다. 나의 신체적인 힘과 나의 정신적인 상태, 그리고 나의 영적인 준비는 놀랍게도 모두 강화되었다. 나의 갑작스러운 변화는 이사야 28장의 시련과도 같은 것이었는데, 이 예언적인 문구는 고린도전서 14장 21절에서 영적인 언어에 관해 바울이 다시 인용한다. "이것이 너희 안식이요 이것이 너희 상쾌함이니 너희는 곤비한 자에게 안식을 주라"(사 28 : 12).[1]

자기의 덕을 세우는 것은 우리가 피곤 이상의 것을 의식할 때도 가능하다. 자기의 덕을 세우는 것은 내가 어려운 상황이 다가오고 있음을 알 때 의도된 자원이다. 자기의 덕을 세우는 것은 영적인 복지 속에서 재생하는 것이다. 자기의 덕을 세우는 것은 유혹에 직면할 때 힘을 내는 방법이 되거나 결정을 내려야 할 때 하나님의 지혜를 구하는 방법이 된다.

다른 고린도인들과 함께 하나님의 말씀을 들을 때 덕을 세우는 강은 하나의 먼 이익으로서 우리에게 제공된 성령에 의한 언어의 강이다. 그러나 모든 계약 또는 관계에서 기대할 수 있는 다른 이익과 마찬가지로, 이러한 이익도 적용될 필요가 있다. 하나님은 우리에게 이러한 이익을 주셨다. 그것을 이용하는 것은 우리의 선택이다.

의사소통의 강

"방언을 말하는 자는 사람에게 하지 아니하고 하나님께 하나니"(고전 14 : 2).

"내가 만일 방언으로 기도하면 나의 영이 기도하거니와 나의 마음은 열매를 맺히지 못하리라"(고전 14 : 14).

고린도전서 14장의 가장 기본적인 통찰은 방언이 다목적적인 자원이라는 점이다. 방언의 사용을 한 가지 목적으로만 국한시키는 어떤 정의도 방언의 축복에 관해 혼동만을 야기할 뿐이다. 방언의 은총이 선물과 구분되지 않을 경우 혼동이 야기되므로, 우리는 이러한 초자연적인 자원의 강이 지향하는 목표에 초점을 두어야 한다.

미시시피에는 겨울이 한참이었으므로, 2월의 미시시피를 비추는 아침 햇살은 그다지 힘을 쓰지 못했다. 몰린에서 데이븐포트로 차를 몰고 가던 안나와 나는 '마이티 미스'를 가로지르는 한 다리에 도착하였다. 자켓으로 찬바람을 막고 있었지만 우리의 얼굴은 찬바람에 무방비 상태였다. 곧, 우리가 차안으로 피난할 수밖에 없었으므로 당연히 우리의 구경 시간은 줄어들었다. 그러나 나는 곧 한 가지 흥미있는 것을 보았다.

비록 강이 완전히 얼어 붙었지만 서쪽 둑으로 얼음이 파여 있어 보트 관광이 가능할 것처럼 보였다. 이러한 조건은 그 지역 경제에 매우 필수적인 것 같았다. 나는 무엇 때문에 이러한 겨울철 보트 수로를 유지하고 있는지 알 수 없었으나 시각적인 메시지는 내 머리 속에 오래 남았다.

여러분의 영혼이 겨울철인 적이 있었는가? 물론 우리는 그런 적이 있다. 여러 번 나의 상황은 갑작스러운 또는 누적적인 압박이나 시련으로 얼어붙은 적이 많다. 여러분이 내가 말하는 의미를 정확히 이해할는지 모르겠지만 고백하자면, 때때로 나는 전혀 기도하고 싶지 않으며, 또 어떤 때는 기도를 한다 해도 아무 일도 일어나지 않는 것 같다. 찬송주의자와 예언주의자들도 이따금 이와 같은 고백을 하였다. 그들의 솔직함이 우리에게 위안이 되나, 종교적인 위선을 그만두고 싶은 유혹을 느낀 적도 많았다. 이러한 영혼의 겨울철에 여러분이나 나는 번지 점프를 할 필요가 있는 것 같다. 왜냐하면 많은 사람들이 때때로 기도하기가 어렵다는 것을 느끼기 때문이다. 마음은 방황하고 추위 때문에 천국의 창문이 거의 닫혀져 버린 것 같이 보인다.

그러나 사도 바울은 두 영혼간, 즉 구속된 인간의 영혼과 살아계신 아버지이시자 우리의 영원한 창조주이신 하나님 사이의 확실한 연결에 관해 기록한다. 말이 실패하고 영혼이 얼어붙은 것 같을 때 우리측의 상태가 어떠하든 결코 동결되지 않는 신성한 수로를 통해 하나님께 직접 가는 핫라인이 있다. 성령이 우리의 지각된 한계를 넘어 우리가 기도할 수 있도록 도와주시도록 요청해야 한다. 내가 방언으로 기도할 때 나는 하나님께 말씀드리고 있는 것이다. 다른 사람이 방언의 사용에 관해 뭐라고 얘기하든 방언은 성경의 보루 이다. 방언은 천국과 연결되어 있다.

물론 나는 우리의 모국어로 하는 기도가 2류급이라 하더라도 그것의 유용성을 비하하려는 뜻은 없다. 그러나 '마음으로 하는 나의 기도'가 아무리 효율적이라 하더라도 성령 안에서 기도하는 것에 비해 두 가지 한계가 있다. 첫째, 내가 아무리 나의 기도를 이해할 수 있다고 해도 나는 모든 것을 다 이해할 수는 없다. 성령 안에서의 기도는 이러한 한계를 확장한다. 둘째, 얼어붙은 나의 느낌이나 영적인 열망의 결여로 기도하는 마음이 약해질 때 한계에 부딪힌다. 이때 방언으로 기도하면 성령의 도움으로 얼음을 깨고 수로를 찾는 해방감을 맛볼 수 있다.

어떤 사람은 방언의 기도가 그렇게 효과적이라면 왜 성령으로만 기도하면 안되는지 의문을 제기할 수 있다. 해답은 성경이 그렇게 가르치지 않는다는 것이다. 방언의 사용은 정신적인 나태나 지적인 게으름의 증거는 아니다. 하나님의 공식은 그 분의 말씀에 분명히 선언되어 있다. "내가 영으로 기도하고 또 마음으로 기도하느니라" (고전 14 : 15). 그러므로 나는 마음으로 하는 모국어 기도와 성령과 함께 하는 방언의 기도를 다 사용한다.

이와 동일한 의미에서, 다른 문제를 논의해 보겠다. 이 문제는 성령의 힘에 의한 방언의 사용에 자신을 내맡기는 사람들이 가장 보편적으로 직면하는 문제중 하나일 수 있다. 문제는 때때로 다음과 같은 의문의 형식으로 나타난다. "내가 방언이 진정으로 언어인지를 어떻게 아는가?", "방언이 정말 도움이 되는가?", "왜 나의 말이 그토록 자주 반복되는가?"

나는 하나님이 주신 경험이나 자원으로 미루어 볼 때 우리 영혼의 적은 이러한 의문에 직면하지 않는다는 사실에 먼저 안도감을 느낀다. 우리 영혼의 적은 다음과 같은 의문은 제기하지 않는다. "당신이 진정으로 구원되었는지 어떻게 아는가?", "당신은 이 책이 왜 하나님의 말씀이라고 믿는가?", "당신은 세례를 받으면 어떤 차이가 있다고 생각하는가?", "당신은 그러한 빵과 포도주로 움직이는 것이 바보스러운 짓이라고 생각하지 않는가?", "당신은 교회에 갈 필요가 없다. 집에서 예배를 해도 되지 않는가?"

우리의 육신과 사탄은 영적 생활의 기본적인 규율에 도전하여 우리의 삶에서 우리의 항복을 받아내기 위해 우리의 신앙을 약화시키려고 한다. 그러나 방언을 사용하는 특권에 관한 성경의 말씀은 다음과 같은 보장과 해답을 주신다. "방언을 말하는 자는 하나님께 말하는 것이다!" 이러한 보증으로 여러분의 의문을 해소하기 바란다. 하나님의 말씀은 다음과 같이 기록되어 있다. "너희는 내게 말하고 있으며 나는 이를 듣고 나의 성령에 의해 너희의 마음이 표현하는 모든 것에 응답할 것이니라." 다음에 우리의 영혼의 적은 "나는 그것이 말처럼 들리지 않는데"라고 속삭인다. 이때에는 고린도전서 14장 2절을 인용하여 "내가 너에게 말하는 것은 아니다"라고 물리치기 바란다.

몇 년 전 나는 신약성경의 기본적인 원리중 하나를 방언의 주제에 적용하는 법을 배웠다. "구하라 그러면 너희에게 주실 것이요… 무릇

있는 자는 받아 넉넉하게 되리라" (마 7 : 7, 13 : 12). 이 원리는
하나님이 우리가 요청하는 것을 주신다는 것이다. 우리가 그 분이
주시는 것을 사용할 때 그 분은 그것을 배가시키신다. 여러분의
방언에서 제한된 어휘 때문에 여러분의 마음 속에서 일어나는 의문에
대답할 때는 이 약속을 적용하는 지혜를 배우기 바란다. 나의 딸
크리스타와 나는 그녀가 10대 초반이었을 때 함께 얘기하고 있었다.
영혼으로의 기도는 우리 가족에서는 일반적이었으므로 딸 아이가
나에게 다음과 같이 질문하는 것은 당연하였다. "아빠, 나를 도와
주세요. 때때로 나는 방언이 자꾸 반복되기 때문에 이상한 것 같
아요."

나는 딸 아이에게 "네가 말한 의미를 잘 알겠다. 우리 모두는
그러한 경험을 했단다."라고 말하면서 안심시켰다. 크리스타는 놀란
표정을 지었다. (우리들중 많은 사람들이 우리가 어떤 문제를 겪은
유일한 사람이라고 생각한다는 것은 오히려 이상하지 않은가?)

나는 계속 다음과 같이 말했다. "크리스타야, 나는 네게 두 가지
점을 말해주고 싶구나. 첫째, 너에게 한 가지 질문을 하고 싶다. 내가
너에게 항상 할 수 있는 말이 있다면 그것은 '나는 너를 사랑한다'
라는 말이란다. 내가 다른 말을 하지 않아도 너는 나의 의도를 알
았지? 그것이 나쁘다고 생각하니?"

크리스타는 잘 알았다는 듯이 고개를 끄덕이면서 "나쁘지 않아
요."라고 말했다.

나는 계속 말을 이었다. "우리가 우리의 방언에 관해 아는 것에서
미루어 볼 때 방언은 하나님이 매우 좋아하시는 것은 틀림없단다."
나는 사도행전 2장 11절과 고린도전서 14장 2절을 인용하면서 다시
말을 계속하였다. "우리가 하나님께 직접 얘기하고 우리가 우리의
온 마음으로 기도를 한다면 이것은 마치 내가 너에게 '나는 너를

사랑한다'라고 말하는 것과 비슷하단다. 너는 아마 하나님이 '나는 네가 말하고 있는 것이 싫다. 왜냐하면 어휘가 너무 적고 똑같은 말을 반복하기 때문이다'라고 생각하고 계시는 줄 아나보구나.”

크리스타는 “아니에요, 아빠.”라고 웃으면서 대답하면서 “이제 알겠어요. 나는 성경을 믿고 내가 하나님을 사랑한다는 말을 하나님이 받아들이시는 것으로 믿겠어요.”라고 말했다.

나는 “그렇단다. 제대로 이해하였구나. 그러나 한 가지 더 말하고 싶은 게 있단다. 너는 '착하고 충성된 종아 네가 작은 일에 충성하였으매 내가 많은 것으로 네게 맡기리니…'라는 예수님의 말씀을 기억하고 있니?”라고 물었다. 나는 마태복음 25장 23절을 인용하였던 것이다.

크리스타는 기억한다고 대답하였다. 나는 계속하여 딸 아이에게 설명해 주었다. “예수님이 이 말씀을 하신 유일하신 분이란다. 며칠 이내에 네가 주님과 대화할 때 간단히 '주 예수님, 주님이 성령에 의해 제게 주신 사랑스런 언어에 감사드립니다. 저는 그것을 사용하여 충성스런 종이 되겠습니다. 그러나 지금보다 더 많이 방언으로 말하고 싶습니다. 주님께서는 다음부터는 조금씩 저의 방언을 늘려 주시길 원해요.'라고 기도해보아라.”

우리는 몇몇 다른 생각들을 나누면서 대화를 마쳤다. 나는 크리스타가 진지한 태도로 나의 강요에 의해서가 아니라 대화에 의해서 자신의 문제를 해결하였음을 알았기 때문에 그 문제를 그녀에게 맡겨 두었다.

약 2주 후 크리스타는 나의 서재로 들어왔다. 딸 아이는 내 옆으로 다가오면서 말했다. “아빠, 몇 분만 시간을 내주세요. 아빠가 독서하시는 것을 보니까 지난 번에 우리가 방언에 관해 얘기한 일이 생각나요. 아빠는 예수님께 방언을 늘려 달라고 간구하라고 말씀하셨지요 ? 기억나세요 ? ”

"물론 기억나고 말고."

"아빠한테 말씀드릴 게 있어요. 나는 해냈어요. 하나님이 도와주셨어요. 얼마나 멋진 일인지 모르겠어요."라고 딸 아이는 미소를 지으면서 말했다.

나는 딸 아이를 껴안아 주면서 말했다. "그렇구나. 정말 멋진 일이구나." 자신이 배운 것보다 더 많은 언어로(그러나 하나님은 항상 이해하신다) 하나님과 규칙적으로 대화를 한 평범한 10대 소녀는 행복한 표정으로 부엌에 가서 설거지를 하였다.

밝혀진 비밀의 강

"방언을 말하는 자는…그 영으로 비밀을 말함이니라"(고전 14 : 2).

'비밀'이라는 단어는 성경시대보다 오늘날 더 신비스러운 단어가 되었다. 오늘날, '비밀'은 샤록 홈스와 같은 마음만이 해독할 수 있는 불가해한 것을 지칭한다. '비밀들'이라는 복수형은 고대의 종교의식이나 차잎의 성분 또는 송아지의 간 성분 등을 신비화하는 불순한 의미를 함축한다.

그러나 신약성경에서 '비밀'의 희랍어인 musterion은 정반대의 의미였다. 즉 '밝혀진 이전의 비밀'이라는 의미였다. 다시 말해 원래의 정의는 지금은 밝혀진 한때의 '비밀'이라는 의미였다. 신약성경에서 이 단어는 모든 관련 당사자에게 비밀이 밝혀지고 알려진 후에 사용되었다. 이 단어에 관한 어떤 신비적인 의미도 찾아 볼 수 없었다. 그러나 수세기가 지나면서 이 단어는 뜻이 바뀌어 '비밀'의 해독이 보다 중요하게 되었다. 우리는 우리가 방언으로 기도할 때 성령이 우리로 하여금 어떻게 비밀을 말하도록, 즉 이전의 비밀을 밝히도록 해주시는지 이해할 필요가 있다. 그러려면 이 단어가 사용되었을 때 그 의미를 다시 살펴볼 필요가 있다.

원래 '비밀'이라는 단어는 우리의 마음과 삶 속에서 역사하시는 성령의 기능을 설명하고 우리를 광명으로 인도하시는 하나님과 관련된 뜻으로 사용하였다. 이를테면 '그리스도 안에서의 삶으로', '하나님의 말씀을 이해할 수 있도록', '우리들 자신을 알기 위하여', 또는 '보다 분명하게 남을 알기 위하여' 등과 관련된 말이었다.

우리들중 대부분은 우리들의 마음과 태도에 많은 유보를 남기고 그리스도에게로 온다. 이것은 오랜 세월에 걸쳐 물에 의해 운반되어 산의 암석 위에 지층을 형성하는 토사와도 같다. 그러나 우리의 인격에서는 이러한 토사는 천국에서 흘러온 강물에 의해 씻겨 과거의 퇴적물이 제거되고 산 속의 금이 하나님의 풍족하신 목적에 의해 그 모습을 드러내게 된다. 이러한 일을 하는 것이, 즉 우리 마음의 깊은 곳으로 흘러들어와 은총 속에서의 우리의 성장을 방해하는 모든 것들을 제거해주는 것이 바로 성령의 역사이시다. 하나님은 우리 안에서 그 분의 목적을 증진시키는 모든 것들을 표면에 드러내게 하시고 우리의 과거의 경험과 무지를 와류로 걸러 내신다.

은빛의 열차가 로스앤젤레스로부터 동쪽으로 질주하였다. 안나와 나 그리고 우리 자녀들은 우리의 오랜 계획 끝에 기차 여행을 즐기고 있었다. 비행기 여행이 더 빠르고 일반적이 된 오늘날 기차 여행을 경험하는 아이들의 수가 줄어들고 있기 때문에, 우리는 특별히 휴가를 기차 여행으로 보내기로 결정하였다. 아이들은 밖의 경치를 즐겼을 뿐만 아니라 승객들과 다양한 대화를 하면서 통로를 지나가는 차장의 능수능란한 화술을 즐거운 표정으로 바라 보았다.

차장은 객실로 목을 내밀고는 주름진 손가락으로 창문을 가리키면서 말했다. "저기 강을 보세요." 그는 우리의 선로와 평행을 이루면서 약 100야드 정도 떨어진 말라 붙은 넓은 강을 가리켰다.

아이들은 전에 구경한 적이 없었기 때문에 다시 밖을 쳐다 보았다. 그 중 한 녀석이 "강이 어디 있어요? 최소한 이맘때쯤이면 강은 없어요"라고 농담을 하였다.

늙은 차장은 미소를 지으면서 말했다. "나도 강이 어떤 모습인지 잘 안단다. 그러나 애들아 내가 한 가지 알려주지. 저 강은 모자브강이란다. 서부에서 가장 중요한 강중 하나란다. 강변의 푸른숲이 아름답지 않니?"

아이들은 귀를 쫑긋하고 고개를 끄덕였다. 늙은 차장은 다시 말을 계속하였다. "어쨌든 강은 저기 있단다. 지금도 흐르고 있지. 실제로 일년내내 흐른단다. 그러나 대부분 깊이가 15−20피트 정도에 불과하단다."

한 녀석이 "강 아래에 터널이나 운하가 있나요?"라고 물었다.

"없단다. 강은 모래와 바위 사이를 지나고 있단다. 그러나 항상 흐르고 있는 것은 사실이란다. 한 마디로 사막의 보이지 않는 강이라고 할 수 있지. 결코 멈추지 않는 강 말이야."

나는 그날 우리 애들과 함께 배운 것을 예수님이 강에 관해 약속하신 비유와 연결하고 싶다. 모하브 사막에 있는 것과 같은 강에서는 성령의 역사에 관한 또 다른 측면을 볼 수 있기 때문이다. 이것은 방언에 의해 증진되는 역사이다. 이러한 개념을 이 논의에 적용하면 기도에서 방언의 흐름이 우리의 의식 뒤에 숨은 것들을 어떻게 드러내는가를 이해할 수 있을 것이다.

나는 그림같은 오자크 산맥에 있는 한 회중 장소에서 며칠간 사역을 하고 있었다. 어느 날 아침 예배가 끝난 후 한 관리자가 그의 영혼을 어둡게 하는 불안에 관해 얘기를 나누고 싶다고 나에게 요청하였다. 나는 그의 제안에 동의하였으며 점심 시간 후 임시로

마련된 나의 사무실로 돌아왔다.

우리의 대화의 처음 몇 분 동안 다음 두 가지 사항이 분명해졌다. 그는 분별력 있는 사람이었으며 성령의 존재에 민감하였다. 또한 신자로서 그의 신념을 방해하는 것 같은 것은 느껴지지 않았다. 그가 성숙한 기독교인이었기 때문에 문제는 하나님 말씀의 부족은 아니었다. 다른 어떤 것이 있었다. 나는 성령이 나에게 주시고 있던 한 예언적인 그림을 머리에 떠올리면서 다음과 같이 말했다. "당신은 벌채하는 사람들이 목재를 하류로 띄워보내는 거대한 뗏목 사진을 본 적이 있습니까? 목재가 서로 얼켜 떠내려가는 그림 말입니다." 그는 나의 설명을 이해하였다.

나는 말을 계속하였다. "글쎄요. 그것은 내가 지금 보고 있는 그림입니다. 그런데 나는 그 그림이 당신의 과거의 어떤 일에 관한 그림이라는 생각이 듭니다. 다시 말해 당신이 의식적으로 기억하지는 못하지만 당신의 영혼 속에 매듭처럼 묶여 있는 과거의 일에 관한 그림입니다."

그는 어떤 일이라는 것이 대부분의 사람들에게 공통되는 것처럼 생각하는 것 같았다. 그래서 나는 그가 이상하지 않으며 또한 특별히 정신적으로 문제가 있지 않음을 확신시킬 필요는 없었다. "당신도 아시다시피 예수님은 우리 삶 속에서 성령의 역사가 강과 같을 것이라고 가르치셨습니다. 즉 때로는 장엄하게 솟구치고 또 어떤 때는 조용히 흐르는 강물이라고 말씀하셨습니다. 하나님의 신성한 권능의 강은 항상 우리 안에서 흐릅니다." 나는 잠시 말을 멈추었다가 그에게 "당신은 방언을 규칙적으로 사용합니까?"라고 물었다.

그는 그렇다고 대답했다. 그래서 나는 말을 진행하기가 간단하였다. "고린도전서 14장에는 방언에 관한 아름다운 약속이 있습니다. 여기 제2절을 보여드리겠습니다." 나는 고린도전서 14장 2절을 그에게 읽어 주고, 방언의 신비를 어떻게 해결할 수 있는가를 설명하였다. 즉 나는 우리의 잠재의식 속에 들어있는 것들을 방언이 어떻게 비추어 주는가를 설명하였다. 또한 나는 훈련을 받은 심리학자나 카운셀러가 수십회의 상담이나 수년간의 치료를 통해 해결할 수 있는 문제를 성령이 불과 몇 분만에 해결하시는 것을 내가 보고 경험하였다고 설명하였다.

나는 다음과 같이 말을 이었다. "나는 지금 당신과 함께 간단히 기도하고 싶습니다. 그런 다음 10분 동안 밖에 나가 있겠습니다. 당신과 성령이 만나도록 나는 잠시 떠나 있겠습니다. 나는 이와 같은 순간에는 성령을 위대한 정신과 의사라고 부르고 싶습니다. 우리가 우리의 주 예수님이 놀랍고도 기적적으로 사람들을 치료하실 때 그 분을 위대한 의사라고 부르는 것과 마찬가지입니다. 성령 역시 매우 특별한 치료를 하십니다. 내가 나가 있는 동안 당신은 방언을 사용하여 기도를 해보십시오. 그러면 하나님의 존재가 당신의 안에 흐르시도록 받아들이는 것이 됩니다."

나는 기교로써가 아니라 하나의 절차로써 방언으로 기도해 보도록 그에게 권고하였다(나는 어떤 상황도 이러한 방법으로는 결코 접근하지 않는다). 그러나 나는 우리가 주님께 특별히 의존하여 기도를 하였기 때문에 이러한 방법을 권고하였다.

그는 나의 말을 이해하고 편안한 것처럼 보였다. 그래서 우리는 손을 마주잡고 기도하였다. 나는 다음과 같이 기도를 인도하였다. "아버지 하나님, 우리는 당신의 아들이시자 우리의 구세주인 예수님의 피를 통해 당신에게로 나아갑니다. 예수님의 모든 죄가 십자가에서 죄사함을 받았고 그 분 안의 성령이 당신의 사랑과 승인의 징표라는 사실에 대해 감사드립니다. 예수님에 대한 당신의 사랑과 우리에 대한 당신의 사랑에 감사드립니다. 주여." 나는 잠시 말을 멈추고 그에게 나와 함께 몇 초 동안 같이 기도를 하여 하나님의 사랑에 대한 감사를 표하고 하나님의 권능을 경배할 것을 권유하였다. 그리고는 나는 다음과 같이 기도하였다.

"성령이시여, 나는 당신이 특별한 방법으로 이 방에 오시기를 초청하나이다. 당신만이 나의 형제의 깊은 상처, 즉 잊혀지긴 했지만 아직도 그에게 장애가 되고 있는 상처를 이해하십니다. 나는 그가 예배를 올리고 찬송하며 기도할 때 당신이 그의 마음 속 깊이 숨어 있는 사건들을 비추어 주시기를 간구하나이다. 내가 예수님과 그분의 왕국의 권위를 선언하나니 당신의 존재로 이 형제를 도와주십시오. 또한 예수님의 이름으로 나는 어떤 어둠도 이 순간을 일부라도 지배하지 않기를 간구하나이다. 육신과 사탄의 모든 작용이 당신의 은총에 의해 제거될 수 있도록 해주옵소서."

나는 기도를 다 마치지 않고 다만 중단하였다. 그런 다음 그에게 방을 잠시 떠나 있겠다고 말했다. 나는 그가 의자 옆에 무릎을 꿇고 앉아 계속 기도하고 있는 동안 그 방을 떠났다.

그 때 나는 어떤 화려하거나 위대한 일을 한 것은 아니었다. 아마 내가 그 다음에 한 일을 보았으면 여러분은 내가 진지하지 못하거나 그 형제에게 진정으로 관심을 가지지 않았다고 생각할는지 모른다. 나는 사무실 밖으로 나와 그 레크리에이션 지역의 넓은 구역으로 걸어가면서 이 형제의 모든 문제가 하나님의 손에 달려 있다는 것을 알았다. 나는 콜라를 주문하여 마신 후 캠프 참가자중 한 사람과 탁구를 쳤다.

몇 분 후 나는 방문을 두드렸다. 그가 대답하면서 나에게 들어오라고 했다. 내가 방문을 열자 진정한 신념으로 가득찬 눈물 범벅이 된 얼굴을 보았다. 나는 그의 표정으로 미루어보아 무슨 일이 일어났음을 알 수 있었다.

그는 다음과 같이 말했다. "이것은 정말 놀라운 일이었습니다. 믿을 수 없는 일이었어요. 당신이 나간 지 몇 분후 하나님이 두 가지 일을 내 마음 속에 가져다 주셨습니다. 하나는 내가 10살 때 겪었던 일이었고, 다른 하나는 내가 12살 때 겪었던 일이었습니다. 내가 그토록 오랫동안 이 일들을 전혀 생각하지 못했다니 믿을 수 없습니다. 나는 이제 그 일들을 잊어버린 것 같습니다."

그는 두 가지 에피소드를 담담하게 설명하였는데 그것들은 어느 누구의 인성에도 깊은 상처를 남길 만한 것들이었다. 그가 말을 시작하기 전에 나는 "이러한 사건을 말한다는 것은 중요합니다. 따라서 당신이 설명하기 전에 더욱더 중요한 어떤 것을 기도하고자 합니다"라고 말하면서 다음과 같이 기도를 인도하였다.

"주 예수님, 우리는 당신의 왕관 앞에서 당신의 빛을 받으며 서 있습니다. 당신은 우리의 왕이시자 우리의 하나님이십니다. 모든 권위가 주어지는 것은 당신의 이름과 보혈을 통해서입니다. 우리는 당신이 죄와 어두움을 물리치시고 그러한 권한을 우리에게 넘겨주신 데 대해 두려움이 앞설 따름입니다. 이제 나의 형제가 과거의 고통스럽고 상처받은 죄악을 고백함에 따라 우리는 그의 상처가 말하는 동안 그의 마음과 삶으로부터 완전히 사라지기를 간구하나이다. 그의 고백은 예수님의 존재 안에서 예수님에게만 바치는 것입니다. 그래서 우리는 이 순간부터 우리의 죄악이 당신의 보혈에 의해 씻겨진 것처럼 그의 과거도 당신의 영광스러운 권능에 의해 영원히 사라지기를 간구하나이다. 예수님의 이름으로 기도드립니다. 아멘."

그는 기도가 끝난 후 고개를 들었다. 실내에는 기대감이 넘쳐 흘렀다. 나는 "이제 계속하시지요."라고 그에게 말했다. 그는 예수님 앞에서 그 사건들을 말하기 시작하였다. 그는 수년 동안 그의 잠재 의식 속에 박혀있던 일들을 상세히 설명하였다. 그의 젊은 정신이 그토록 고통을 받았기 때문에 그의 마음이 치유될 수 없는 그 고통을 묻어버리기로 결심하였던 것이다. 그러나 이제 모든 것이 구세주에게 고해지고 있으므로 예수님의 자애로우신 능력이 그를 과거의 고통으로부터 해방시켜 주시고 계셨다.

그가 말을 다 마치자 나는 과거가 다시는 그의 마음에 집착하지 않도록 마침 기도를 드렸다. 기도를 마치고나서 나는 그에게 당부하였다. "아시겠지만 우리의 공동의 적인 사탄은 당신에게 그래도 소용이 없을 것이라고 한두 번 당신을 유혹하거나 이러한 과거의 고통을 당신의 의식 속에 유지시켜 당신을 고통스럽게 하려고 할지 모릅니다. 그러나 당신은 우리의 주 예수님이 당신의 고통을 쫓아 버렸다는 사실을 기억하고 사탄의 유혹에 대처할 필요가 있습니다. 골로새서 2장에 기록된 바와 같이 이제 당신의 고통은 십자가의 보혈 아래에서 영원히 제거되었습니다. 사탄이 기교를 부리려고 하면 간단히 주님의 이름을 부르십시오. 절대로 겁내지 마시고 사탄에게 한 치의 땅이라도 양보하지 마십시오. 기억하십시오. 인자가 자유로이 한 사람은 진정 자유로운 사람이 됩니다."

그는 내 말에 "아멘"이라고 외치면서 확신에 찬 모습으로 고개를 끄덕였다. 그의 얼굴의 광채는 그날 밤 그곳에서 점화된 영원한 광채였다. 왜냐하면 나는 이와 같은 만남 후 놀랍고도 즐거운 일을 경험하였기 때문이었다. 그날의 승리는 약 3-4년 후에 증거되었다.

나는 수천명이 참석한 캔사스 시의 한 회중앞에서 연설을 하고 있었다. 내가 집회를 끝내고 연단을 떠날 때 한 사람이 손을 흔들면서 나에게 말했다. "잠깐 얘기할 수 있을까요, 헤이포드 목사님 ?" 나는 그의 얼굴이 낯이 익다고 생각하였다. 나는 확실하지는 않았지만, 나의 동료인 스티브에게 잠깐만 기다려 달라고 얘기하였다(우리 목사단의 한 사람이 항상 나와 함께 여행하는 것이 관례였다).

그 남자가 말했다. "목사님께서 저를 기억하는지 잘 모르겠습니다만, 목사님은 저와 함께 기도를…" 나는 그의 말이 채 끝나기도 전에 몇 년전의 광경이 떠올랐다. 나는 그를 알아볼 수 있다고 말했다. 그는 말을 계속하였다. "한 가지만 말씀드리고 싶습니다. 지금부터 3년전 쯤이었습니다. 모든 것이 여전히 잘 되고 있습니다." 그의 미소, 그리고 그의 여전한 얼굴 광채, 그리고 그의 말투로 미루어보아 그는 확신에 차 있고 기뻐하는 기독교인의 영혼을 가진 것이 분명하였다. 나는 주님을 찬양하고 그를 껴안았다. 스티브와 내가 함께 회중을 떠날 때 전능하신 하나님이 성령에 의해 그 분의 아들이 우리의 영혼 속에서 어떻게 역사하시도록 하였는지를 생각하고는 눈물이 나왔다.

이것이 벗겨진 신비의 강이 역사하는 유일한 사례는 아니다. 그 동안 나는 수없이 하나님의 말씀이 기록된 성경을 뒤적이면서 내가 설교하는 회중에 힘을 주시는 성령의 역사를 연구하였다. 지금도 내가 성경을 펼쳐놓고 방언으로 기도할 때, 즉 처음에 말씀을 주신 성령과 동일한 성령에 의해 기도할 때 나는 매우 놀라운 일을 경험해 왔다. 그것은 마치 하나님의 말씀 안에 있는 빛이 갑자기 밝혀지는 것같은 경험이었다. 그것은 마치 하나님의 영광이 그 분의 신성한 말씀을 최초로 하신 것과 똑같은 방법으로 내 안으로 들어오는 것 같았다. 말씀은 항상 새로운 통찰로 전개되며, 어떤 때는 어둠의 방 속으로 빛을 들여보내는 열린 창문처럼 우리들에게 다가온다.

또한 나는 내가 고통받는 사람들을 위해 방언으로 기도할 때 역동적인 태도의 변화가 일어나는 것을 목격하였다. 그리고 종종 내가 영과 마음으로 기도할 때 성령이 비밀을 보여주신다. 즉 내 마음이 움직이는 어떤 사람의 내적인 필요를 비춰주시고 나의 인내와 동정을 증가시켜 주신다.

하나님의 마음을 향한 나의 여행은 이 특별한 강을 따라 놀랄 만큼 진행되어 왔다. 이 강은 모든 사람들이 사역을 위해, 통찰을 위해, 그리고 성령이 우리 마음을 보다 밝게 비춰주실 때 다르게 보이는 사람들에 대한 우리의 태도의 시정을 위해 필요한 자원이다.

권능의 강

"그 영광의 풍성을 따라 그의 성령으로 말미암아 너희 속사람을 능력으로 강건하게 하옵시며"(엡 3 : 16). 나는 제4의 강을 설명하려고 하였으나 내가 전달하고자 하는 사실이 모든 성령의 역사의 강과 관련된다는 것을 깨달았다. 에베소서 3장에 나와 있는 바울의 기도는 이러한 문제를 잘 보여준다. 바울은 모든 신도들이 성령의 권능에 의해 강하게 되도록 기도하였다.

성령이 주체적으로 역사하신다는 사실을 모르면 성령의 전지전능하심을 논의한다는 것은 불가능하다. 불이나 바람과 같은 성령보다는 평화의 성령이 종종 강조되어 왔다. 성령은 온화하시고 다정다감하시나, 전지전능하신 하나님이시기도 하다. 우리의 영혼 안에서 역사하시는 그 분의 강의 파도는 분명히 전지전능하다. 성령은 권능으로 우리를 질식시키시는 것이 아니라 성스러운 방법으로 우리를 놀라게 하신다.

노스 플라테 강은 미주리로 흐르는 큰 강중 하나이다. 이 강은 고전적인 한 대중가요에서 '셰난도'로 불리운다. 나는 그 해에 안나와 내가 결혼하였기 때문에 내가 처음 들은 노스 플라테라는 명칭을 계속 사용해왔다.

우리는 결혼식을 올린 직후 함께 네브라스카로 여행을 떠났다. 그곳에는 안나의 많은 친척들이 살고 있었는데 그들은 사랑스러운 딸 또는 누이 또는 질녀를 보고 싶어했다. 물론 나도 그 여름에 안나의 친척들을 알고 싶었지만 노스 플라테 강을 보리라고는 생각을 못했다.

안나는 이 큰 강변에서 자랐다. 그녀의 친족의 재산중 그 강도 포함되어 있어서 그녀는 강에서 수영도 하고 낚시도 하는 등 강의 이점을 즐기면서 자랐다. 옛날을 회상하기 위해 안나와 나는 그녀의 오빠 부부와 함께 강을 따라 올라가면서 수영을 하고 놀았다. 처음에 우리는 둑 근처에서 물장구를 치고 놀았으나, 잠시후 나는 좀더 강 한가운데로 멀리 갔다. 그때 비록 생명을 위협하는 사건은 아니었지만, 내가 전에 결코 경험하지 못한 어떤 것이 나를 둘러싸기 시작하였다.

캘리포니아에서 자란 나는 종종 파도타기를 즐겼으며, 해안으로 몰려오는 태평양 파도의 위력을 잘 알고 있었다. 그러나 노스 플라테 강에서는 서두르지도 않지만 조용한 힘을 느꼈다. 나는 그러한 힘을 즉시 알아차렸다. 즉 나는 하류로 떠내려 가고 있었던 것이다. 나는 아무것도 하지 않고 있었으나 밀려가고 있었다. 물살은 세지 않았으나 냉혹하고 저항할 수 없었으며 막강하였다. 나는 내가 익사할 것을 두려워 하거나 어떤 와류나 급류가 나를 꼼짝 못하게 해서가 아니라 내가 완전히 막강한 강의 위력에 꼼짝하지 못했기 때문에 놀랐다. 나는 빠져나올 수 있었으나 내 자신을 통제할 수는 없었다.

강은 수영장이나 바다와는 달랐다. 그 경험 덕택에 나는 강에 관해 잘 알게 되었다. 일단 여러분이 강물에 몸을 맡기면 여러분은 어디론가 가게 된다.

나와 함께 두려움 없이 생각해보자. 하나님의 사랑스럽고 전지전능하신 경이로움에 관해 생각해보자. 내가 독자 여러분을 하나님이 여러분에게 인도하는 성령의 드높은 역사로 손짓하고 싶은 것은 내가 노스 플라테 강에서 유사한 경험을 하였기 때문이다. 어느 누구도 강물의 흐름에 몸을 맡기기 싫은 사람은 없을 것이다. 강물이 흐를 때 성장이 있다. 강물은 풍부와 영양을 상징한다. 강물이 흐를 때 경치가 서서히 변화한다. 삶은 그대로 멈춰있는 것이 아니라 계속 진행한다. 강물이 흐를 때 아름다움과 재생이 있다. 또 평화와 힘이 있다.

나는 주일 밤 교회에 혼자 갔었다. 그 다음날 그곳에서 예정된 특별 예배기도에 이끌린 나머지 나는 종종 습관대로 좌석마다 걸어다니며 기도를 하였다. 그곳에 앉아 성령의 역사를 갈구하는 많은 사람들을 위해 나는 하나님의 특별하신 은총을 향하여 경건하게 기도하였다.

그날 밤, 2천개 이상의 빈 좌석 앞에서 나는 연단으로 올라가 기도를 하였다. 내가 연단 뒤에서 서성거리는 동안 그날 노스 플라테의 갑작스러운 강물의 힘처럼 나는 내 안에서 큰 찬미와 찬양의 소리가 들리는 것을 느꼈다.

예배당의 실내에 나의 음성이 메아리쳤다. 나는 내 자신 안에서 일어나는 복받침에 의해서가 아니라 성령이 움직여 주시는 대로 기도를 하였기 때문에 자연스럽게 기도가 인도될 수 있었다. 이러한 방법은 우리가 우리 안에서 일어나는 힘과 열정을 적절히 표현할 수 있는 유일한 방법이다.

나는 성령 안에서 큰 소리로 노래를 부르기 시작하였다. 나는 손뼉을 치고 하나님의 더한 역사를 간구하여 간헐적으로 영혼의 소리를 질렀다. 누군가가 옆에 있었다면 나는 내가 느낀 하나님의 파도에 반응하여 이처럼 격렬하게 소리치지는 못하였을 것이다. 그날 밤 나의 행동을 비디오 테잎으로 녹화하였다면 여러분이 그것을 틀어 보았을 때 어떻게 생각하였을까 ? 어느 누구라도 나의 행동을 이상하다 못해 광적이라고 단순히 생각하기 보다는 목적적인 기도를 향한 열정을 느꼈을 것이다. 그 다음날 아침, 나는 그 전날 밤 나의 영혼을 깨우친 것을 해석할 수 있었다.

그리스도에게로 수많은 영혼이 왔던 것이다. 거기에는 우리들 가운데에서 통상적인 하나님의 은총의 역사를 넘어 모든 사람을 흥분시킨 어떤 전지전능함이 있었다. 하나님이 일상을 초월한 어떤 계획을 그날을 위해 예비하신 것을 분명히 알 수 있었다. 기도를 위한 열정과 기도의 힘으로 나의 영혼을 주권적으로 일깨워주신 분은 하나님, 즉 우리 안에 있는 성령이셨다. 나는 기도로 이끌려 가고 있었고 방언이 그러한 이끌림의 한 원동력인 것은 분명하였지만 나는 강물이 내 안에서 넘치도록 해야 하는지, 아니면 하나님을 시험하여 내 취향에 맞도록 해야 하는지 결정해야만 했다. 이것은 하나님의 마음을 찾는 모든 여행자들이 내려야 하는 결정이다. 성령 안에서의 삶이라는 하나님의 강의 웅장함과 자신들의 샘에서 나오는 수많은 강들은 우리 모두를 그 아름다움과 축복, 그리고 전지전능 함으로 초대한다. 그러나 이러한 전지전능함과 아름다움을 어떻게 그리고 얼마만큼 받아들여야 하는지는 우리가 결정한다.

9장. 약속은 여러분께 하신 것이다.

"너희는 성령을 선물로 받으리니 이 약속은 너희와 너희 자녀와 모든 먼데 사람
곧 주 우리 하나님이 얼마든지 부르시는 자들에게 하신 것이라"

(행 2 : 38-39)

지금부터 약 10년 전쯤 일이다. 전율과 사랑으로 휩싸였던 나의
순수한 젊은 열정이 지금도 기억에 새롭다. 그날 밤 나는 안나에게
청혼하였다.

우리가 서로 진지하게 만난 지 두 달 밖에 안되었고 또 나는 거의
2년 동안 결혼을 생각해본 적이 없었지만, 안나가 하늘에 계신 아
버지가 나를 위해 예비해주신 여성이라고 확신하였다. 비록 우리는
젊었지만 신앙심이 깊은 배경을 가진 특권적인 사람이었다. 기독교인
부모 아래에서 자라 하나님의 명령과 성령의 부름에 응답하여 하
나님을 찾는 법을 배운 우리는 많은 젊은 연인들과는 달리 축복의
기반 위에 서 있었다. 또한 우리 모두는 사역의 부름을 받고 있었다.

몇 주동안 서로 깊은 대화를 나누다보니 우리의 삶의 목적에 어떤
공통점이 있다는 것을 알게 되었고 서로에 대한 연정이 확인되었다.

비록 우리의 교제가 때때로 미래의 결합 가능성을 암시하였지만, 나는 서로간의 언약이 굳게 맺어지는 순간이 왔음을 느꼈다.

내가 어떻게 그녀에게 청혼했는지를 상세히 설명한다면 아련한 기억이 훼손될 것이다. 또 그녀나 나나 그 당시의 상황을 상세히 재생하고 싶지 않다. 그러나 나는 그 상황이 이 책을 썼을 때의 상황과 유사하기 때문에 나의 청혼을 설명한다.

독자 여러분에게 보다 구체적으로 말하자면 그것은 안나와 나의 관계가 내가 청혼한 날 밤 이전에는 놀랍게도 매우 평행선을 유지하였다는 사실이다. 여러분도 아시겠지만 우리의 삶에 잠재적인 영향을 미치는 문제는 다음과 같다.

- 우리들 모두는 사람은 물론 진실도 만날 수 있다.
- 우리는 이해 속에서 성장하며 이끌림을 느낀다.
- 우리는 관계에 미래가 있음을 믿을 수 있다.
- 우리는 확고한 성서적 배경 때문에 기반이 안전함을 알 수 있다.
- 우리는 행동할 때, 즉 말해야 할 때를 알 수 있다.

결국, 나는 "우리가 검토한 진실과 결혼해 주시겠습니까? 우리가 함께 하나의 삶을 살기 위해 당신은 준비되어 있습니까?"라고 청혼하였다.

영적인 언어를 받아들임

물론 내가 말하는 진실은 지금까지 내가 간증하고 여러분과 함께 논의해왔던 진실을 의미한다. 여러분은 진실이 정통적인 기독교적 삶의 기본과 현명하고도 실제적으로 통합될 수 있다는 점에 동의할 것이다. 나는 방언이 주변적이거나 고립된 주제가 아니라 "예수님 안에서의 진실"(엡 4 : 21)의 중요한 일부임을 분명히 강조해 왔다.

나는 우리의 우선순위가 분명해졌다고 생각한다. 우리가 기독교적 생활의 이 소중하고 중요한 측면을 다루어 왔다면, 우리는 모든 것에서, 그리고 사역자로서 예수님과 함께 순결하고 충성스럽게 걷는 과정에서 예수님과 그 분의 십자가의 중심성을 받아들인 것이다.

우리는 우리의 삶을 인도하고 우리를 잘못으로부터 지켜주며 우리의 성장과 영양을 위해 매일 천국의 만나를 우리에게 공급해주는 성경의 최종성과 충분성을 긍정한 것이다.

우리는 모든 기독교 전통의 형제, 자매들을 위해 사랑의 성령 안에서 이 진실을 다룸으로써 그리스도의 몸의 단일성에 대한 우리의 공약을 입증한 것이다.

이러한 상황에서 우리는 요청받은 경로, 즉 하나님의 마음을 향한 여행에서 함께 걸어왔다.

나는 내가 그 경로를 따라서 어떻게 성경적이고 하나님이 주신 자원, 즉 방언의 아름다움과 풍족함, 그리고 축복을 발견해 왔는지 설명하였다. 이러한 순례에서 나는 가장 실제적이고 강력한 발견을 설명하였다. 즉 이러한 형식의 찬양 및 예배 기도와 영적인 영역에서 간구의 무기가 필수적임을 역설하였다. 그러나 내가 발견한 것중 가장 자유스러운 것은 천국에서 보내주신 이 선물은 그것을 받아 들이는 모든 신자들이 사용할 수 있다는 사실이다.

요컨대, 나는 하나님이 우리 모두가 이러한 축복된 선물이 교파적인 요건이나 교리적인 자격 없이도 우리에게 주어질 수 있다는 것을 강조하신다는 점을 잘 안다. 유일한 요건은, 그리스도 안의 우리의 삶 속에서 하나님의 보다 많은 은총에 대한 우리의 간구를 나타내고, 성령이 우리의 목을 추겨주고 하나님의 왕국에서 약속된 이 자원을 영접해야 한다는 것이다. 이러한 추구는 실제로는 성령에 의한 예수님 자신의 역사에 대한 추구이다. 그리고 그 때문에 나는 대담하리만큼 이제 여러분을 부르고 싶다.

나는 내가 최근에 한 여행에 관해 여러분에게 얘기하고 싶다(다시 말해 내가 당시 주님께 받은 메시지를 여러분과 나누고 싶다). 나는 예수님이 누구보다도 위에 계시고 결국 우리 곁으로 오실 것을 믿기 때문에 이 기회에 나의 또 다른 경험을 얘기하고 싶다.

그러나 먼저 여러분에게 영적인 언어를 지금 받아들이라고 조언하고 싶다. 아마도 여러분은 이미 이 아름다운 축복에 참여하였을 것이다. 아니면 여러분은 "나는 한때 방언을 말했으나 그것을 계속할 방법이나 이유를 알지 못한다"라고 말할지 모른다. 아니면 다른 사람의 비난이나 반대 또는 두려움 때문에 여러분이 방언에 매력을 느끼지 못하는지도 모른다. 그러나 어떤 경우이든 성령이 주신 이 기도의 언어가 현재 여러분의 삶의 지속적인 일부가 아니라면 지금까지 내가 일관되게 강조해온 바와 같이 영적인 언어를 받아들일 것을 권유하는 바이다.

다시 말해, 나는 여러분이 예수님으로부터 무언가를 받기를 원한다. 이 초청은 궁극적으로 그 분의 초청이다. 그 분이 우리를 초청하는 경험은 다른 인간의 매개를 통하는 것은 아니다. 내가 여러분을 주님께 더 가까이 인도할 수 있다면 여러분은 아름다운 순간으로부터 유리되는 선입견으로부터 자유로울 수 있을 것이다.

나는 여러분이 어떤 것을 증명하기 위해 방언을 사용해야 한다거나, 여러분이 예수님께 간구하였으나 응답이 없어 방언을 즉시 중단하는 것을 원하지 않는다.

여러분에게 솔직히 말하자면, 나는 여러분이 예수님께 새로운 차원의 찬미와 찬양으로 여러분의 영혼이 넘쳐 흐르도록 간구하기를 원한다. 나는 여러분을 지원하기 위해 기도로써 예수님께 여러분이 영적인 언어의 아름다움으로 해방되기를 간구한다.

우리 주 예수님과의 만남을 위해, 즉 우리가 그 분께 다가가기 위해 여러분에게 몇 가지 제안을 하겠다. 그 분은 우리의 삶을 위해 성령을 보내시는 유일하신 분이다. 성령이 그 분의 선물을 나누어 주시지만 우리의 구세주는 성령과 함께, 그리고 성령 안에서 우리가 겪는 경험에 관한 모든 문제를 관장하시는 유일하신 분이다. 마찬가지로 세례 요한은 예수님이 유일한 구세주라고 말했다. "보라 세상 죄를 지고 가는 하나님의 어린 양이로다"(요 1 : 27). 또한 그는 "그가 곧 성령으로 세례를 주는 이인 줄 알라 하셨기에"(요 1 : 33)라고 선언하였다.

그러나 여러분은 "그러나 잭, 당신은 내가 방언을 받아들이지 않는다면 성령 안에서 세례를 받지 않았다는 의미로 말하는 거요 ?"라고 묻고 싶을 것이다. 여러분의 질문에 대한 나의 대답은 "그렇지 않다"이다.

성령의 충만하심과 성령이 주신 언어간 관계는 성경에 너무 밀접하게 나타나 있으므로 우리들중 일부는 (과거의 나를 포함하여) 종종 동시에 일어나는 이 두 가지 현상이 동일하다고 생각한다. 그러나 내가 앞서 여러분에게 말한 바와 같이 여러분이 세례를 통해 성령 안의 구세주를 만났을 경우 여러분은 성령으로 충만되었을 수도 그렇지 않았을 수도 있다.

나는 지금 그러한 특별한 특권적인 측면에서 새로운 차원의 예배와 찬미를 가능하게 해주는 언어를 통해 성령의 충만함을 받을 수 있는 방법을 얘기하고자 한다. 여러분이 이러한 순간에서 만나게 되는 분은 우리의 구세주 예수님이시다.

단계

먼저, 나는 하나님으로부터 무엇인가 간구하는 사람과 얘기할 때마다 대개 그가 하나님 앞에 깨끗한 양심으로 서도록 도와준다. 요한은 "사랑하는 자들아 만일 우리 마음이 우리를 책망할 것이 없으면 하나님 앞에서 담대함을 얻고"(요일 3 : 21)라고 기록하였다. 따라서 여러분이 알고 있는 죄의 고백이 가장 좋은 시작이다.

여러분의 마음 속으로부터 물음표를 깨끗이 지워야 한다. 여러분이 예수님의 보혈 아래에서 느끼는 모든 죄, 실패, 실수 또는 책망 등을 고백해야 한다. 요한1서 1장 7절과 9절을 이용해 기도하라. "저가 빛 가운데 계신 것같이 우리도 빛 가운데 행하면 우리가 서로 사귐이 있고 그 아들 예수의 피가 우리를 모든 죄에서 깨끗하게 하실 것이오… 만일 우리가 우리 죄를 자백하면 저는 미쁘시고 의로우사 우리 죄를 사하시며 모든 불의에서 우리를 깨끗게 하실 것이오."

둘째, 다른 사람에 대한 용서의 기도를 드린 다음 주님으로부터 어떤 것을 요구하는 것이 항상 현명하다. 여러분이 하나님의 용서를 받은 것처럼 여러분이 다른 사람을 용서하고 있는지 확인해 보아야 한다. 여러분이 다른 사람, 즉 여러분을 해쳤거나 오해하였거나 또는 언제 어떤 방법으로든 여러분을 배반한 사람에 대해 관대하게 용서하는 영혼 속에 어떤 어색한 마음도 없어야 한다.

이러한 용서는 다음 단계로 진행하기 전에 취해야 하는 가장 중요한 단계라고 볼 수 있다. 타인에 대한 분노와 고통의 짐을 진 많은 헌신적인 기독교인들에게는 종종 하나의 커다란 장애가 가로 놓여 있다. 그들의 마음 속에는 무어라 형용할 수 없는 커다란 벽이 세워져 있다. 이러한 벽은 한 사람과 관련될 수도 있다. 그 한 사람은 아마도 여러분에게 매우 소중한 사람이거나, 아니면 그 말이나 행동이 여러분의 영혼에 고의적이건 무의식적이건 상처를 준 사람이다. 주님에 대한 경배에서 우리의 가장 큰 해방감과 새로운 찬양과 찬미의 언어로 해방된 기쁨은 용서하지 못하는 마음에 의해 방해될 수 있다. 더욱더 안좋은 것은, 해소되지 않은 고통의 찌꺼기가 성령 안에서 이 새로운 축복의 강물의 흐름을 방해할 수 있다는 것이다. 여러분이 영적인 언어를 받아들였을지라도 마찬가지이다. 그러니 이러한 문제를 하나님과 함께 풀어야 한다.

먼저 하나님께 여러분이 용서하려는 사람의 이름을 말한다. 여러분의 고통이나 문제를 고백한다. 여러분이 알고 있는 잘못이 있으면 아무리 받아들이기 어려울지라도 하나님 앞에서 시인해야 한다. 그런 다음 예수님의 발 아래에 여러분의 영혼을 완전히 엎드리게 한 후 예배를 시작한다.

이제 하나님이 여러분과 나를 용서하시어 어느 누구보다도 더 큰 일을 하도록 해주셨으므로 하나님을 찬양한다. 이것은 사실이기 때문에 성심성의껏 하나님을 찬양해야 한다. 타인의 행위가 아무리 가증스럽고 여러분에게 어떤 고통을 주었더라도 하나님에 대한 우리의 죄는 인간의 죄보다 더 엄청나다. 왜냐하면 우리 모두는 그분에게 죄를 지었기 때문이다. 그러나 하나님을 찬양해야 한다. 그분이 우리를 완전히 용서해주셨기 때문이다. 이러한 즐거운 믿음으로 자유롭고 완전하게 남들을 용서하자! 나는 여러분이나 나나 우리 주님이 우리에게 다음과 같이 말씀하시는 것을 듣고 싶지 않을 것이라고 확신한다. "악한 종아 네가 빌기에 내가 네 빚을 전부 탕감하여 주었거늘 내가 너를 불쌍히 여김과 같이 너도 네 동관을 불쌍히 여김이 마땅치 아니하냐?"(마 18 : 32-33).

그보다는 그리스도께서 우리에게 넘치게 하시는 성령 안에서 다음과 같은 주님의 말씀을 듣도록 하자.

"너희가 거저 받았으니 거저 주어라… 무릇 많이 받은 자에게는 많이 찾을 것이오"(마 10 : 8 ; 눅 12 : 48).

"하나님의 성령을 근심하게 하지 말라. 그 안에서 너희가 구속의 날까지 인치심을 받았느니라. 너희는 모든 악독과 노함과 분냄과 떠도는 것과 훼방하는 것을 모든 악의와 함께 버리고 서로 인자하게 하며 불쌍히 여기며 서로 용서하기를 하나님이 그리스도 안에서 너희를 용서하심과 같이 하라"(엡 4 : 30－32).

여러분은 고백과 용서의 마음 속에서 여러분이 방언을 말하는 직전까지 가있음을 느낄 것이다. 나는 다른 사람들을 위한 사역에서 이러한 느낌이 종종 들었다. 하나님의 성령이 가치없는 것이 소거된 우리의 영혼 속의 공간을 채워주시는 것은 이러한 풍부한 인간성과 솔직함 때문이다.

셋째, 하나님의 말씀이 여러분을 위한 다음 약속을 보증하신다는 믿음을 가져야 한다. 베드로가 오순절에 "이 약속은 너희와 너희 자녀와 모든 먼 데 사람 곧 주 우리 하나님이 얼마든지 부르시는 자들에게 하신 것이라"(행 2 : 39)고 말했을 때 그는 지금 이 순간까지 여러분과 나에게도 말하고 있다. 그가 말한 약속은 그의 말을 듣는 모든 사람들이 보고 듣고 물었던 것들을 분명히 포함하였다. 즉 모든 사람들은 당시에 방언을 경험하였다(행 2 : 1－13). 베드로가 설교를 할 때 반응적인 사람들은 성령의 강림에 관한 그의 메시지를 듣고 자신들의 질문에 대한 해답을 들었다. 베드로는 예수님의 죽음과 부활, 그리고 승천이 그 분이 주님이라는 것을 입증하는 것이라고 선언한다. 그런 다음 베드로는 이제 메시아이신 예수님이 회개하여 자신을 믿는 자에게 기꺼이 성령을 주시려 한다고 설명한다(행 2 : 14－37). 그가 "너희 보고 듣는 이것을 부어 주셨느니라"라고 말했을 때 사람들은 "우리가 어찌할꼬"(행 2 : 37)라고 물었다.

바로 이 질문이 여러분이 나에게 물었을 것으로 생각하는 질문이다. 나는 여러분이 최소한 여러분의 죄를 회개하고 여러분의 구세주이신 예수 그리스도를 믿었으며, 그 분의 명령에 따라 세례를 받았다는 점에서(행 2 : 38 ; 막 16 : 16) 이미 하나님께 복종한 것으로 생각한다.[1]

이제 우리가 이와 같이 하나님께 복종하였기 때문에 나는 최초의 신자들이 받았던 것과 동일한 것, 즉 "여러분을 위한 약속"을 여러분이 받을 것이라고 생각한다.

현재 여러분이 읽고 있는 이 책은 약속의 바로 그러한 측면, 즉 우리에게 찬양과 찬미를 위한 확대된 능력으로서 방언의 특권과 아름다움을 주신 하나님의 사랑을 설명하고 있다. 이러한 약속의 부분이 바로 여러분에게 실현될 것이다.

여러분이 분명히 구원을 받았고, 또 분명히 성령이 여러분 안에 거주하셨으므로 이제 성령의 충만함으로 여러분은 방언을 사용할 수 있을 것이다. "하나님의 약속은 얼마든지 그리스도 안에서 예가 되니 그런즉 그로 말미암아 우리가 아멘하여 하나님께 영광을 돌리게 되느니라"(고후 1 : 20). 따라서 이제 여러분은 예수님이 약속하신 것을 기대하여도 좋다. 하나님의 말씀이 분명히 약속하신 것처럼 하나님은 분명히 여러분의 요청에 응답하실 것이다. 예수님의 말씀을 들어보자.

"너희중에 아버지된 자 누가 아들이 생선을 달라 하면 생선 대신에 뱀을 주며 알을 달라 하면 전갈을 주겠느냐. 너희가 악할지라도 좋은 것을 자식에게 줄줄 알거든 하물며 너희 천부께서 구하는 자에게 성령을 주시지 않겠느냐"(눅 11 : 11-13).

예수님은 여러분이 불만족스러워 돌아서지 않을 것이며 사탄에게 속지 않고 또 쓰디쓴 거절의 고통을 받지 않을 것임을 약속하신다. 예수님은 아버지 하나님께서 여러분이 신성하고 그 분을 영광스럽게 하는 모든 것을 받을 것으로 생각하신다고 말씀하신다.

넷째, 이제 하나님을 찬양하자. 여러분이 이 책을 읽는 순간부터 하나님을 찬양하기 바란다. 지금 이 순간에 가능하다면 무릎을 꿇고 다음과 같이 하기 바란다.

고개를 들어 여러분께로 향하는 하나님의 사랑 안에서 여러분의 믿음을 밝힌다.

고개를 들고 하나님이 여러분을 위해 예비하신 모든 것들에 여러분의 마음을 연다.

목소리를 높여 성령의 충만하심과 여러분 삶에서의 넘침에 대해 감사와 기대의 할렐루야를 외친다.

만약 믿음과 찬양의 정신이 생기거든 이 책을 읽는 것을 잠시 중단하고 위와 같이 하기 바란다. 여러분이 다할 때까지 나는 기다리고 있겠다.

방언의 시작

몇 년 전에 나는 영적인 언어에 마음을 열었으나 기도에서 해방감을 느끼지 못한 사람들을 돕고 있던 온화하고 넓은 마음을 가진 어떤 목사의 얘기를 들었다. 이 사람은 해랄드 브레드센이었는데 네덜란드 개신교에서 사역 훈련을 받은 사람이었다. 그는 이렇게 말하였다. "내가 성령의 마음을 열었을 때 나는 모든 것들을 올바르게 하기를 열망하였다. 나는 영적인 언어가 영접되는 성스러운 자연스러움을 인위적으로 거부하지 않았다." 그는 더 나아가 매우 재미있고 자연스러운 방법으로 다음과 같이 그의 첫날밤에 비유하였다. "우리 모두는 첫 경험이었다. 나는 새로운 것에 너무 사로잡힌 나머지, 다시 말해 어떤 것도 범하지 않고 나의 아내에게 무감각하지 않으려고 노력한 나머지 첫날 밤의 재미를 거의 맛보지 못했다."

그가 이 말을 하자 좌중에는 폭소가 터졌다. 그의 천진난만한

태도와 어린애같은 순수한 마음이 우리들중 많은 사람들이 방언을
시작함에 있어 겪는 어려움을 훌륭하게 설명해준다. 그러나 지난
수년 동안 나는 주님의 사람들 사이에서 방언이 다양한 방법으로
발생한다는 것을 알았다. 하나님의 무한히 창조적인 방법은 그 분의
계획 안에서 우리들 각자의 독특성과 함께 방언의 다양성으로 나
타난다. 예를 들어, 나는 나의 누이가 방언을 배운 적이 없는데도
방언을 훌륭하게 구사하였음을 설명한 바 있다.

비록 몇 년 후였지만 같은 야영지에서 나는 한 젊은 여자가 손을
들고 방언으로 예배하는 것을 보았다. 방언을 아는 한 관찰자는
그녀가 말한 것을 낮은 목소리로 통역하기 시작하였다. 전지전능하신
하나님을 영광스럽게 하는 아름다운 음성이었다.

나는 한때 코미디언이었던 사람과 같이 기도를 한 적이 있었다.
실제로 그는 성령의 충만하심에 관해 약간 냉소적인 사람이었다.
그러나 그가 매우 제한된 방법이나마 방언을 말하기 시작하였을
때 그는 영혼을 해방시키는 웃음을 터뜨렸는데 그것은 천박하다거나
바보같은 웃음은 아니었다. 그보다는 신성한 기쁨이 그의 영혼 속에
스며들어 모든 냉소주의가 씻겨진 것이 분명하였다.

나는 기도 후 나의 고무에도 불구하고 완전히 침묵을 지키는 어떤
사람과 함께 기도를 한 적이 있었다. 그는 그의 고상한 교회 배경
때문에 방언을 하기가 망설여진다고 말했다. 그가 성령에 마음을
열고 있었으므로 나는 그와 함께 기도를 하였다. 무엇인가, 누군가가
그의 영혼을 움직였다. 며칠 후 그가 여행을 떠나 레바논의 베이
루트에서 목욕을 하고 있을 때 찬양과 감사의 기분이 문득 일어났고
그는 결국 방언을 말했다.

우리 회중의 어떤 사람은 방언을 위해 마음을 연 사람들을 위한
기도 시간에 왔다. 나중에 그는 "아무것도 일어나지 않았으나 나는

믿게 되었다.”라고 말했다. 이틀 후 그는 하교하는 자녀들을 기다리기 위해 차 안에 앉아 있었는데 그 때 그의 바로 앞에 있는 교차로에서 교통사고가 발생하였다. 그는 즉시 그 사람들을 위해서 기도를 하기 시작하였고 그 때 성령의 언어가 그의 간구와 함께 목에서 나왔다고 한다.

사람들이 영적인 언어를 시작하는 다양한 방법은 일일이 다 설명할 수 없으나, 기본적인 증거는 어떤 필요한 유형도 없다는 것이다. 중요한 본질은 우리의 열린 마음과 믿음, 그리고 방언에 대한 우리의 의지이다. 방언은 신들림도 아니며, 우리측에서 어떤 노력을 한다고 해서 발생하는 것도 아니다. “저희가 다 성령의 충만함을 받고 성령이 말하게 하심에 따라 다른 방언으로 말하기를 시작하니라”(행 2 : 4)를 기억하기 바란다. 성령은 방언의 능력을 주시나, 방언은 여러분과 내가 하는 것이다. 어떤 시점에서는 믿음이 방언을 필요로 할 때가 있다.

나는 방언이 입에서 나오기 전에 마음에서 종종 발생함을 누누히 강조해왔다. 이러한 현상은 일관된 현상은 아니지만 다음 두 가지 사항을 주목할 필요가 있다.

먼저, 이 요구를 두려워 하거나 의심하지 말고 또 인위적으로 추구하거나 배우려고 하지 말기 바란다. 우리는 사람들이 “이 말을 해보시오”라고 다른 사람들에게 말하는 것을 금지한다. 이러한 금지는 비성경적일 뿐만 아니라 개인의 믿음의 방법을 방해하는 것이기도 하다.

둘째, 방언이 처음에는 매우 간단할 수 있다는 점을 기억하기 바란다. 방언의 시작은 극적이지 않을 수도 있다. 그러나 여러분이 믿음을 가지고 시작하여 계속해야 한다. 주님이 방언을 확대시켜 주실 것으로 믿어야 한다. 그러면 주님이 도와주실 것이다.

내가 방언의 아름다움으로 인도한 수천명의 기독교인들에게 도움이 된 것으로 입증된 또 다른 것은 찬양을 노래하는 것이다. 나는 여러분이 여러분 자신의 노래를 부르도록 촉구하고 싶다. 찬미주의자는 "하나님에게 새로운 노래를 부르시오"라고 말하지만 즉 여러분의 마음의 경배로부터 멜로디가 자유롭게 형성되도록 해야 한다. 여러분이 음치이거나 목소리가 병들었거나 노화되어 잘 나오지 않는다고 해도 그것은 여전히 여러분 자신의 목소리이다. 하나님은 여러분 자신의 목소리를 듣고 싶어 하신다. 하나님은 재능있는 사람들의 경연대회를 열고 계시는 것이 아니다. 하나님은 열려 있고 진지한 영혼을 환영하신다. 노래를 불러야 한다. 성경은 다음과 같이 기록한다.

"오직 성령의 충만을 받으라. 시와 찬미와 신령한 노래들로 서로 화답하며 너희의 마음으로 주께 노래하며 찬송하며"(엡 5 : 18 - 19).

"내가 영으로 찬미하고 또 마음으로 찬미하리라"(고전 14 : 15).

영적인 노래는 그 운율이 성령의 운율이다. 성경은 하나님이 방언의 노래를 받아들이실 뿐만 아니라 그 분의 말씀으로 방언을 지도하심을 증거한다.[2] 종종, 영적인 언어에 대한 인간의 망설임은 극복되며 찬양은 노래의 멜로디 위에 떠돈다.

이것은 어떤 언어를 만들라는 의미는 아니다. 나는 그러한 것을 원하거나 시도할 만큼 어리석은 사람은 보지 못했다. 이와는 반대로, 진지한 신자는 육신으로 어떤 것을 하는 것을 두려워하여 어린애 같은 마음으로 방언을 하기를 주저한다.

그러나 어린애 같은 마음으로 방언을 시작해 보라. 여러분을 기다리고 있는 언어의 기적을 향해 시작하는 것을 두려워 하지 말라. 방언은 기적이 아님을 기억하라.

맞는 말이다. 방언은 초자연적인 하나님의 은총의 개입에 의해 자연적인 것을 뛰어 넘은 것이다. 그러나 그렇다고 하여 여러분과 내가 아무 것도 하지 않아도 된다는 의미는 아니다. 기적은 종종 인간의 행동을 기다린다.

"모세가 바다 위로 손을 내어민대… 물이 갈라져 바다가 마른 땅이 된지라"(출 14 : 21).

"제사장들의 발바닥이 요단 물을 밟고 멈추면… 물이 끊어지고"(수 3 : 13).

여호수아가 이스라엘 사람들이 들을 수 있도록 큰 소리로 태양에게 멈추라고 말하고 나머지는 하나님이 다 하셨다(수 10 : 12-13).

베드로는 예수님의 부름에 응답하여 배에서 내렸으며 그 때 물 위를 걷는 기적이 나타났다(마 14 : 25-29).

동일한 믿음과 행동으로 여러분이 영적인 언어의 기적에 마음을 열고 하나님의 말씀에 따르기만 하면 된다. 방언을 말하라. 성경에 의하면 여러분은 '새로운 언어를 성령이 하도록 해주시므로' 방언을 할 수 있다.

이제, 나는 여러분이 방언의 아름다움을 믿게 되었을 뿐만 아니라 우리 모두에게 주어진 이 축복된 자원을 영접하였을 것으로 믿는다. 그리고 여러분은 방언을 계속하여 보다 겸손한 마음으로 예수님과 함께 걸으면서 여러분의 덕을 위하여 믿음의 삶을 살기 바란다. 이 방법이 여러분이 발견하게 될 하나님의 권위를 사용하는 관건이다. 하나님의 왕관 앞에서 겸손하고 그 분의 많은 은총에 감사하는 마음을 가지면, 영적인 언어의 축복에 대한 여러분의 시야가 투명해질 것이다.

계속 찬양하고 찬미하며 경배하라. 그리고 계속 하나님 나라의 삶과 사랑을 여러분이 어디로 가든지 여러분 안에서 나타나도록 간구하라.

이 성스럽고 확장적인 언어의 가치는 궁극적으로 우리 주 예수 그리스도에 대한 우리의 확대된 복종과 깊어진 헌신, 그리고 증가된 감사의 마음 속에서 시험된다. 예수님은 우리의 삶과 구원과 사역의 중심이시자 원주이시다. 이 때문에 그 분 안에서 우리가 받는 모든 아름다운 것들은 우리가 그 분에게 더 아름답게 봉사하기 위한 것이며, 그 분의 아름다움을 보다 경이롭게 찬양하기 위한 것이다.

나의 브라이튼 여행에 관한 얘기로 나의 긴 설명을 마칠까 한다.

10장. 궁극적인 아름다움
― 그리스도의 하나되심

"사랑 속의 하나의 세계 ; 은총 속에 주어진 하나의 이름 ;
둘을 결합시키시는 하나의 성령"

아직 7월이었지만 내가 브라이튼이 위치한 영국의 남부 해안의
동쪽 끝에 있는 킹스웨이 불바드로 차를 몰고 갔을 때, 오후 날씨는
음산하고 서늘하였다. 나는 약 1시간 전에 비행기로 런던의 남쪽에
있는 가트윅에 도착했다. 그리고 이제 국제 복음주의 카리스마 회
의의 주최측이 마련해준 나의 숙소로 향하고 있었다. 2,700명 이상의
엄선된 대표들이 전세계의 거의 모든 기독교 교파를 대표하여 수십
개국으로부터 모여들고 있었다. 이들은 그 다음날 저녁 '그리스도의
하나되심'이라는 주제의 나의 연설을 들을 청중들이다. 나는 더욱더
적대적인 환경에서 예수님에 관해 간증할 기회를 얻은 것이다.
당시 세계 종교계는 반기독교적이거나 비기독교적인 지도자와
정부로부터 복음주의에 대해 점증하는 시기심에 직면하고 있었다.
우리가 개종 음모를 꾸민다는 비난과 함께 우리 메시지의 목소리

를 낮추라는 요구가 도처에서 일어나고 있었다. 더욱더 좁아지는 세계에서 상충하는 종교적 믿음은 인간의 긴장에 불필요하고 바람직스럽지 못한 것으로 간주되었는데, 기독교인들이 제일 먼저 침묵을 강요 받아 왔다. 이 회의에서 나에게 주어진 역할은 다음과 같은 과제에 관한 연설이었다. "성령으로 충만된 신자가 이러한 세계에서 어떻게 확고하게 설 수 있는가?" 또한 일부 기독교인들이 카리스마의 탓으로 돌리는 간헐적인 교리적 비난 속에서 그리스도 중심적인 우리의 신학과 이론을 분명하게 선언하는 것도 회의의 과제였다.

내가 대서양 연안을 따라 서쪽으로 차를 몰고 갔을 때, 나의 메시지의 막연한 핵심이 갑자기 내 앞에 나타나는 것 같았다. 어떤 유령이 나의 시야를 가렸다. 브라이튼의 남쪽 부두는 바람에 흔들리는 파도 위를 걸으며 반짝이는 신기루처럼 낮게 깔린 회색 구름과 어울어져 있었다.

이러한 부두와는 완전히 대조적인 전경이 곧 펼쳐졌다. 동쪽으로 1마일쯤 되는 거리에는 낮에는 그렇게 북적대는 것 같았는데 밤에는 죽은 듯이 부두가 잠들어 있었다. 그 주위에는 수많은 기둥에 떠받쳐 높여진 육중한 등대가 장엄하게 서 있었다.

얼마나 인간적인가! 불이 밝혀진 부두는 춤곡이 울려퍼지고 즐거움을 찾는 사람들로 북적된 지난 날을 회고하는 것같이 보였다. 지금은 수천개의 멍한 눈동자가 검뎅이에 그을린 것처럼 깨진 창문들 사이로 빈 공간이 보였다. 남아 있는 건물은 한때 웅장한 건물이었던 자신을 펼치려고 노력하는 것같이 보였다. 마치 술주정뱅이가 왕년의 위엄을 지나가는 행인에게 과시하려고 "잘 살피고 다니게, 친구." 라고 말하면서 어깨를 툭치며 휘청거리며 걷는 것 같았다.

내 앞에 펼쳐진 후회의 전경을 보자 나는 다시 현실로 돌아왔다.

나는 차를 주차시켰으나 그 전경을 이길 수 없었다. 어쨌든 그 전경은 내 안에서 어떤 감정, 아마도 어떤 미묘한 슬픔같은 것을 불러 일으켰기 때문이었다. 아니면 나의 뺨에 약간 경련이 일어날 정도의 어떤 신음이기도 하였다. 남쪽 부두는 인간 절망의 표상이었다.

해안과 부두 사이의 연결구조가 화염에 용해되었을 때 떨어져나간 육중한 단면을 가로질러 미풍이 불자 깃발이 나부꼈다. 그 깃발은 역사적인 유적지와 위험에 처한 인간의 보전을 위한 사명감에 불탔던 강인한 영혼들이 그곳에 분명히 세웠으리라! 거대한 글씨는 "도와주세요! 나를 구해 주세요!"라고 씌여 있었다. 그러나 흉칙하게 파손된 장비는 그러한 호소가 무용함을 증명하는 것 같았다. 나는 우리의 꿈과 관계 그리고 우리의 기관과 평판을 구축하려는 우리 인류의 무자비한 노력의 한 단면을 보는 것 같았다. 우리는 순간의 성취감과 한모금의 달콤한 캔디보다도 못한 순간을 살기 위해 얼마나 집요하게 우리의 성취와 행복을 추구해 왔던가! 그 때 한 위기가 왔다. 우리는 쉽게 화재에 굴복하였다. 우리는 종종 바다에서 표류하였고 그을린 다리는 우리의 후퇴를 허용하지 않았다. 우리의 영혼의 기저에서 얼마나 불만이 파도처럼 계속 우리의 가슴을 쳤던가! 그 때 주위의 바다 갈매기는 절망의 울음 소리를 내었을 것이다.

그 장면 속의 모든 것들은 오늘날 우리의 세계를 반영한다. 내가 남쪽 부두의 상징성을 느꼈을 때 내 안에서 나의 심장은 이곳에서 어떤 메시지를 가져올 수 있다는 기쁨에 뛰기 시작하였다. 나는 천국에는 듣는 귀가 있고, 절망적인 마음이 "나를 구해 주세요!"라고 외칠 때 구원의 손길을 뻗치는 손이 있다는 확신을 하였다. 하나님은 그 분의 선원들이 파멸되는 것을 원하지 않으신다. 지옥만이 이러한 파멸을 즐길 것이다. 고대 해골의 무덤에서 세워진 십자가 때문에 "도와 주세요!"라고 간단히 외치는 버려진 영혼들을 위한 구원의 프로그램이 있는 것이다.

그 후 내 방에서 나는 길 건너에 있는 축 늘어진 부두와 우리 시대의 자화상을 생각하면서 나의 메시지를 검토하고 그 영원성을 확신하였다. 한편 하나님은 수억명의 기독교인들이 새로운 삶과 성령의 충만하심과 사랑에 마음을 열 때 예측할 수 없는 방법으로 자신의 성령을 쏟아 주신다. 하나님은 자신이 전능하다는 메시지로 은총을 베푸실 준비가 되어 있다. 또 다른 한편으로 세상은 역사의 마지막 절망 선상인 파도에 떠밀리면서 미래를 복구하겠다는 꿈을 계획하나, 하나님을 거부하는 자만심에 가득찬 원죄 때문에 파멸의 운명을 안고 있다. 만감이 교차하는 생각으로 가득찬 나는 침대에 누워 14시간의 여행으로 인해 쌓인 피로를 풀면서 내일 저녁의 회의와 나의 메시지에 관해 생각해 보았다.

회의의 성격은 분명히 카리스마적이었다. 두 개의 일반적인 교파가 거의 3,000명의 참석자들을 불러 모았다. 한 교파는 성령의 현재의 역사하심을 믿는 교파였고, 다른 교파는 상처받고 죽어가는 세계를 하나님의 사랑으로 어루만지기를 열망하는 교파였다. 그곳에는 방언과 다른 성령의 은총을 잘 아는 일단의 사람들이 있었다. 나의 사명은 방언의 축복이 우리의 시야를 얼마 만큼 넓혀주고 성령의 충만함으로 예수 그리스도의 아름다움을 온세계에 얼마만큼 잘 전파하는냐 하는 것이었다.

나는 두 가지 본질적인 필요를 느꼈다. 하나는 성령에 대해 우리의 열린 마음으로 할 수 있는 간증의 방법이었고, 다른 하나는 예수님의 놀라우신 이름으로 얼마 만큼 힘있게 사역할 수 있느냐 하는 것이었다. 나는 인간적인 무기력함을 느꼈다. 나는 그토록 많은 지도자들 앞에서 이러한 메시지를 전달하는 영광을 어떻게 감당할 것인지 고민이 되었다. 모든 마음은 그리스도를 영광스럽게 하기 위해 간구하고 있을 것이다. 모든 사람들은 오늘날 어떻게 복음주의를 전파할지 고민할 것이다.

몇 시간이 훌쩍 지나갔다. 하룻밤의 휴식으로 비행기에서 움츠러졌던 나의 다리가 어느 정도 풀렸다. 나의 시간이 이제 다가오고 있었다. 예배의 첫 번째 부분은 많은 회중의 공동예배였다. 그 다음으로 힌두교도와 회교도에게 복음을 전파했던 사역에 관한 짜릿한 보고가 비디오 필름으로 상영되었다. 그 다음에 내가 소개되었다. 내가 연단에 올라가서 회중에게 인사를 하였을 때 나의 목소리가 실내에 가득 울려퍼지는 것을 들었다.

회의 메시지[1]

나는 먼저 그들에게 하나님의 말씀, 특히 그토록 놀라운 주제인 "그리스도의 하나되심"에 관해 연설을 하게 되어 몸둘 바를 모르겠고 또 얼마나 고마운 생각이 드는지 고백하였다. 나는 다음과 같이 연설하였다.

분명히 이 주제는 우리의 가장 중요한 주제이다. 무엇보다도 오순절/카리스마 지도자들로서 우리는 하나님의 은총과 권능의 샘을 찾기 위해 노력하였다. 그 샘은 다름아닌 하나님의 아들이시자 우리의 주님이신 예수님이다.

실제로 우리는 성령 안에서 경험하고 영접한다. 그러나 우리를 바라보는 모든 사람들이 어떤 축복과 경험보다도 우리가 예수님을 찬양하고 드높이며, 우리의 살아계신 주님이시자 왕으로 찬미하는 사람이라는 것을 다른 사람들에게 알려야 한다. 그리스도는 우리 모두의 구세주이시다.

일부 사람들이 생각하는 것과는 반대로 새 포도주의 맛만으로는 권능을 느낄 수 없다. 그보다는 성령이 우리의 마음의 제단 위에 예수님에 대한 어린애 같은 따뜻한 사랑으로 불을 피워 주신다.

예수님은 우리가 발견한 열매의 이유가 되신다. 예수님은 포도이시다. 예수님은 우리가 마시는 축복의 강의 원천이시다. 왜냐하면 예수님은 생명수의 샘이시기 때문이다. 예수님은 우리가 찬양해야 할 대상이시다. 왜냐하면 우리는 예수님이 소중하시다는 것을 알았기 때문에 형언할 수 없는 기쁨과 영광으로 그 분을 찬양하기 때문이다.

우리는 그 분의 백성이다. 우리는 예수님이 우리에게 더욱 분명하고 사랑스럽고 가까워지셨기 때문에 성 리차드의 기도에 대한 응답을 이해할 수 있다.

"그리스도는 우리가 발견한 분이다. 모든 사람들이 그 분의 말을 듣도록 해야 한다. 우리의 보물과 증언은 권능의 선물도, 예우와 경의도, 치료의 기적도, 방언도, 통역과 예언도, 교회의 성장과 대중 복음의 성공도 아니다."

우리는 진정 이러한 것들을 경험하였다. 그러나 우리가 전보다 더 확실히 발견한 분은 예수님이시다.

그리고 나는 이 중심적인 카리스마 운동의 초점을 강조하기 시작하였다. 하나님이 우리 안에서 하시는 것이 매우 독특하므로 우리가 그 유일하신 분을 찬양함이 마땅하다. 예수님의 유일하심은 바로 내가 연설한 주제였다.

우리는 모두 예수님을 찬양하는 신선한 기회를 환영한다. 예수님에 초점을 맞추어 이 회의를 이끌어 달라는 요청을 받은 것은 기뻤지만 다소 망설여졌다. 나는 예수님을 잘 아는 여러분들 앞에서 무엇을 더 말할 수 있겠는가? 차라리 내가 옆으로 비켜서면서 "모두 함께 무릎을 꿇고 예수님을 바라 봅시다"라고 말하는 것이 더 나은 것 같다. 5분쯤 후에 우리 곁에 그 분이 오시면 우리는 그 분의 말씀을 들으면서 더 많은 것을 배울 수 있을 것이다.

그러나 우리의 회의가 이러한 방법으로 그리스도에 초점을 두기로 한 것은 분명히 현명한 일이다. 왜냐하면 우리는 예수님의 하나되심에 관한 성경적 계시에 관해 집단적으로 선언할 기회를 가졌기 때문이다.

나는 그 이유를 세 가지로 본다. 첫째, 복음주의가 계속 확대될 수 있기 때문이고, 둘째 우리의 증거가 더욱 강화되며, 셋째 오늘날에도 성령이 역사하시기 때문이다. 예수님에 초점을 맞춤에 있어 먼저 성령의 사역이 예수님의 이름으로 결집시키시고 있는 우리의 회중에 초점을 두기로 하자.

계속 확대되는 회중

우리는 전세계에서 그리고 그리스도의 모든 몸으로부터 이곳에 모였다. 우리의 배경은 광범하고 다양하다. 우리의 교리와 의식, 방법은 매우 다양하다. 그러나 우리가 교회정부, 세례, 성만찬, 예언, 최후의 심판, 천년 해석 등에 관해 매우 다양한 견해를 가지고 있다 할지라도, 우리 모두가 완전히 하나로 결집될 수 있는 한 가지 웅대한 주제가 있다. 그것은 다름아닌 우리 주 예수 그리스도의 뛰어나심이다. 우리는 그 분의 탁월하신 인품과 그 분의 역사의 완성을 위해 한 목소리로 찬송할 수 있다.

전 역사를 통해 교회 생활의 분수령이 많았다. 그 주제는 그리스도는 어떤 분이시고 그 분은 어떤 일을 하셨나 였다. 교회가 그리스도 위에 세워진 것처럼 교회는 그 분과 그 분의 축복 안에서 성장해 왔다.

예수 그리스도만이 그리스도인 마음의 중심에 하나님의 유일한 아들이자 우리의 유일한 구세주로 계신다. 그 분의 권위만이 우리의 삶과 사역을 지배하신다.

그러면 우리는 목적이 혼동되지 않는가? 어떤 단합도 단지 인간의 우정이 아니라 천국이 내려준 실제적인 축복이 되는 것은 오로지 예수님이 계시기 때문이다.

예수님의 하나되심은 오순절/카리스마적 부흥에서 그토록 잘 단합이 되는 이유이다. 왜냐하면 우리의 단합은 다른 그리스도인들을 놀라게 하고 있기 때문이다.

어떤 사람들은 다른 사람에 대한 우리의 사랑이 신학적 또는 지적인 고려에서 잉태된 신앙의 결핍이라고 생각한다. 그들은 우리의 방언이 우리의 두뇌를 어지럽히고 우리의 교리를 분명하게 기억하지 못하게 하였다고 생각하는 것 같았다. 어떤 사람들은 우리가 카리스마적 방언 이외의 다른 진리에는 무관심하고 우리의 공동체가 편협하다고 생각한다. 그러나 내가 오늘 밤 이 자리에서 다시 한번 강조하건대 우리의 단합은 신학적 수동성의 결과는 아니다. 우리의 단합은 개인적 견해의 희생도 아니요 동질화된 우연한 통합도 아니다. 또한 저차원의 공통분모적 교리를 낳는 여과된 교리도 아니다. 결코 그렇지 않다.

그보다는 우리의 단합은 예수님을 드높이기 위해 역사하시는 성령의 하나되심에 대한 증거이다. 구세주가 오실 때 그 분은 여러분이 그 분이 안에 거주하시는 모든 사람들과 편안하게 지낼 수 있는 방법을 가지고 오신다. 예수님을 영광스럽게 하는 사명을 가지신 성령이 여러분에게 넘쳐흐를 때 여러분은 갑자기 성령의 기도에 응답하게 된다. "그 분들은 하나이시다." 그리스도의 간구하심에 대한 대답을 하는 즉시 또 다른 기도가 삶 속에 꽃피기 시작한다. "이러하므로 내가 하늘과 땅에 있는 각 족속에게 이름을 주신 아버지 앞에 무릎을 꿇고 비노니"(엡 3 : 14-15).

사도 바울의 기도는 성령으로 충만된 단합을 위한 것이다. 우리가 예수님을 우리의 초점 안에 받아들일 때 우리 안에서 일어나는 방법이 바울의 기도 속에 있다. 하나님에 대한 바울의 마음의 울음처럼 다음의 성경 구절도 우리의 마음을 관통한다.

1. 그리스도의 하나되심은 그 분의 성령이 우리의 마음 속에 계실 때 증명된다(엡 3 : 17).

2. 사랑 가운데서 뿌리가 박히고 굳어져서 우리는 그 넓이와 길이와 높이와 깊이가 어떠함을 깨달을 수 있게 된다(엡 3 : 17−18).

3. 우리는 하나님의 모든 충만하신 것으로 채워질 때 지식을 주시는 그리스도의 사랑을 알게 된다(엡 3 : 19).

이처럼 그리스도께서 주신 라이프 스타일은 에베소서 3장에서 4장까지 잘 기록되어 있는 바와 같이 이론과 기도로부터 삶과 사랑 그리고 실천으로 나타난다. 바울이 촉구한 바와 같이 여러분은 평화의 단결 속에서 성령의 단일성을 유지하게 되는데 이는 웅장한 성경적 계획이다. '성령의 하나되심'(엡 4 : 3)은 우리의 '믿음의 하나됨'(엡 4 : 13)으로 나타난다. 진정한 단일성을 위한 유일한 기초는 '인자에 관한 지식'(엡 4 : 13)이다.

우리의 단일성을 유도하는 중심이 있는데 그것은 예수님을 아는 것이다. 그 분은 우리의 하나됨을 위한 기초이시다.

우리는 우리의 개인적 능력과 정치, 신학적 이론 등이 그리스도의 하나되심에 비해 너무 열등하다는 것을 알았다. 성령이 우리의 안에 넘쳐 흐르실 때 그리스도의 영광을 드높이는 과정에서 진정으로 성경적인 믿음의 하나됨이 발견된다. 이러한 결과는 살아있는 말씀의 계시로서 나타나는 것으로, 모든 교리적 차이의 해소로 인한 것은 아니다. 성령은 우리의 마음에 넘쳐 흐르시며 그러한 흐르심 가운데에서 우리는 사랑으로 진실을 말하는 법 이상을 배우게 된다.

성령은 우리 안에서 예수님을 영광스럽게 하는 방법을 가지고 계신다. 이 방법은 예수님을 아는 다른 모든 사람들에 대한 우리의 태도를 하나로 만드는 방법이다. 예수님을 알고 그 분의 진정한 모습을 알 때 오늘날 그리스도인들 간의 교제가 더욱 확대되는 것이다.

이것은 고린도후서 5장 16절의 의미와 통한다. "그러므로 우리가 이제부터는 아무 사람도 육체대로 알지 아니하노라." 바울은 "예수님을 알게 되었으므로 우리는 그 분 안에서 서로 알게 되었고 그분의 영광 가운데서 교제를 유지한다"고 말하는 것 같다. 우리의 하나됨이 성령에 의해 촉진되는 것은 그리스도의 하나되심을 중심으로 한다. 그리스도의 영광은 우리를 겸손하게 하므로 우리는 그 분의 은총에 의해 형성된다. 성령이 우리 가운데에서 그리스도를 확대하시므로—이러한 성령의 역사는 우리의 교파를 초월한 진리이다—성령은 우리를 하나의 의지로 이끌고 계신다. 이 일은 오직 예수님만이 하실 수 있다.

예수님의 하나되심은 카리스마 교인들에게는 물론 성령이 새로운 차원의 교제로 역사하시도록 영접하는 다른 교파들에서도 발견되는 확대된 교제의 근거이다.

항상 관찰하는 집단

그러나 단합의 확대 너머 항상 관찰하는 집단이 있다. 이 집단은 기독교 전통 내에서 카리스마 운동이 어디로 갈 것인지 기다리고 관찰하며 고민하는 집단이다.

교회의 모든 부분에서 상당한 사람들이 호기심과 목마름으로 성령에 의한 거듭남의 강가에 서 있다. 그러나 많은 사람들은 충만된 영적인 세례는 고사하고 발가락조차 강물에 담그기를 종종 주저한다.

그들은 영적인 거듭남의 물결이 그들의 건전한 교리를 밀어내지 않는다는 보증을 원하고 필요하다고 생각한다. 이러한 사람들을 위해 우리는 다음과 같은 간증을 하는 바이다. 우리는 예수님에 초점을 둠에 있어 우리가 모든 진리의 기초로 보는 것을 선언하고 있다. 예수님에 초점을 둠으로 우리는 우리가 사랑하고 간구하며, 우리의 간증과 경험의 기초가 성경의 그리스도이심을 선언한다.

예수님에 관해서 우리는 무엇을 믿고 있는가? 나는 우리 모두를 대신하여 선언하고 있다고 생각한다. 그것은 교회가 항상 어디서나 초대교회 시절부터 증거해온 것이다. 우리가 "예수 그리스도는 유일하시다"라고 말할 때 그 의미는 다음과 같다.

그 분은 하나이시다. 즉 아담이 잃어버린 구원을 복구하시기 위해 하나님이 보내신 두 번째 아담이다.

그 분은 동정녀로부터 태어나신 하나님의 아들이시며, 죄없는 인간이시고, 진리의 화신이시며, 하나님의 명백한 완전함의 표상이시다.

그 분은 하나님의 양이시다. 즉 성경에 따라 다치고 피를 흘리고 죽어가는 양이시다. 그분을 믿는 모든 사람들을 죄로부터 구원하시기 위해 오신 분이다.

그 분은 십자가에 처형되어 묻히셨다가 3일째 되는 날에 다시 일어나신 분이시다. 이것은 말 그대로일 뿐만 아니라 실제의 사실이고 성경에 증거되어 있다.

예수님은 모든 인간의 구원의 근거를 제공하시는 분으로서 지금은 천국에 올라가 계신다. 그 분은 하나님의 오른편에 앉아 계시며 천국의 모든 권력과 지상의 모든 권력이 이제 그 분에게 주어졌다.

예수님은 그 권력의 왕관을 쓰시고 그 분을 복종하는 모든 사람들에게 성령을 쏟아 부으신다.

예수님은 왕관을 쓰고 계시지만 항상 살아계시며 우리들을 위해 간구하신다.

왕관을 쓰고 계신 예수님은 왕중의 왕, 만주의 주로 다시 오셔서 그 분이 구속하신 교회를 영원히 받으실 것이다.

이상이 예수님의 유일하심에 관한 설명이다. 그 분은 유일하시다. 그분과 비슷한 사람은 아무도 없다.

그분을 잡기 위해 파견된 군인들은 "우리는 이 사람과 같이 말하는 것을 들어 본 적이 없다"고 하며 돌아갔다.

그 분이 폭풍을 잠재우시는 것을 목격한 사도들은 "바람과 바다조차도 복종하는 이 분은 도대체 어떤 분이신가?"라고 말했다.

예수님이 돌아가시는 것을 관찰한 로마 군인들은 "분명히 이 분은 하나님의 아들이었다"라고 선언하였다.

예수님의 하나되심에 관한 증거는 그밖에도 무수히 많다. 모든 의심을 풀고 그 분 앞에 절하는 도마와 같이, 우리는 부활하신 왕에 관해 다음과 같이 기도한다. "당신은 나의 주님이시고 나의 하나님이십니다." 여러분은 다시 그 분을 찬양하고 싶지 않은가? 그 분을 찬양합시다. 아멘! 할렐루야! 그리스도의 하나되심에 관해 좀더 자세히 설명해보자.

우리는 교회가 항상 그래왔듯이 사회적인 승리를 얻기 위해 진리를 흥정하는 시대에 살고 있다. 그러나 먼저 주님의 유일하심에 관해 설명함에 있어 어떤 혼동도 배제할 필요가 있다. 다음은 우리가 예수 그리스도를 유일하신 분으로 받들어야 하는 다섯 가지 중요한 이유이다.

1. 예수님은 창조의 원천으로서 유일하시다.
우리는 예수 그리스도가 이 지구상에 태어난 모든 인간 가운데에서 유일하신 분이심을 선언한다. 그 분이 비록 창조의 영역으로 들어오셨지만 우리는 그 분이 창조 이전에 계셨고 또 창조를 초월하신 것으로 믿는다. 즉 그 분은 만물의 창조주이시다. 그 분은 로고스, 즉 말씀이시다. 요한은 그 분에 관해 다음과 같이 증언한다. "태초에 말씀이 계시니라. 이 말씀이 하나님과 함께 계셨으니 이 말씀은 곧 하나님이시라. 그가 태초에 하나님과 함께 계셨고 만물이 그로 말미암아 지은 바 되었으니 지은 것이 하나도 그가 없이는 된 것이 없느니라"(요 1 : 1-3).

더 나아가 우리는 예수님을 창조의 원천으로서는 물론 창조의 유지자로서 경배한다. 우리는 존재하는 모든 것들이 그 분이 만물을 창조하신 것과 동일한 말씀의 힘으로 유지되고 있다고 믿는다. 그리고 존재하는 모든 것들도 창조의 원천으로서 예수님의 유일하신 역할 때문이라고 믿는다(골 1 : 16-17 ; 히 1 : 3).

2. 예수님은 하나님의 아들로서 유일하시다.

우리는 인간의 모습으로 나타나신 예수 그리스도가 인간에 대한 하나님의 유일하신 계시임을 선언한다. "말씀이 육신이 되어 우리 가운데 거하시매 우리가 그 영광을 보니 아버지의 독생자의 영광이요 은혜와 진리가 충만하더라"(요 1 : 14).

우리는 어느 누구도 하나님을 한 번도 본 적이 없다 할지라도, 그 분의 유일하신 아들인 예수님이 하나님의 품에서 나오셔서 '하나님임을 나타내셨다'(요 1 : 18)는 것을 믿는다. 우리는 예수님을 보는 것은 육신으로 계시된 하나님의 완전하심을 보는 것이라고 생각한다. 예수님이 빌립에게 말씀하신 바와 같이 우리는 '그 분을 본 자는 주님을 본 것'(요 14 : 9)으로 믿는다. 예수님은 인간에 대한 하나님의 계시로서 그 분의 유일한 아들이시다.

3. 우리는 예수님이 인류의 구원자로서 유일하심을 선언한다.

그 분은 우리를 구속하실 수 있는 유일한 보혈이시다. 그 분은 원죄의 대가를 치르신 유일한 희생자이시다. 그 분은 우리를 치유하시기 위해 자신의 육신을 망가뜨리셨다. 그 분은 죄 많은 인간을 위해 생명을 버리신 분이다. 그 분은 하나님 앞에서 우리를 옹호하시고 하나님의 법정에서 우리의 무죄를 변호하실 수 있는 유일하신 분이다. 그 분은 죽음의 사슬을 초월하신 힘있는 분이시다. 그 분은 죽음을 초월하여 부활하신 분이시다. 그 분은 승천하시면서 우리에게 영생의 약속을 증명하셨다.

우리는 무엇보다도 예수님의 하나되심을 찬양한다. 예수님만이 우리를 구원하실 수 있다. 다른 어떤 방법으로도 구원이 있을 수 없다. 우리를 구원할 수 있는 사람은 이 지구상에는 없다(행 4 : 12).

4. 예수님은 교회의 머리이시고 교회의 목자이시다.

예수님은 자신의 보혈로 교회를 사셨다. 따라서 예수님은 교회를 지배하실 권리를 가지고 계신다.

예수님은 교회의 기초이시다. "이 닦아 둔 것 외에 능히 다른 터를 닦아 둘 자가 없으니 이 터는 곧 예수 그리스도라"(고전 3 : 11).

예수님은 교회를 세우신 분이다. 예수님은 "내가 너희에게 이르노니 너는 베드로라. 내가 이 반석 위에 내 교회를 세우리니 음부의 권세가 이기지 못하리라"(마 16 : 18)고 하셨다.

예수님은 유일하신 교회의 생명이시다. "내 안에 거하라. 나도 너희 안에 거하리라. 가지가 포도나무에 붙어 있지 아니하면 절로 과실을 맺을 수 없음 같이 너희도 내 안에 있지 아니하면 그러하리라"(요 15 : 4).

예수 그리스도는 교회의 창시자이시다. 그러나 그 분은 그 분의 양떼를 돌보시는 구속주이시다. 그 분이 우리를 구원하시기 위해 돌아가신 양이신 것처럼 그 분은 우리를 인도하시는 위대한 목자이시다.

그 분은 교회의 주님이시다. 교회 안의 모든 권위가 그 분으로부터 나오며 그 분의 지도 하에서만 가능하다. 교회는 항상 그 분의 지도에 복종하는 마음을 가져야 한다. "너희 중에 큰 자는 너희를 섬기는 자가 되어야 하리라"(마 23 : 11). 이것은 우리의 목자의 말씀이시다. 그 분의 양으로서 우리는 교회의 유일하신 지도자인 그 분에게 절대로 복종할 것임을 선언한다.

5. 예수 그리스도는 천국이 임명한 주권자로서 유일하시다.

주권은 우리의 세계에서 보편적이다. 국가, 왕국, 정부 등은 주권을 행사하나 진정으로 인간에게 주권을 행사하시는 분은 예수님이 유일하시다. 우리가 우리를 통치하는 권리, 즉 우리의 자치는 하나님이 우리에게 부여하신 특권이다.

인간의 딜레마의 원인은 이러한 주권을 인간이 남용했기 때문이다. 그래서 우리가 그리스도의 유일하신 주권을 인정하는 것이 중요한 문제가 되었다.

예수 그리스도는 천국이 임명한 유일한 주권자이시다. 창조의 원천으로서, 하나님의 유일한 아들로서, 인류의 구세주로서, 그리고 교회의 건설자이자 목자로서 예수님은 우주의 왕이시자 우주의 모든 존재에 대한 궁극적인 심판자이시다.

모든 인류가 심판을 받는 것은 그 분 앞에서이다(행 17 : 31). 모든 신자가 승인되거나 불승인되는 것은 그 분에 의해서이다(고후 5 : 10).

모든 존재가 궁극적으로 무릎을 꿇고, 모든 말이 예수 그리스도가 아버지 하나님의 영광을 위한 주님이라고 고백하는 것은 그 분을 향해서이다(빌 2 : 9-11).

이제 모든 귀가 이 말을 듣게 하자! 이것은 예수님에 대한 우리의 믿음이며 그 분의 하나되심을 고백하는 방법이다. 우리는 그 분에 관해 말하고 그 분에게 얘기한다. "당신은 그리스도요 살아계신 하나님의 아들이십니다. 당신만이 원천이시고 아들이시며 구세주이시고 목자이시고 주권이십니다."

여러분이 원한다면 "할렐루야, 예수님. 무엇보다도 나는 당신 것이며 당신은 내 것입니다"라고 덧붙여도 좋다.

우리의 회중이 날로 확대됨에 따라 우리의 차이가 매우 다양해지고 있으나 우리는 예수님의 유일하심이라는 믿음 하에서 하나의 공통적인 결속을 이루고 있다. 예수님에 관한 카리스마적인 새로운 확신을 추구하는 기독교 전통 내에서 날로 확대되고 있는 우리의 회중에게 나는 다음과 같이 선언하는 바이다.

우리는 하나님의 아들이시자 하나님의 화신이시며 그 분의 역사이신 예수님에 관한 이상의 선언을 재확인한다. 이제 모든 사람들이 성령의 권세 안에서 보다 자유롭고 완전히 걸을 수 있다.

우리는 예수님을 찬양하겠다는 부단한 열망을 선언한다. 카리스마의 특징이 찬양과 예배라는 것은 그다지 놀라운 일은 아니다. 예수님이 분명히 보이실 때 성령은 항상 새로운 찬양과 찬미에 불을 붙이신다. 오순절교회에서처럼 우리의 방언은 하나님의 놀라우신 역사를 찬양한다. 그 분이 우리에게 예수님을 보내신 것보다 더 놀라운 일은 없다.

항상 존재하는 마음

그러나 이러한 선언과 함께 우리는 그리스도의 유일하심에 관한 또 하나의 결론적인 측면을 강조하고자 한다. 하나님의 아들에 대한 영광과 함께 어떤 절대적인 의미가 그리스도의 유일하심 속에 함축되어 있다.

우리는 항상 기만의 유혹을 받는다. 도처에서 예수님의 예언이 실현되고 있다. "거짓 선지자가 많이 일어나 많은 사람들을 미혹하게 하겠으며… 불법이 성하므로 많은 사람의 사랑이 식어지리라… 그 때에 사람이 너희에게 말하되 보라 그리스도가 여기 있다 혹 저기 있다 하여도 믿지 말라"(마 24 : 11－12, 23).

이러한 상황에서 여러분과 나는 한 과제를 가지고 있다. 우리는 냉소적으로 기독교 후 시대로 규정되고 있는 이 시대에 그 분의 유일하심을 전파할 의무가 있다. 우리는 그 분의 유일하심에 대한 우리의 믿음이 오만하게 비쳐지는 이 사회에서 그 분의 구원의 복음을 선언할 의무가 있다.

세계를 복음화하기 위한 우리의 사명에서 지금은 미묘한 시기이다. 우리가 예수님의 성령 안에서 걷고 있는 것을 어떻게 느껴야 하는가! 우리는 예수님이 유일한 구세주이시고 그 분 밖에서는 어떤 영원한 구원도 없다는 예수님의 증거를 확신하면서, 열정과 용서와 이해와 은총의 마음으로 예수님의 성령 안에서 걸어야 한다. 하나님은 어떤 절대성에도 독특하게 저항하는 이 세계에 그리스도의 유일하심을 선언하시기 위해 유일한 방법을 우리에게 보내 주셨다.

나는 우리 시대의 관건이 예언의 영혼으로서의 성령의 본질적인 역사를 다시 발견하는 데 있다고 생각한다. 좀더 자세히 설명해 보자.

카리스마적인 거듭남을 특징으로 하는 신약성경 생활의 많은 여러 측면들 가운데 예언적인 사역의 새로운 평가가 있다. '예언적인 사역'이라 함은 마지막 일들을 지각적으로 해석한다는 의미는 아니다. 나는 '하나님의 말씀이 예언의 영혼'이라는 예수님의 증언을 말하고 있는 것이다. 나는 우리 시대에 역사하시는 성령이 우리 시대의 교회를 강화하고 계신다는 사실을 말하고 있다. 교회의 제도적인 존재가 정치 및 종교 체제에 의해 거부를 당하고 있는 이 시점에서 성령은 새로운 존재를 보여 주시기 위해 노력하고 계신다. 예언의 영혼은 예언적 사역을 위해 많은 사람들을 신선하게 교화시키고 있다. 즉 성경적인 의미에서 예언의 사역은 선언과 발견 그리고 회복이다.

첫째, 예언은 선언이다. 오순절 교회에서 성령 충만의 약속이 있었던 것처럼, 하나님의 모든 아들과 딸들은 예언을 하게 될 것이다. 오늘날 성령은 모든 신자들이 하나님 나라의 복음의 대변인이 되도록 회복하기 위해 노력하고 계시다(행 1 : 5-8).

둘째, 예언은 발견이다. 고린도전서 14장 24절에서 25절까지 잘 나타나 있는 바와 같이 예언은 인간의 마음의 비밀을 관통하여 비신자들을 무릎 꿇게 한다. 마찬가지로 오늘날에도 성령은 모든 신자들이 인간의 고통과 필요, 그리고 짐을 자각하도록 노력하고 계시다.

셋째, 예언은 회복이다. 고린도전서 14장 1절에서 5절까지 기록되어 있는 것처럼 모든 예언은 고무하고 권면하며 자기의 덕을 세우도록 하기 위한 것이다. 마찬가지로 오늘날에도 성령은 모든 신자들이 실패한 세계에서 자신을 다시 들어올리도록 회복하시기 위해 노력하신다.

나는 교회가 학문적, 정치적 또는 세속적으로 존재하는 제도로서가 아니라 성령으로 충만된 수백만 명의 예언자들의 집단으로서 최후의 사역을 위해 재무장해야 함을 제안한다. 성령에 의해 권능을 부여받은 사람들이 고난을 극복했던 초대교회와 마찬가지로 우리는 단순히 예수님을 증거하고 그 분을 찬양할 것을 요구받고 있다. 즉 우리는 그 분의 유일하심을 세계에 선포할 의무가 있다. 세계의 구조는 우리의 선포에 저항할지 모르나, 세계의 정신이 하나님의 성령에 저항할 수는 없다. 사회는 교회의 형식적인 존재에 반대하여 이를 제약할지는 모르나, 교회의 인격적 존재는 통제할 수 없다. 오늘날의 거부적인 환경에서 나는 복음주의의 최상의 자원이 믿지 못하는 세계와의 다툼이 아니라 예언의 성령의 신선한 기름부음이라고 주장한다. 나는 우리의 기본적인 과제가 예언을 주장하고 문화를 논박하며 정치적인 인정을 추구하는 것으로부터 빠져나오는 것이라고 생각한다. 성령이 권능을 가지고 오셨으므로, 우리는 하나님이 우리에게 맡기신 이 시점에서 세계를, 즉 모든 나라에서 모든 개인을 관통할 수 있는 권능을 부여받고 있다.

또한 우리는 이를 위한 모델을 가지고 있다. 그것은 바로 예수님이다. 우리에게 권능을 주시는 성령은 우리에게 예수님이 하신 것과 동일한 예언의 능력으로 예수님을 증거하는 방법을 가르쳐 주실 것이다.

예수님이 어떻게 우리에게 복음을 알려주시는가를 생각해 보자. 그 분의 확고한 진리의 말씀과 그 분의 사랑에 가득찬 은총의 말씀은 완전히 우리를 무장해제 시키신다. 그 분은 믿을 수 없을 만큼 균형의 선을 걸으신다.

예수님은 비판자들에게 말씀하실 때 자신의 역사에 대한 판단을 거부하신다. "너희는 육체를 따라 판단하나 나는 아무도 판단치 아니하노라. 만일 내가 판단하여도 내 판단이 참되나니"(요 8 : 15-16).

예수님은 자신의 역사에 대한 신성한 정의를 확신하시나 파괴된 영혼에 대해서는 "나도 너를 정죄하지 아니하노니 가서 다시는 죄를 범치 말라"(요 8 : 11)고 말씀하신다.

예수님은 영원한 소득과 영원한 손실의 대가를 말씀하신다. 예수님은 다음과 같이 말씀하신다. "하나님이 세상을 이처럼 사랑하사 독생자를 주셨으니 이는 저를 믿는 자마다 멸망치 않고 영생을 얻게 하려 하심이니라"(요 3 : 16).

이상은 예수님을 증거한 기록이다. 진리와 온화함의 결합이 이 어두운 세계에 그 분의 유일하심을 나타내는 방법으로써 그 분이 우리에게 요구하시는 방법이다.

나는 회복되고 부흥된 성령의 충만함이 우리의 복음 사역을 완성할 새로운 가능성을 제공하셨다고 믿는다. 우리가 우리의 세계에 직면하여 열정적으로 복음을 전파하되 예수님처럼 예언의 정신으로 해야 한다. 우리는 사람들과 다투기 보다는 예수님을 선언해야 한다. 우리가 예수님에 관한 증거를 가지고 있으므로 예언의 성령은 사람들의 마음을 꿰뚫고 그들의 필요를 발견하며 주 예수 그리스도를 확신하고 그 분을 영접할 것이다.

그러면 인간의 마음의 비밀을 말하게 되고, 파괴된 삶을 회복시켜 구원하는 예수님의 능력이 실제함을 알게 되고, 예수님의 권능을 증명하여 사람들에게 그 분의 말씀을 확인시킬 수 있게 된다.

우리가 예수님의 사랑의 정신 안에서 진실되고 살아계신 예수님에 관한 증언을 한다면 예언의 성령이 나머지 일을 하실 것이다. 즉 사람들은 우리의 이성에 의해 설득 당해서가 아니라 예수님의 실재하심에 관해 증언하는 성령의 역사에 의해 확신을 하게 되어 그리스도께 오게 될 것이다.

이렇게 될 때 나는 현재의 복음주의의 딜레마가 해소될 것으로 생각한다. 우리의 사명은 계속 확고하게 될 것이다. 우리의 복음주의가 여전히 비판을 받을지 모르나 완전히 추방되지는 않을 것이다. 자신의 분명한 사역이 다른 종교 체제의 비난이 아니라 예

수님의 권능을 선언하는 데 목적을 두고 있는 많은 기름부은 바
된 예언자들이 있다. 우리의 역할은 비신도들을 영원한 고통으로
정죄하는 예언자가 아니다. "하나님과 화해하라"라는 메시지를 선
언하는 외교관이다.

두 가지 요건

그러나, 이러한 사역을 충실히 수행하기 위해서는 예수님의 유
일하심에 관해 두 가지 요건이 요구된다. 나의 동기는 수동적이지
않으며 나의 메시지는 신학적인 근거가 없는 것은 아니다. 나는
인간의 상실에 관해 안타깝게 생각하며 다만 예수님에 관한 성령의
냉철하고 정확한 증거를 명료히 선언할 뿐이다.

열정에 의한 제약

내가 우리의 사역이 정죄에 있는 것이 아니라고 제안할 때, 이것은
영원한 상실이 비신앙의 결과임을 의미하는 것이다. 지옥의 현실은
고통스러우며 피할 수 없는 사실이다. 지옥은 잊혀질 수 없는 영원한
선택이다. 종종 계몽 기독교의 이름으로 제시되는 의무는 어떤 실
수를 초래하게 된다. 예수님의 유일하심이 교회에서 망각되면 보
편주의가 고개를 쳐들게 된다. 너무나 많은 사람들은 구원되지 않은
사람들이 상실될 것이라는 진리를 너무 가볍게 생각한다. 또 사람
들은 너무 쉽게 때때로, 심지어는 그리스도 밖에서 사람들의 구원을
위한 비성경적인 절차를 제시한다. 그러나 이러한 노력은 맹목적인
노력이다. 이러한 맹목적인 노력은 눈 먼 영혼들을 절망적인 상실로
이끌 뿐이다. 지옥이나 영원한 심판이 환상이라는 생각은 다음과
같은 바울의 말에 의해 여지없이 논박된다. "우리가 주의 두려우심을
알므로 사람을 권하노니… 그리스도의 사랑이 우리를 강권하시

는도다. 우리가 생각건대 한 사람이 모든 사람을 대신하여 죽었은즉 모든 사람이 죽은 것이라"(고후 5 : 11, 14).

이리하여 문제는 완전히 분명해진다. "그리스도는 우리의 죄를 대신하여 돌아가셨다. 왜냐하면 우리 모두가 죄로 인해 상실되었고 그 분의 구원과 동떨어진 죄 속에서 영원히 죽을 것이기 때문이다."

이러한 점에서 우리의 사역 정신은 항상 열정적일 수밖에 없다. "우리는 그리스도를 대신하여 사신이 되어 하나님이 우리로 너희를 권면하신 것같이 그리스도를 대신하여 간구하노니 너희는 하나님과 화목하라. 하나님이 죄를 알지도 못하시는 자로 우리를 대신하여 죄를 삼으신 것은 우리로 하여금 저의 안에서 하나님의 의가 되게 하려 하심이니라"(고후 5 : 20−21).

그리스도의 하나되심은 우리를 제약하고 제한한다. 비록 우리의 사역이 이교도 문화의 체계를 파괴시키는 데 목적이 있는 것은 아니지만 그래도 나의 방법은 한 번도 수동성에 의해 마비된 적은 없다. 우리의 방법은 영원히 모든 사람들을 위해 결사적인 사역이다. 이것은 진지하고 확고하다. 이것은 진리이다. 영원한 영혼을 위한 열정적인 사랑의 정신이 항상 수반한다. 우리 모두 이러한 정신으로 무장하자.

우리의 명료한 제시

예수님에 관한 증거는 우리가 성령이 오늘날의 사회에서 모든 영혼들에게 제시하는 것으로 기대하여 계획해야 되지 않을까? 나는 예언의 정신이 즉시 기름부은 바 될 진리는 예수님을 간단히 그리고 분명하게 찬양해야 한다고 생각한다. 따라서 우리가 가르치는 사람들이 인간의 생각이나 총명에 의해 분명해진 순수한 복음의 은총과 권능의 분명한 살아있는 말씀으로 무장될 수 있도록 하자.

성경의 어떤 부분도 이러한 사역을 위한 요한의 복음을 다음 부분만큼 분명히 언급하지는 않는다. 여기서 그리스도는 믿음의 불을 붙이기 위해 계시된다.

"오직 이것을 기록함은 너희로 예수께서 하나님의 아들 그리스도임을 믿게 하려 함이요 또 너희로 믿고 그 이름을 힘입어 생명을 얻게 하려 함이니라"(요 20 : 31).

나는 우리의 증거의 본질이 이 복음과 동일한 정신이라고 생각한다. 요한은 예수님을 명료하고 정죄 없이 이교도 세계에 선언하였다. 그럼에도 그는 단호하고 분명하였다. 예수님에 관한 우리의 증거로써 그의 모델을 본받도록 하자.

창조주로서 예수님에 관한 요한의 증언은 세계에 대한 선언이다. 그의 선언은 아메바에서 동물이 파생되는 것처럼 절망 속에서 희망을 향하여 기어오른다. 우리는 인간을 우리의 창조주이시자 우리 모두를 위해 특별한 계획을 가지고 계신 그리스도의 피조물로써 선언할 수 있다. 예수님이 우리를 위해 가지고 계신 계획은 적자생존의 법칙을 초월하여 우리의 가슴의 소리를 들으시려는 계획이다.

요한의 증언을 기적의 역사인 예수님으로 보고 텅 빈 세계를 위한 복음으로 보아야 한다. 물을 특별한 포도주로 바꾸는 예수님의 능력은 우리의 삶에 대해서도 발휘될 수 있다. 예언의 성령이 특별한 희망을 위해 요한의 증언을 기름부음 하시도록 영접하자.

예수님은 비통한 삶에서 지치고 목마른 부도덕한 사람들을 위한 유일한 만족의 대상이시다. 예수님은 그들이 추구하는 생명수로서 그들을 영생으로 구원하신다.

예수님은 신체가 마비된 영혼들을 만나실 수 있다. 예수님은 "일어나서 나의 이름으로 너희의 미래를 가져라"라고 말씀하신다.

요한의 복음은 적극적이고 능동적인 증거이다. 그의 복음은 영혼을 새롭게 하는 예수님의 증거이다. 그의 복음은 시공을 초월한 현대적인 메시지도 된다. 우리는 다른 체계를 공격하지 않고도 구세주의 주장을 찬양할 수 있다. 그러나 한 가지 중요한 보완 문제가 남아 있다.

중요한 보완 문제

예언의 성령과 결합된 예수님에 관한 증언은 성령의 신선한 기름부음에 의해서만 진정으로 효력이 있다. 이것은 예수님이 그 분의 제자들에게 성령의 강림을 약속하셨던 것과 동일한 맥락이다. 다섯 번이나 예수님은 교회에 쏟아지는 성령으로부터 기대할 수 있는 이점을 설명하신다.

1. 성령이 너희와 함께 거할 것이니라 (요 14 : 16-17).
2. 성령이 너희를 가르칠 것이니라 (요 14 : 26).
3. 성령이 나를 증거할 것이니라 (요 15 : 26).
4. 성령이 나와 승리에 관해 다른 사람들을 확신시킬 것이니라(요 16 : 7-11).
5. 성령이 나를 영광스럽게 할 것이니라 (요 16 : 13-14).

중요한 점은 최초의 선언과 그 다음 네 선언간에 문법형식의 차이가 있다는 것이다. 예수님께서 하신 "성령이 너희와 함께 거할 것이다"라는 최초의 선언은 성령의 '거하심'의 조건을 나타내는 선언이다. 그 다음 네 선언은 성령의 역사를 보증하는 선언이다. 그러나 네 보증 모두 첫 번째 선언에 근거한다. 성령의 거하심을 위한, 즉 성령이 우리와 함께 하시기 위한 조건은 우리의 증거의 역동성을 결정하는 요소이다.

여러분과 나는 약속 이행이 완벽하게 의존하는 이 전제의 의미를 이해해야 한다. 예수님은 그 분의 관점에서 성령의 거하심이 있을 것이라고 우리에게 확신시키셨으나, 우리 편에서 보면 우리가 성령을 영접하고 그 안에서 걸어야 하는 조건이 된다. 이것은 위협이라기보다는 간단한 하나의 계약적 사실이다. 성령은 계속 영접되는 경우에만 거하신다. 성령은 자신의 존재와 역사하심을 어느 누구에게도 강요하지 않으신다. 즉 우리가 적극적으로 영접할 때만 우리 안에 거하신다.

성령을 겸손하게 의지하여 그 안에서 걸을 때만이 결실을 맺는다.

우리가 어린애처럼 가르침을 받아들일 때만이 그 분이 우리에게 정기적으로 가르쳐 주시고 분별력과 지식, 그리고 지혜의 선물을 주신다.

성령과 함께 무한한 시간으로 완전히 다시 거듭날 때만이 예수님에 관한 우리의 증언이 성령의 예언으로 된다.

여러분과 나의 말을 취하여 다른 사람들에게 확신시키고 그리스도를 영광스럽게 하며 모든 사람을 그 분께로 인도하는 것은 그 분의 존재이신 성령뿐이다.

성령의 존재의 조건은 (단지 과거 경험의 고백이 아닌) 우리가 결코 잊어서는 안될 이상과 같은 수식어들이다.

아무리 영광스러울지라도, 금세기의 우리의 부흥의 역사는 교회를 새로운 천년으로 인도하는 것은 아니다. 또한 우리의 과거 경험이 하나님이 예비하신 계획을 위한 우리의 자격이 되는 것은 아니다. 회복과 거듭남의 보편적인 결합에 의해서만이 가능하다. 우리는 이사야의 다음 예언에 주목할 필요가 있다.

"보라 전에 예언한 일이 이미 이루었느니라. 이제 내가 새 일을 고하노라. 그 일이 시작되기 전이라도 너희에게 이르노라"(사 42 : 9).

이제 이 말을 들어보자. 예수님의 유일하심에 관해 예수님을 증거하는 우리에게 혹은 우리 위에 지혜를 부어주시기 위해 기다리시는 동일한 예언의 성령이 "너희의 역사는 너희의 미래의 보증은 아니다"라고 첨언하고 계신다.

따라서 예수님께로 겸손하게 다시 가도록 하자. 그 분에게 예언의 성령에 의한 신선한 기름부음을 요청드리자. 그러면 그 분은 응답하실 것이고 그 분에 대한 우리의 사랑과 우리들 서로의 사랑이 풍족하게 될 것이다. 그러면 세상이 알게 될 것이고 상실된 자들은 하나님의 사랑을 받아 구원될 것이다.

우리를 채워주시려는 하나님의 목적이 계속 달성될 것이다. 나는 그 분의 성령이 나와 우리들 모두를 다시 부르시는 것을 듣는다.

"내가 처음 너희들에게 나의 성령의 신선한 물과 불로써 거듭나도록 요청하였을 때 나는 새로운 것을 하였느니라. 그러나 자녀들아 나의 말을 들을지어다. 너희의 소명은 내가 너희에게 한 이전의 것을 끊임없이 감싸는 것이 아니라 내일을 위해 너희의 팔을 새로 벌리는 것이니라.

나는 새로운 것을 예비하고 있다. 그러나 너희가 이를 받아들이려면 새로운 자세가 필요하느니라.

너희가 처음 성령 안에서 걷는 법을 알았을 때 확신을 하지 않았느니라. 오늘날에도 너희는 여전히 확신이 부족하다. 너희는 너희의 경험 안에서 너무나 안주하고 자만하여 새로운 것으로 걸어 들어가지 못하고 있느니라. 그래서 나는 너희에게 다음과 같이 말하고 싶노라. '내 앞에서 너희의 마음을 겸손히 하라. 아직 발견되지 않은 충만함에 대한 굶주림으로 너희의 영혼을 열어라. 너희가 지고 온 여행의 짐을 버리고 새로운 방향을 향해 홀가분하게 떠나야 하느니라.'

너희는 천국으로부터 새로운 말씀이나 새로운 지상의 노력이 필요없느니라. 너희는 다만 너희의 영혼 속에 새로운 것이 필요할 따름이니라. 나는 이 말을 선언하기 위해 왔느니라.

보라. 나를 보라. 나는 모든 방법으로 새로운 것을 할 것이니라. 나는 어린아이와 같은 새 육신으로 너희의 영혼을 부드럽게 할 것이니라. 나는 새벽의 새 불빛으로 나의 말을 계시할 것이니라. 나는 막 꺾어온 꽃처럼 너희의 새로운 날에 영광을 가져다 줄 것이니라.

나를 보아라. 나는 너희에게 말하노니 그것이 나타나리로다. 창조의 주님은 새로운 것을 약속하니 너희는 이전의 것에 의존하지 말지어다. 단지 새로운 것을 위해 나에게 의존할지어다. 나의 생명은 너희를 통해 배가될 것이니라.

최초의 창조에서처럼 바다가 생명으로 충만되고 너희의 신은 지구를 상속받을 것이니라. 이제 일어나라. 자녀들아. 너희 안에서 역사하는 나의 새로운 역사를 영접하라.”

이러한 나의 메시지는 하나님의 성령의 약속으로 끝을 맺었다. 독자 여러분은 스스로 자문해보기 바란다. “주님의 이러한 부르심이 브라이튼의 회중에서처럼 나에게도 적용되는가? ”

성령은 우리 모두가 충만하기를 요구하신다.

세계는 파멸에 대한 해답을 절규하고 있다.

하나님의 말씀의 약속은 우리 모두에게 그 분의 생명과 권능 속에서 우리가 거듭나기를 제안하신다.

지금까지 나는 하나님의 마음에 단순히 더 다가감으로써 성령의 역사에 대해 마음을 열기 위해 내가 하나님의 부름에 어떻게 응답하였는지를 설명하였다. 이러한 노력은 방언의 발견보다 훨씬 더 근본적인 것으로써 거듭난 영적인 생활의 자유를 위한 길을 열었다. 이 길은 우리 모두를 위한 길이며 사랑, 기쁨, 평화, 건전한 마음

등으로 특징지워지는 삶의 길이다. 모든 사실중 가장 위대한 사실은 남에 대한 사랑과 남을 위한 즐겁고 평화로운 사역을 배가시키는 씨를 뿌리는 것이다.

그 회중 연설이 있던 다음날 나는 로스앤젤레스로 돌아가기 전 호텔 근처에서 산보하였다. 이틀 전 나의 마음을 허전하게 했던 그 부두가 내 왼쪽에 모습을 드러내고 있었다. 나는 걸음을 멈추고 한 기념비를 읽어 보았다. 남쪽 부두의 해안편 입구의 유적으로부터 직접 거리를 가로질러 비치 방문객을 위한 소풍 잔디가 눈에 들어 왔다. 분명히 수 년 전에는 한 석조 기념물이 그 공원의 입구에 있었다. 그 기념비에는 "아프리카에서 돌아가신 왕립 서섹스연대의 장교와 사병들을 기리며, 1900-1902"라고 새겨져 있었다.

어쨌든 그 기념비는 폐허가 된 부두와 함께 한편으로는 주마등 같은 인류의 환상을 다른 한편으로는 그 환상의 파괴를 상징한다.

그러나 과거와 현재 사이에는 밝은 산책길이 개설되어 여행자들을 부두로부터 그 기념비로 인도한다. 나는 표지판에 써있는 그 고속 도로의 이름을 보고는 다시 한 번 미소를 지었다. 돌 잔해와 폐허 위에 우뚝 솟아 있는 그 표지판에는 '왕의 길'이라는 글씨가 씌여져 있었다.

나는 즐거운 마음으로 웃으면서 그 왕을 찬양하였다. 왜냐하면 그 길은 그 왕의 길이기 때문이다. 마찬가지로 그리스도의 길은 생명과 영광으로 인도하는 길이다.

그리고 그리스도의 길은 여러분과 나, 즉 그 분의 사랑을 받는 사람들의 길이다. 그 길은 희망의 길이자 성스러운 길이며 우리를 영생으로 인도하는 길이다. 그 길은 예수님과 함께 그리고 우리 모두가 함께 걸을 수 있는 우리의 길이다. 우리는 이 길을 걸으면서 그리스도 안에서의 삶이 얼마나 아름답고 또 그리스도의 사랑이

얼마 만큼 우리에게 희망을 주시고 우리의 상처를 치유해 주시는가를
느낄 수 있다.

　그리고 우리가 다른 사람들에게 그리스도의 충만하심을 제시할
만큼 우리에게 충분한 힘을 주시는 것은 바로 이 아름다운 성령의
거하심과 충만하심이다.

그리스도를
주님이요 구세주로 영접하기

진지한 사람이라도 이 책을 다 읽고 그리스도를 자신의 구세주로 받아들이지 않을 수 있을 것이다. 여러분이 바로 그러한 사람이라면, 다시 말해 여러분이 예수님을 직접 여러분의 마음 속으로 받아들여 여러분의 구세주가 되시도록 하고 여러분의 삶을 인도하시도록 하지 않았다면 그렇게 하도록 권장하고 싶다.

예수님을 영접하는 것을 지연할 필요는 없다. 정직한 사람이라면 언제라도 사랑하는 아버지 하나님께 접근할 수 있다. 그래서 나는 여러분이 나와 함께 지금 아버지 하나님께 기도하기를 요청한다.

지금 가능하다면 여러분의 자리에서 머리를 숙이고 또 가능하다면 무릎을 꿇기 바란다. 어떤 경우이든 먼저 간단한 기도를 드리고 다음과 같이 기도하기 바란다.

간단한 기도문

아버지 하나님, 나는 지금 이 책을 읽고 있는 당신의 자녀와 함께 아버지께 기도하는 특권을 갖게 되었습니다. 나는 아버지를 향해 이 자녀가 마음을 연 데 대해 아버지께 감사드리며 우리가 당신을 찾을 때 당신이 응답하시겠다는 당신의 약속에 감사드립니다.

나는 이 자녀의 마음에 순수한 진지함이 있다는 것을 압니다. 그 마음은 이미 이 기도를 올릴 준비가 되어 있습니다. 그래서 우리는 당신의 아들이신 주 예수님의 이름으로 그리고 그 분의 십자가를 통해 당신에게 왔습니다. 우리의 기도를 들어주신 것을 감사드립니다.

여러분의 기도

아버지 하나님, 나에 대한 당신의 사랑을 믿기 때문에 이 기도를 드립니다. 내가 당신에게 온 것처럼 당신께서도 나에게 와주시기를 간구합니다. 지금 나를 도와주십시오.

먼저, 이 지상에 당신의 아들인 예수님을 보내 주셔서 나를 대신하여 십자가에서 돌아가시도록 해 주신 것을 감사드립니다. 당신이 지금 나에게 주시는 죄사함의 선물에 대해 감사드리며 당신의 용서를 간구합니다.

예수 그리스도의 보혈을 통해 당신 앞에서 나의 죄가 용서되고 나의 삶이 깨끗해지기를 기도합니다. 내가 당신의 눈에 가치가 없는 것들을 가지려고 한 것에 대해 당신의 용서를 구합니다. 내가 예수님이 나의 모든 죄의 대가를 치르기 위해 돌아가신 사실을 받아들이는 것처럼 아버지께서도 나의 모든 죄와 수치를 씻어 주십시오. 나는 예수님을 통해 이 땅에서 용서를 받았고 또 천국에서 영생을 약속받았습니다.

주 예수님, 지금 나의 삶 속으로 와주시기를 간구합니다. 당신이 죽음에서 일어나셨기 때문에 나는 당신이 살아계신 것을 압니다. 당신이 지금 그리고 앞으로도 영원히 나와 함께 사시기를 원합니다.

지금 나는 나의 삶을 예수님께 바치며 나의 길을 버리고 당신께로 가고 있습니다. 당신의 성령이 나를 충만시키고 하늘에 계신 아버지를 기쁘게 해드릴 수 있도록 나의 삶을 인도해 주시기를 간구합니다. 나의 기도를 들어 주셔서 감사합니다. 오늘부터 나는 하나님의 아들이신 예수 그리스도에게 나를 바칩니다. 예수님의 이름으로 기도합니다. 아멘[1].

성령충만을 위해
주님을 초청하는 기도

사랑하는 주 예수님,

당신의 위대하신 사랑과 신실하심에 감사드리며 당신을 찬양합니다. 나의 심장은 당신이 나에게 주신 그 위대한 구원의 선물을 생각할 때마다 기쁨으로 뜁니다.

주 예수님, 당신이 나의 모든 죄를 용서해 주시고 나를 아버지께 인도해주신 데 대해 겸손한 마음으로 당신께 영광을 바칩니다.

이제 나는 당신의 부르심에 복종하여 왔습니다. 내가 가치가 있어서가 아니라 당신이 나를 초대하였기 때문에 왔습니다.

당신이 나의 죄를 씻어 주심을 감사드립니다. 당신이 하나님의 성령으로 충만될 수 있도록 나의 삶을 가치있게 만들어 주셨음을 감사드립니다.

나는 당신의 삶, 당신의 사랑 그리고 당신의 권능으로 넘쳐 흐르기를 원합니다. 나는 당신의 은총과, 당신의 말씀과 당신의 선과 당신의 선물을 다른 모든 사람들에게도 알려주고 싶습니다.

단순하고 어린애같은 믿음으로 주님께 간구합니다. 나를 성령으로 충만케 해주십시오.

나는 나의 모든 것을 당신께 바치고 당신의 모든 것을 내 안에 받아들입니다. 주님, 나는 당신을 사랑합니다. 나는 큰 소리로 당신을 찬양합니다. 나는 당신의 권능과 기적이 당신의 영광을 위해 내 안에서 나타나기를 간구합니다.

  나는 이 기도의 끝에서 "아멘"을 외치라고 사람들에게 권고하고
싶지 않다. 왜냐하면 예수님이 여러분을 채워주시도록 간구한 후에는
그 분을 먼저 찬양하는 것이 좋다. 찬양하는 마음으로 예수님을
경배하고 성령이 여러분을 도와주시도록 마음을 열어 두는 것이
좋다. 그러면 성령은 예수님을 영광스럽게 하는 방법으로 모습을
나타내시며, 그 때 여러분은 주 예수님의 존재와 권능을 알게 되므로
성령이 여러분을 충만케 하시는 것이다. 성경에서 사람들에게 나타난
것과 똑같은 것이 여러분에게도 나타날 것으로 기대해도 좋다. 찬
양의 마음은 그러한 기대를 표현하고 예수님을 여러분의 초점으로
하며 예수님을 찬양하는 적절한 방법이다. 예수님을 영광스럽게 하고
나머지는 성령에 맡겨두기 바란다.[1]
  다음 시는 한 라디오 청취자가 나에게 보낸 것인데, 그녀는 나중에
성령의 충만함과 방언 속에서의 해방을 누렸다고 나에게 편지를
보냈다. 이 시는 그리스도 안에서 충만함을 간구하는 의로움의 굶
주림에 관한 간단하고 사랑스러운 표현이다.

하나님 아버지께,
나는 오늘 사도행전을 읽었습니다.
그때 나의 마음은 흔들렸습니다.
나는 잘 이해하지 못하나 나의 가슴이 탁 트였습니다.
성경에는 그들이 하나님이 오시기를 기다리고
하나님이 그들을 충만케 해주시기를 기다렸다고 기록하고 있습니다.
하나님은 전지전능한 돌풍과도 같이 모든 권능을 가지고 오셨습니다.
그들의 머리 위에서 춤추는 방언으로
그들은 자신들이 전혀 알지 못했던 낯선 언어로
군중에게 대담하게 사역하였습니다.

사도행전은 계속 되었고
하나님이 그 후에도 여러 번 오셨습니다.
또한 그들은 방언의 위력을 부여받았습니다.
전에 전혀 들어보지 못한 방언을.
오, 성령이시여, 이해하소서.
나는 당신에게 이끌리고 있다는 생각이 듭니다.
그러나 나는 모든 사람이 방언을 영접하는 것은 아니라고 들었습니다.
또 모든 사람이 방언을 계속하는 것은 아니라고 들었습니다.
나는 당신의 말씀을 믿습니다.
당신은 항상 동일하십니다.
나는 카리스마가 공정하게 정서적이라고 생각합니다.
나는 방언도 똑같이 공정한 게임이라고 생각합니다.
나는 내 삶 속에서 게임 이상의 것을 필요로 합니다.
적과의 싸움을 위해 적을 패배시킴은 물론 나의 영혼의 성장을 위해,
그러나 나는 그보다 더 성장이 있어야 함을 압니다.
나는 이 세상에서의 삶을 살기 위해 노력해 왔습니다.
하나님은 내가 혼자서 싸우도록 내버려두지 않으실 겁니다.
하나님은 더 주실 것입니다.
오, 성령이시여, 나는 다른 사람들의 말을 듣지 않기로 하였습니다.
이제 당신의 차례입니다.
나에게 말씀해주시고 어떻게 기도해야 하는지 보여 주십시오.

수잔 쿡

<부록 3>

영적인 노래 부르기

영적인 노래의 정의는 다양하다. 나는 그 중 어느 것에 대해서도 무지하거나 비판적이고 싶지는 않다. 그러나 영적인 노래는 사도 바울이 교회에 독특하고 분명한 음악 형식이라고 말한 것이 보다 분명한 정의인 것 같다. 이러한 음악 형식은 모든 사람들에게 자신을 찬양하는 노래를 주시기를 원하는 하나님의 뜻을 실천하는 데 도움이 되는 노래였다.

영적인 노래는 때때로 비공식적인 합창, 합창곡, 보다 단순하고 개인적인 신앙선언, 짧고 간단한 예배 송시 등으로 정의되어 왔다. 그러나 나는 영적인 언어를 신약성경 시기까지, 즉 그리스도의 완전한 구속으로 성령이 인류의 안에 거하시기 전까지 사용되지 않았던 새로운 음악 형식이라고 정의하고 싶다. 분명히 초기 신자들은 영적인 예배의 노래를 불렀다.

Hodais pneumatikais

에베소서 5장과 골로새서 3장에 나타난 이 단어는 대개 '영적인 언어'로 번역된다. 앞 단어는 간단히 '송시'[1]라는 의미의 그리스어이다. 송시는 노래로 불리워지는 시를 의미하였다. 두 번째 단어인 pneumatikais는 이 용어의 핵심 부분인 것 같다.

사전적 정의는 '강렬한 감정적 흥분, 고통 또는 어떤 감정 때문에 이성과 자기 통제를 잃어버린 상태'이다.[1] 지금까지 나는 그들의 영혼에 넘쳐흐르는 성령의 생명의 강을 경험한 사람들이 그러한 경험 후에 매우 행복해하고 심지어는 흥분한 것을 많이 보아왔다. 그러나 그들의 영적인 언어의 구사는 통제를 잃어버린 상황은 아니었다. 또한 그들의 즐거운 경험은 방언을 유도하기 위해 사용된 감정몰입에 의해 형성된 것도 아니었다. 통제는 성령에게 맡겨지며, 공중에 내던지거나 어떤 멍한 상태에 맡기는 것은 아니다.

'황홀감'에 관한 웹스터의 두 번째 정의는 '흥분되고 환희에 찬 기쁨'이다.[2] 성령의 충만하심이 종종 가져다 주는 것이 황홀일 수 있으나 방언은 종종 신성한 축복의 갑작스러운 경험을 수반하므로 육체적인 황홀이 아니라 성경적인 기쁨을 기대할 수 있다.

"주의 앞에는 기쁨이 충만하고 주의 우편에는 영원한 즐거움이 있나이다"(시 16 : 11).

"예수를 너희가 보지 못하였으나 사랑하는도다. 이제도 보지 못하나 믿고 말할 수 없는 영광스러운 즐거움으로 기뻐하니"(벧전 1 : 8).

"하나님의 나라는… 오직 성령 안에서 의와 평강과 희락이라"(롬 14 : 17).

즐거움이나 따뜻한 감정의 순간은 겸손하고 열린 마음으로 예배를 하여 구세주 안으로 들어가는 대부분 사람들에게도 때때로 분명하게 나타난다. 그러나 '통제할 수 없는'이란 말은 이러한 상황과는 거리가 멀다. 나는 이와 관련된 성경의 기록을 강조하고 싶다. '통제할 수 없는 또는 조작된 감정'이라는 용어로 인한 두려움은 건전하고 지속적인 방언의 이미지를 왜곡시킴으로써 대부분의 신자들을 좌절시킬 수 있기 때문이다. 그러나 흥미롭게도, 황홀감과 방언의 고린도전서 12장 1절에서 시작하는 일반적인 구문과 고린도전서 14장 1절에서 시작하는 구체적인 구문이 모두 pneumatika를 설명하므로 '영으로' 한다고 할 수 있는 노래는 영적인 노래와 동일할 수 있다는 결론이 나온다. 나는 다른 해석에 반대할 만큼 편협하지는 않으나 신약성경의 전체 내용이 영적인 노래를 성령이 주신 노래라는 정의를 지지하고 싶다.

영적인 언어는 말로 하기 보다는 노래로 하였다.

영적인 노래는 가장 보편적으로 신자의 삶의 일부가 되었다.

영적인 노래는 회중에서 사용될 때 설명되거나 통역되었다.

영적인 노래는 바울이 "나는 영으로 노래하리라"(고전 14 : 15)고 선언할 만큼 바람직한 것으로 생각하였다.

나는 예배자의 모국어로 영적인 노래를 부를 수 있음을 배제하는 것은 아니다. 또한 방언이나 모국어중 어느 것이 낫다고 제안하고 싶지는 않다. 그러나 성령은 분명하게 유용하고 가치있는 것을 하시면서 이러한 예배의 표현에서 역사하고 계심은 분명한 것 같다.[2]

성경과 "영적인 언어"

　이 책을 쓰면서 나는 방언을 보다 쉽게 설명해야겠다는 간단한 이유 때문에 '영적인 언어'라는 보다 현대적인 용어를 사용하였다. 설사 방언이 성경의 표현일지라도 그 용어는 사람들의 마음에 이상한 생각을 떠올리게 하는 경향이 있다.

　통제되지 않는 언어, 일관되지 않는 횡설수설이라는 이미지, 약간 입가에 흰 거품을 품으면서 하는 중얼거림, 최면적인 황홀감에 사로잡혀 몸이 뻣뻣하게 굳어져 나오는 이상한 말 등. 문제는 대부분의 기술적인 측면에서 이상과 같은 황홀감에 빠진 언어라는 표현이 종종 성경의 방언으로 표현된다는 사실에 의해 더욱 복잡해진다. 먼저 이 생각을 고치도록 해야 한다.

　나는 먼저 '황홀감'이라는 용어가 성경에서 결코 방언을 말하는 사람과 관련되어 있지 않다는 사실을 강조하고자 한다. 진지한 관찰자, 또는 방언의 열렬한 추종자나 반대자는 모두 방언을 황홀감에 빠진 언어로 생각해왔다. 그러나 이 생각은 성경적이지 않다.

　나의 사역 초기에 나도 같은 생각을 가졌다. 즉 나는 '황홀감에 빠진 중얼거림'은 이 방언의 창조자에게 어떤 위험을 주는 것이라고 생각했다. 그러나 적절한 정의는 이러한 생각이 비성경적일 뿐만 아니라 건전하지 않은 생각임을 반증한다. '황홀감'의 기본적인

Pneumatikais

Pneuma라는 단어와 동일한 계통인 이 용어는 신약 성경의 도처에서 사용되므로 가장 쉽게 정의하고 이해된다. 예를 들어 바울은 고린도전서 12장 1절에서 영적인 선물을 소개할 때 이 단어를 사용한다(글자 그대로 보면 이 단어는 '영적인 것'이라는 뜻이다). 나중에 타락한 형제를 구하는 의무에 관해 갈라디아인들에게 호소를 하는 대목에서 이 단어가 다시 나타난다. 바울은 "영적인 존재인 여러분은 사역을 회복하는 책무를 부여받았다"고 역설한다. 비록 이 단어가 신약성서에서 20번 이상 나타나지만 위에서 예를 든 두 구절로 그 기본적인 의미를 파악하는 데 충분할 것이다. Pneumatikoi는 성령으로 충만된 인격자와 카리스마를 나타내는 것 같다. 이러한 사람은 갈라디아서에 잘 나타나 있다. "영적인 여러분이 타락한 사람들을 회복한다." 그들의 카리스마는(그들이 성령의 선물을 카리스마적으로 잘 사용한다는 의미에서) 그들의 명백한 영적인 것의 수락과 이에 대한 반응에 잘 나타나 있다(고전 12 : 7).

이러한 내용들만으로는 영적인 노래를 정의하기에 충분하지 않을 것이다. 다만 같은 맥락에서 바울은 '영과 마음으로 노래하는' 문제를 논의한다. 고린도전서 12－14장에서 바울은 이 영의 남용을 시정하면서 성령이 주신 노래에 관해 논의한다.

"내가 만일 방언으로 기도하면 나의 영이 기도하거니와 나의 마음은 열매를 맺히지 못하리라. 그러면 어떻게 할꼬. 내가 영으로 기도하고 또 마음으로 기도하며 내가 영으로 찬미하고 또 마음으로 찬미하리라"(고전 14 : 14－15).

영으로 하는 노래와 마음으로 하는 노래를 그가 구분한 것은 영적인 노래가 1세기 교회에서 의미했던 바를 가리킨다. 즉 찬송가에 보완적인 별도의 예배를 의미한다.

결합은 아마도 방언이라는 단어의 뿌리가 성령의 오순절 강림에 관해 기록된 사도행전 2장 12절에 나타난다는 사실 때문인 것 같다. "다 놀라며 의혹하여 서로 가로되 이 어찐 일이냐 하며"(행 2 : 12).

희랍어의 동사인 eksistemi(이 단어에서 영어의 '황홀감'이 파생되었다)가 여기에 나타나나, 이 동사는 방언을 얘기하는 사람에게는 사용되지 않았으며 관찰자를 위해 사용되었다. 그리고 이 말은 방언에 관한 호기심을 유발한 놀라움이라는 뜻으로 사용되었다. "이 어찐 일이냐"에서 신자들이 즐거움 속에서 말하는 방언은 분명히 황홀감은 아니었다. 그보다는 구경하는 비신자 군중들이 황홀감에 빠진 것이다.

종종 잘못 해석되어온 '황홀감'이라는 단어를 부정함에 있어 나는 성령의 놀라우신 역사가 무기력하다거나 생명이 없는 경험이라고 말하는 것은 아니다. 방언의 경험을 부정확하게 설명하였기 때문에 이러한 오해가 나오는 것이다. 아마도 신비주의적인 생각을 지양하면 방언을 영접하는 데 도움이 될 수 있을 것이다.

또한, 방언의 보다 편리한 설명으로써 '영적인 언어'라는 표현을 사용하는 것은 정확히 성경적이다. 사도의 서한을 자세히 관찰해 보면 알 수 있다. 거기에는 방언에 관한 언급이 사도행전에서 보다 훨씬 더 광범하게 발견된다. 거기에는 성령이 도와주신 이 언어를 기도나 찬미에서 적극적으로 사용 가능한 것으로 제시한다. 예를 들어 방언은 '하나님에 대한 말'(고전 14 : 2) '감사의 표시'(고전 14 : 16-17) 등으로 표현된다. 사도 바울 역시 찬양에서는 물론 예배에서도 방언의 사용을 긍정적으로 본다(고전 14 : 5, 18). 그는 이에 대해 "나는 영으로 찬양하고… 영으로 노래하도다"(고전 14 : 15)라고 말한다. 다음 표현은 바울이 모든 신도들에게 방언의 사용을 고무하기 위해 사용한 것과 유사한 것이다.

"오직 성령의 충만을 받으라… 너희의 마음으로 주께 노래하며 찬송하며"(엡 5 : 18-19).[3]

"하나님의 전신갑주를 입으라… 모든 기도와 간구로 하되 무시로 성령 안에서 기도하고…"(엡 6 : 11-18).[4]

'영적인 언어'라는 표현은 방언에 의한 말이나 찬송이 설명되는 성경의 표현에서 빌려온 말이다. '성령의 충만'(엡 5 : 18)이나 '성령 안에서의 기도'(에베소서 6 : 18)와 같은 표현은 희랍어 성경에 나타나는 en pneumati라는 표현과 동일하다. 이 희랍어 표현은 '영적인 영역 안에서 그리고 성령의 도움으로'라는 뜻이다. 바울이 '영적인 노래'를 고무할 때 사용한 단어인 pneumatikos는(에베소서 5 : 19) '자연적인 현상보다 더 우월한 기적에 가까운 성령의 영향과 관련하여'라는 뜻으로 정의된다.[5]

이상과 같은 성경의 구절은 방언에 의한 찬양이나 노래가 '영적인 언어'로 적절히 정의될 수 있음을 보여주는 성경적 근거이다. '영'(pneuma)은 방언을 설명하는 단어들에 공통적으로 사용되고 있다. 물론 기도 언어에 '영적'이라는 단어를 사용한다고 해서 일반 언어에 의한 찬양이나 찬미가 영적이 아니거나 영적인 효력이 부족하다는 의미는 아니다. 각 기도 형식은 차원이 다르며 서로 우열을 정할 수 없다. 그랜드 캐년과 스위스의 알프스를 어떻게 비교할 수 있겠는가? 그러한 비교는 불가능할 뿐더러 또 불필요하다. 그보다 우리는 하나님의 장엄하신 영광의 모든 구현 앞에서 겸손하게 여러 가지 언어를 사용해야 할 것이다. 우리가 만물의 창조주를 경배할 때 우리의 모든 찬양으로써 그 분을 경배하면 된다. 그렇게 하기 위해서는 모든 차원을 발굴할 때 느낄 수 있는 즐거움과 축복에 우리의 마음을 열어야 한다.

주(註)

1장 · 영적인 언어의 아름다움

1. 린 페인, "치유하는 존재"(Wheaton, III. : Crossway Books, 1989)

3장 · 사랑의 찬양 언어

1. 그 부름은 실현되었다. 나의 누이는 결국 사역의 길을 걸었다. 나중에
   그녀는 홍콩에서 사역을 하던 중 암으로 사망하였다.
2. 찰스 웨슬리, "천 가지의 방언"
3. 사무엘 메들리, "당신의 무한한 가치를 표현하는 언어"
4. 버나드 클레어보, "상처 받은 신성한 영혼"

4장 · 비록 내가 방언을 말한다 해도

1. 아드리안 플라스, "일기"(London : Marshall, Morgan, and Scott,
   1987), 72
2. 1970년대 포스퀘어 교회의 국제회의중 하나에서 발표된 블링코의
   성경 연구를 저자가 발췌한 부분임.

5장 · 위에서 내려오는 빛

1. 재미 버킹햄, "기적의 여름"(Altamonte Springs, Fla. : Creation

House, 1991), 82.
2. 상게서, 95

6장 · 역사적인 이정표 — 경계를 확장하기

1. 내 견해로는, 그들은 우리가 초기 미국 정착민 순례자와 동일한 존경을 받을 수 있다고 생각한다. 그들은 자신들의 영적인 확신에 대해 고통의 대가와 거부의 부담을 치렀다. 그들은 교회 사회에서 새로운 시대를 개척하였다. 지난 세기의 교회사에 관한 한 연구는 그들의 개척 의지의 영향을 확인한다.

2. 게라드 키텔 및 게라드 프리드리히, "신약성서의 신학사전", 10권 (Grand Rapids, Mich. : Eerdmans, 1964 – 76)

3. 때때로 사람들은 다음과 같이 묻는다. "오순절에 모든 사람들이 방언을 받기 때문에 방언이 모든 사람들을 위한 언어라고 한다면, 분리된 불의 언어도 오늘날 기대할 수 있지 않는가?" 이것은 타당한 질문인 것 같으나 요점이 일관되지 않는다. 다른 두 기적의 징후, 즉 무서운 바람과 각자의 분리된 언어들은 어떤 의식적인 찬양과 관계가 없는 징후들이었다. 우리는 그들이 방언을 한 것을 주목한다. 또한 이 영적인 언어는 오순절 후에는 신자들 사이에 다시 나타나지 않는데 이 점에서는 다른 두 징후도 마찬가지이다.

4. 이것은 오늘날 교회의 한 작은 집단이 성령의 선물, 징후, 경이 등의 현대성에 저항하고 신약성경의 완벽성을 표현하기 위해 "온전한 것이 올 때에는"(고전 13 : 10)이라고 가정했다는 사실과 관계된다. 다시 말해, 이 주장은 이러한 징후와 선물이 하나님의 역사에 관한 불충분한 표현이었다는 것이다. 성경이 1세기 말경 거의 정리되었을 때 이러한 모든 불충분성은 해소되었다.

   이러한 견해의 거부가 오순절주의자나 카리스마주의자의 유일한 견해가 아님을 독자 여러분에게 상기시키기 위해 다른 학자들의 지배적인 견해를 일부 인용하였다. 분명히 오는 "완벽함"은 우리의 주 예수 그리스도의 재림을 말한다.

   렌스키는 다음과 같이 관찰하였다. "부정과거 가정법 품사인 elthe는 목적이 달성되었을 때인 위대한 미래의 순간, 즉 그리스도의 재림을 함축한다("성 바울의 고린도전서 및 후서의 해석", Minnea-polis, Minn. : Augsburg, 1937, 566).

그로쉬데는 다음과 같이 기술하였다. "이 말은 천정이 도달되었을 때를 가리킨다… 모든 것들은 종말, 즉 절정으로 치닫는다. 기독교인들은 그러한 사실을 인정해야 한다. 일단 절정이 도달되어 이러한 성향이 끝나면 카리스마를 포함하여 이러한 성향에 속했던 모든 것들은 끝나게 된다"("고린도전서의 해석", The International Commentary on the New Testament, Grand Rapid, Mich. : Eerdmans, 1953, 309-310). 이와 관련하여 그로쉬데는 고린도전서 7장 31절과 15장 25절을 근거로 하여, "이러한 성향"이 그리스도의 재림으로 끝나는 교회시대를 지칭한다고 설명한다.

헨리 앨포드는 "분명히, 함축된 시기는 주님이 재림하시는 시기이다"라고 강조한다.("영어 독자들을 위한 신약성서", Chicago, Moody Press, 1058)

하인리히 마이어는 다음과 같이 결론을 내린다. "방언과 예언은 재림 전에 우리로부터 숨겨진 전체중 일부만을 함축한다. 그리스도의 재림시, 마치 해가 뜬 후 새벽이 끝나듯이 불완전하고 유한한 것들은 더 이상 존재하지 않게 된다… 바울이 의미한 바는 예수의 재림시 이러한 카리스마가 더 이상 존재하지 않는다는 것이다"("고린도전서 및 후서의 비판적 해석", Newyork : Funk and Wagnails, 1894, 305)

이상을 증명하기 위해서는 더욱더 많은 학문적인 이론이 동원되어야 할 것이나, 이 긴 주석이면 독자 여러분이 "완전함이 성경의 완성을 의미한다"는 일부 목소리가 근거가 없음을 알 수 있을 것이다.

7장 · 여러분이 모두 예언을 할 수 있으므로

1. "성령으로 충만된 생명의 성경"

8장 · 축복된 이점을 가진 아름다움

1. 바울은 구약성경의 이사야 28장 11절을 인용하나 문맥적 관계는
   방언을 비신자에 대한 신호로서는 물론 신선한 도구로 강조하는 것이
   분명한 것 같다.

9장 · 약속은 여러분께 하는 것이다

1. 부록 1 참조
2. 영적인 노래에 관한 부록 3 참조

10장 · 궁극적인 아름다움 – 그리스도의 하나되심

1. 이 책에서 발표하기 위해 작성된 이 문서는 원래의 문서와는 다소
   구성이 다르다. 각 회의 메시지는 4개의 공식 회의 언어중 하나로
   번역되었다. 그 이유는 문장별로 설교를 통역할 때 듣기가 불편했기
   때문이었다. 나중에 나는 이 메시지를 틈을 내어 기록해 두었다가
   이와 같은 문서로 정리하여 “하나님으로 가는 교회”에서 설교하였다.

부록 1 · 그리스도를 주님이요 구세주로 영접하기

1. 부분적으로 잭 헤이포드의 “나는 당신을 천국에 유지하노라”(Ven-
   tura, Calif. : Regal Books, 1990, 38－39)에서 발췌하였다.

부록 2 · 성령충만을 위해 주님을 초청하는 기도

1. 잭 헤이포드의 “성령의 충만됨”(Wheaton, Ill. : Tyndale House Pu-
   blishers, 1988)으로부터 발췌되었다.

부록 3 · 영적인 노래를 부르기

1. "살아있는 성서"와 "오늘의 영어판"은 신성한 노래로 기록하나, 뉴킹 제임스의 "새로운 국제성서 영어판" 수정본과 이전의 원본은 모두 "영적인 언어"로 표현한다.
2. 잭 헤이포드의 "주님을 예배하자"(Waco., Tex. : Word Books, 1987) 로부터 발췌되었다.

부록 4 · 성경과 "영적인 언어"

1. 웹스터 3차 국제 사전
2. 상게서
3. 저자의 표현임
4. 저자의 표현임
5. 하퍼의 "희랍어 분석"

〈참고 1〉

21세기 모델 교회
처치 온 더 웨이를 아십니까?

처치 온 더 웨이는 포스퀘어 교단에 속한 교회로서 미국 로스 앤젤레스 다운 타운에서 북쪽에 위치한 밴 누이즈 지역에 있다. 작은 교단에 속한데다가 지역 환경도 별로 좋지 않은데 이 교회는 빠른 성장을 보이고 있어, 현재 미국에서 가장 주목을 받고 있다. 불리한 조건에도 불구하고 이 교회가 성장할 수 있었던 요인은 무엇일까? 여러 가지가 있겠지만 무엇보다도 이 교회의 담임목사인 잭 헤이포드를 빼놓을 수가 없다.

그는 부모님의 영향으로 어려서부터 오순절 계통의 교회에서 신앙생활을 했다. 청소년기에 천막부흥집회에서 수많은 병자들이 기도를 통해 치유받는 모습을 보고서 중생의 체험을 한 그는 훗날 살아계신 하나님을 전하는 복음사역자가 된다.

헤이포드는 라이프 성경대학, LA근교대학, 오랄 로버츠대학, 캘리포니아 신학대학원을 두루 거친 훌륭한 목회자요 신학자이다.

처치 온 더 웨이는 1920년에 생긴 이래 이렇다 할 성장을 보이지 않았는데 1969년 잭 헤이포드가 담임목사로 부임하면서부터 큰 성장을 이루게 되었다. 그는 교인들이 교회에서 충분히 일할 수 있도록 교회를 꾸려간다. 교인들이 참여할 프로그램 개발을 통해 자발적으로 참여하도록 동기부여를 하고 그는 뒤에서 섬기고 철저히 봉사한다.

잭 헤이포드 목사는 매우 진취적이고 열린 목회자이다. 그의 성공적 목회생활에는 세 가지 목회 철학이 깔려있는데 그것은 하나님의 왕국, 예배의 개혁, 하나님 나라의 확장이다.

하나님의 왕국은 예수 그리스도를 통해 교회가 세상에 보여주어야 한다고 강조한다. 하나님 나라를 깨닫고 체험한 자는 천국 백성으로의 삶을 살아야 한다. 그럴 때 세상 사람들은 그들을 통해 천국을 이 세상에서 바라보며 결국 하나님을 체험하게 된다는 것이다.

잭 헤이포드는 설교도 대화식으로 해서 서로 주고 받는 느낌을 갖게 한다. 그 가운데 그의 실수나 잘못을 솔직하게 털어놓음으로써 투명한 그의 삶의 모습을 보인다.

예배의 갱신은 "의무중심의 예배"를 지양하고 영감있는 찬양을 통해 매우 생동감있는 예배를 드린다. 예배시에 회중들은 찬송가를 쓰지 않고 OHP를 통해 얼굴을 들고 찬양을 하는데 예배 인도자가 찬양인도를 한다. 예배중간에 그룹별로 모여서 기도하는 시간이 주어지는데 이를 통해 성도들은 은혜를 강하게 체험한다. 헤이포드는 시청각 설교를 시도하는 매우 선진적인 목사이다. 설교 직전에 잠깐 설교에 관련된 영화를 보여주기도 하고, 광고도 영상으로 한다.

하나님 나라의 확장은 성도들이 힘을 합쳐 교회적, 교단적 차원에서 한 가지 일은 해나갈 때 더욱 큰 효과를 발휘한다고 믿는다. 그래서 이 교회에서는 개교회 차원에서의 선교는 지양하고, 교단으로 선교헌금을 보내 교단 선교 프로그램을 돕는다. 포스퀘어 교단은 미국에서 두 번째로 선교를 많이 하는 교단이다.

처치 온 더 웨이는 평신도 활동이 매우 강화되어 있다. 평신도들이 직접 전도 프로그램을 개발하여 놀라는 성과를 거두고 있는데,

구역별로, 나이별, 관심사별 모임이 활발하다. 뿐만 아니라 잘 정돈된 주일학교가 있고 청소년 프로그램도 매우 많다. 교회성장의 둔화로 걱정하는 한국 교계에 새로운 패러다임의 처치 온 더 웨이는 좋은 모델이 될 것이다.

헤이포드의 저서 안내

"영적으로 충만된 삶을 위한 지침서들!"

■영적으로 충만된 삶 - 성경

이 책은 오순절적이고 카리스마적인 증언을 찾기 원하거나, 역사적인 기독교 증인들의 무한한 진리를 광범위하게 찾아보고 싶거나, 성령으로 충만된 삶을 이해하기 위해 성경을 공부하고자 하는 학생, 사역자, 평신도들을 위한 책이다.

■헤이포드의 성경 핸드북

이 책은 하나님의 왕국에 이르는 성경의 키를 독특하게 밝혀줌으로써 풍부한 지식의 보고를 제공한다. 뿐만 아니라, 여러분의 신앙과 그리스도에 대한 사역을 고무하는 영적인 자극을 제공하고 있다.

■영적으로 충만된 삶을 살기

이 책은 잭 헤이포드와 고 샘 미들브룩의 통찰력이 가득한 책으로서, 여러분의 영적인 삶을 풍요롭게 해줄 것이다. 뉴 킹 제임스 성경 구절을 발췌하여 365개로 재구성하였다. 매일 1개씩 읽도록

되어 있는 이 365개의 성경구문은 12개 주제로 나누어진다. 주제 연구, 어휘 연구 또는 성경 원리의 개인적인 응용 등을 원하는 분들은 이 책을 읽으면 신앙이 확고한 반석 위에 놓일 것이다.

■ 학생들을 위한 성경 : 영적으로 충만된 삶

이 책은 여러분이 여러분의 영적인 뿌리를 깊이 내려 그리스도 안에서 성장하도록 도와주는 역동적인 도구이다. 여러분이 처음으로 성경을 접하든 아니면 하나님의 말씀을 이해하기 위한 더 나은 방법을 찾고 있든, 이해하기 쉬운 이 책은 오늘날의 세계에서 카리스마적이고 오순절적인 차원에서 기독교인으로서의 삶을 살길 원하는 사람들에게 실제적이고 상세한 통찰을 제공한다.

■ 평범 이상의 삶 : 풍요로운 삶에 이르는 열쇠를 찾기

이 책은 하나님이 성경을 통해 여러분에게 주시는 모든 것들을 즐길 수 있도록 해준다. 이 책은 영적으로 충만된 삶을 위한 중요한 주제들을 탐색하는데 전체 25권으로 되어 있다.

"여러분의 삶을 영적으로 충만하게 해주는
알기 쉬운 6권의 시리즈"

1. 인간의 성실성

경주에서 여러분의 등을 밀어주거나 여러분을 넘어뜨릴 수 있는 일들을 여러분은 일상에서 매일 선택한다. 종종, 이러한 선택은 사소한 의사결정일 수도 있다. 헤이포드 목사는 유혹과 싸워 승리한

인간들에 관한 경험을 우리들에게 설명해준다.

2. 인간의 이미지와 정체

세계는 종종 이미지를 표면상에 나타난 것으로 정의한다. 그러나 여러분의 이미지는 여러분의 전부를 나타내는 표시이다. 즉 여러분의 선호, 가치, 성격, 희망 등이 이미지로 나타난다.

3. 인간이 시작하는 장소

하나님은 기독교인들의 인기 있는 정형성을 탈피하는 어떤 것을 시작하기 원하신다. 하나님은 여러분과 여러분 주위의 세계를 바꾸는 어떤 것을 시작하기 원하신다.

4. 인간의 예배와 증언

예배는 하나님에 대한 영광의 표현이다. 그러나 예배는 그 이상의 의미를 가진다. 예배는 모든 인간들이 보다 사실적인 열정에 마음의 문을 열고 진정으로 완전히 살아있다는 것이 무엇을 의미하는가를 보다 충분히 배우게 되는 직접적인 도전이다.

5. 인간과 하나님의 산책

아브라함은 계속 하나님을 예배하였다. 그는 하나님과 마음을 열어놓고 만날 때 나타나는, 자신을 변화시키는 힘을 알았다. 오늘날에도 하나님은 제단에서 우리를 만나신다.

6. 인간의 자신감

여러분은 무거운 죄의식을 지니고 사는가 ?
죄의식은 자신감, 즐거움, 비전, 대담성 등을 파괴한다. 여러분은

일이 잘되기를 원하는가?
　어떻게 잘되게 하는가? 은총의 하나님은 자유를 약속하신다.
여러분은 하나님을 제단에서 영접할 준비가 되어 있는가?

영적 언어의 아름다움

*

초판1쇄 ― 1998년 6월 30일
초판2쇄 ― 2006년 9월 21일

*

지은이 ― 잭 헤이포드
옮긴이 ― 김 의 종
펴낸이 ― 채 주 희
펴낸곳 ― 엘맨출판사

*

서울시 마포구 합정동 433-62
출판등록 ― 제10-1562호(1985. 10. 29.)

*

TEL. ― (02) 323-4060
FAX. ― (02) 323-6416
e-mail ― elman1985@hanmail.net

*

잘못된 책은 바꾸어 드립니다.

*

값 7,500원